U0491740

教育部人文社会科学研究规划项目“营利性行为与
民间非营利组织公益绩效研究”（13YJA630132）资助

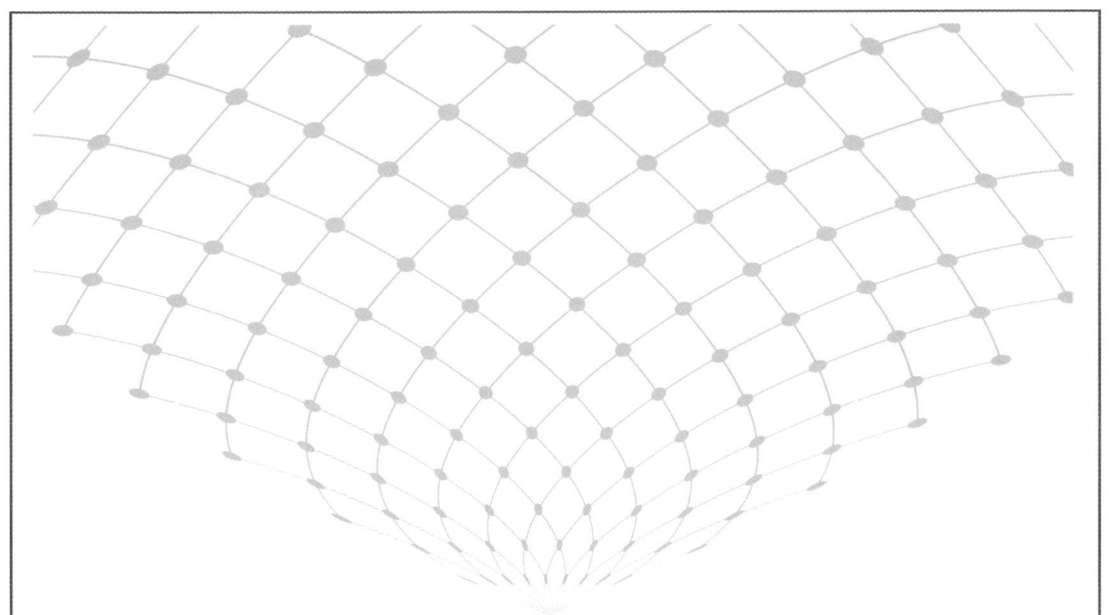

营利性行为与民间非营利组织公益绩效研究

逻辑与现实

张思强　著

Yinglixing Xingwei Yu Minjian Feiyingli Zuzhi Gongyi Jixiao Yanjiu

Luoji Yu Xianshi

中国社会科学出版社

图书在版编目（CIP）数据

营利性行为与民间非营利组织公益绩效研究：逻辑与现实/张思强著．—北京：中国社会科学出版社，2018.6

ISBN 978-7-5203-3151-7

Ⅰ.①营…　Ⅱ.①张…　Ⅲ.①非营利组织—组织管理—研究—中国　Ⅳ.①C232

中国版本图书馆CIP数据核字（2018）第208438号

出 版 人　赵剑英
责任编辑　卢小生
责任校对　周晓东
责任印制　王　超

出　　版　中国社会科学出版社
社　　址　北京鼓楼西大街甲158号
邮　　编　100720
网　　址　http：//www.csspw.cn
发 行 部　010-84083685
门 市 部　010-84029450
经　　销　新华书店及其他书店

印　　刷　北京明恒达印务有限公司
装　　订　廊坊市广阳区广增装订厂
版　　次　2018年6月第1版
印　　次　2018年6月第1次印刷

开　　本　710×1000　1/16
印　　张　17.5
插　　页　2
字　　数　276千字
定　　价　76.00元

目 录

第一章　绪论 …………………………………………………………… 1

第一节　研究背景 ……………………………………………………… 4

一　现实背景：营利性行为的客观存在与争议 ……………………… 5

二　立法背景：法律规范的分歧与“纠结” ………………………… 9

三　司法背景：营利性行为的监管与困难 ………………………… 12

第二节　核心概念的界定 …………………………………………… 16

一　民间非营利组织 ………………………………………………… 16

二　营利性行为 ……………………………………………………… 23

第三节　研究的逻辑框架与技术路线 ……………………………… 28

一　逻辑框架 ………………………………………………………… 28

二　技术路线 ………………………………………………………… 29

第四节　研究创新与研究意义 ……………………………………… 31

一　研究创新 ………………………………………………………… 31

二　研究意义 ………………………………………………………… 32

第二章　文献回顾与评述 ……………………………………………… 35

第一节　民间非营利组织存在营利性行为趋势综述 ……………… 35

一　非营利本质的界定 ……………………………………………… 35

二　民间非营利组织营利性行为的认识过程 ……………………… 38

第二节　民间非营利组织营利性行为规制文献综述 ……………… 41

第三节　民间非营利组织营利性行为与公益绩效的关系综述 … 45

第三章　民间非营利组织营利性行为的理论基础 …………………… 52

一　资源依赖理论 ………………………………………………… 52
二　杂交优势理论 ………………………………………………… 54
三　理性经济人假设 ……………………………………………… 56
四　光谱理论 ……………………………………………………… 59
五　公益产权理论 ………………………………………………… 60
六　公共服务市场化理论 ………………………………………… 62

第四章　民间非营利组织营利性行为的基本动因 …………………… 64

第一节　政府动因 ………………………………………………… 64
一　政府经济动因 ………………………………………………… 65
二　政府社会动因 ………………………………………………… 70
第二节　民间非营利组织动因 …………………………………… 71
一　降低财务脆弱性 ……………………………………………… 71
二　增强独立性 …………………………………………………… 86
三　崇尚自助 ……………………………………………………… 90

第五章　民间非营利组织营利方式与营利强度 ……………………… 92

第一节　营利方式 ………………………………………………… 92
一　自营利 ………………………………………………………… 92
二　共营利 ………………………………………………………… 106
第二节　营利强度 ………………………………………………… 116
一　营利强度的本质及衡量指标 ………………………………… 116
二　营利约束机制下的营利强度演化
——基于 Logistic 模型 ………………………………………… 123

第六章　民间非营利组织公益绩效的本质及构成 …………………… 140

第一节　民间非营利组织公益绩效的本质 ……………………… 140
一　民间非营利组织绩效评价的意义 …………………………… 140

二 公益绩效的本质 …… 142
第二节 民间非营利组织公益绩效的构成 …… 144
一 民间组织公益绩效的构成 …… 144
二 民间组织绩效评价指标体系 …… 146

第七章 营利性行为与民间非营利组织公益绩效的关系
——基于公募基金会的面板数据分析 …… 149

第一节 样本来源、数据检验与模型选择 …… 149
一 样本来源 …… 149
二 样本检验 …… 150
三 面板数据的模型选择与回归 …… 151
第二节 营利性行为与民间非营利组织公益业绩的关系 …… 152
一 理论分析与假设提出 …… 152
二 模型选择 …… 157
三 实证检验 …… 159
第三节 营利性行为与民间非营利组织运营效率的关系 …… 163
一 营利性行为与民间组织管理效率的关系 …… 164
二 营利性行为与民间组织筹资效率的关系 …… 171
三 营利性行为与民间组织劳动效率的关系 …… 176
第四节 营利性行为与民间非营利组织公益效果的关系 …… 181
一 民间组织营利性行为与政府评价 …… 182
二 营利性行为与民间组织社会捐赠者评价 …… 187
三 营利性行为与民间组织付费受益人评价 …… 194
第五节 研究结论 …… 198

第八章 民间非营利组织营利性行为的公共政策选择 …… 201

第一节 民间非营利组织的财务目标选择 …… 201
第二节 民间非营利组织财务政策选择 …… 206
一 多元化筹资，降低收入集中度 …… 206
二 遵循配比原则，灵活确定慈善活动年度支出 …… 207

三　实事求是，调整慈善组织管理费用率 …… 208
第三节　民间非营利组织经营活动控制政策 …… 209
一　民间组织经营活动分类 …… 210
二　民间组织经营活动的营利强度 …… 211
第四节　民间非营利组织的财政政策选择 …… 216
一　改革政府资助方式 …… 216
二　降低政府财政补助数量 …… 217
三　提高政府采购质量 …… 217
四　加强政府采购监督 …… 218
第五节　民间非营利组织的税收政策选择 …… 218
一　文献综述 …… 219
二　民间组织营利性行为分类 …… 221
三　不同类别营利性行为的税收优惠与约束制度设计 …… 223
第六节　民间非营利组织的会计政策选择 …… 232
一　民间组织会计制度改革的基本构想 …… 232
二　严格民间组织营利性行为会计信息公开制度 …… 238
第七节　民间非营利组织收益分配制度选择 …… 240
一　非营利组织薪酬制度选择 …… 241
二　民间组织薪酬制度改革方向 …… 245
三　民间组织出资者红利分配制度选择 …… 250
四　民间组织净资产保留制度选择 …… 251
第八节　民间非营利组织内部治理结构选择 …… 252
第九节　民间非营利组织营利性行为的道德规范 …… 254

参考文献 …… 257

后　记 …… 273

第一章　绪论

与政府及其职能部门（官方）出资设立的组织相对而言，民间非营利组织泛指各种非官方成立、不以营利为目的的非营利组织，包括基金会、民办非企业单位和社会团体等。民间非营利组织在中国称为民间组织。

诺贝尔经济学奖获得者、美国哥伦比亚大学教授斯蒂格利茨曾指出："第二次世界大战之后，美国经历了前所未有的繁荣。但是很明显，不是每个人都在享受繁荣的果实。许多人一出世，就注定生活贫困、命运悲惨；他们得不到足够的教育，很难指望找到好工作。"① 根据《华盛顿邮报》的估计，美国最底层40%的人口以美元计算的人均财富全部处于负债状态，人均净财富－8900美元。② 联合国赤贫和人权问题特别报告员奥尔斯顿于2017年12月15日在华盛顿的新闻发布会上说，平均每八个美国人中至少有一个生活贫困，而当中近半数深陷赤贫，绝大部分无法摆脱困境。据他观察，在贫困线上挣扎的人非常多，他认为，20%是较为接近现实的数字。贫困率和社会不平等现象令人吃惊。③ 尽管各国政党和政府对贫困问题一直相当重视，但世界银行发布的预测显示，2015年全世界贫困人口占全球总人口的比例"只是"有望降低到10%以下。中国国家统计局发布的《2016年国民经济和社会发展统计公报》称："按照每人每年2300元（2010

---

① ［美］约瑟夫·E. 斯蒂格利茨：《公共部门经济学》（上），郭庆旺等译，中国人民大学出版社2015年版，第6页。

② 《美贫富差巨大　为半个世纪来最大》，《参考消息》2017年12月10日第6版。

③ 联合国报告：《美国社会贫困率和社会不公现象令人吃惊》，中国新闻网，http://www.chinanews.com/gj/2017/12－17/8402275.shtml，2017年12月17日。

年不变价）的农村贫困标准计算，2016 年我国农村贫困人口为 4335 万人，比上年减少 1240 万人。”

上述事实表明，政府，包括中国政府这样世界上最优秀的政府也不是万能的。政府在实现消除贫困、充分就业等社会目标时，由于“政府的有限信息、政府对私人市场反应的有限控制、政府对官僚的有限控制以及政治过程带来的局限性”① 四个根源常常出现系统性失灵，即政府失灵。诺贝尔经济学奖得主米尔顿·弗里德曼（Milton Friedman）是政府干预经济的批评者，他相信政府失灵的四个根源非常重要，足以阻止政府为矫正所说的或可论证的市场缺陷所做出的努力。② 因此说，政府不是万能的。

市场经济发达的美国“令人吃惊”的贫困率和社会不平等现象还表明，市场也不是万能的，仅仅依靠市场机制来配置资源也无法实现效率——帕累托有效或帕累托最优。帕累托效率是以意大利经济学家和社会学家维尔弗雷多·帕累托（Vilfredo Pareto）的名字命名的。在其他人的境况不变差的情况下，没有人的境况会变得更好，具备这种特征的资源配置就是帕累托有效或者帕累托最优。帕累托效率无法实现的主要原因是垄断、外部性、信息不完全和公共物品领域不能或难以有效率地配置经济资源，即市场失灵。

正如克林顿所说：“我们要经济增长，又要社会公正。我们不相信自由放任主义，但我们也不相信单靠政府能解决这些问题。”③ 为弥补政府与市场的双重失灵状态，作为社会领域的主要组织形式，非营利组织与政府、企业逐渐形成“三足鼎立”之势。④ 特别是随着公众对国家处理当前面临的社会福利、发展和环境问题的能力的质疑，即“国家危机”在世界范围内的扩展，非营利组织开始受到人们越来越多的关注，在世界各国大量涌现，并较好地解决了政府失灵和市场失

① ［美］约瑟夫·E. 斯蒂格利茨：《公共部门经济学》（上），郭庆旺等译，中国人民大学出版社 2015 年版，第 8 页。

② 同上书，第 9 页。

③ 转引自阮宗泽《第三条道路与新英国》，东方出版社 2001 年版，第 29 页。

④ 刘国翰：《非营利部门的界定》，《南京社会科学》2001 年第 5 期。

灵问题。当然，非营利组织作为与政府、企业并列的第三部门，它同样也不可能完全弥补政府功能和市场功能的不足，只能部分地解决或更大程度上有助于解决政府失灵和市场失灵带来的社会经济问题，至多是对政府与市场双重失灵的不完全矫正，所追求的是一种帕累托改进，即非营利组织努力使某些人的境况改善，而不愿使任何人的境况变差。

非营利组织在市场和政府都不能顾及、不愿顾及的地方，积极开展公益活动，关心帕累托改进，有效地解决一些特定的社会问题。它们能够“发掘和运用分散的社会资源，作为公共权力和私人利益的补充机制，来制衡、沟通、协调和整合个人与群体、群体与群体以及群体与政府间的关系”①，如为那些想要帮助别人的人提供机会和渠道，运用他们的技能去解决社会难题；为穷人提供食宿，为富人提供歌剧院；努力让人们戒烟、戒毒，减少环境污染，努力关注那些被社会忽视的弱势群体等。国际上，它们处理关键性的难题，如艾滋病防治和热点地区的矛盾冲突等，联合国在这方面发挥了巨大的作用。因此，非营利组织的活动领域广泛，包括科技、教育、卫生、文化、劳动、体育、环境保护、法律服务、社会中介服务、工商服务，特别是在帮助困难群体，促进社会公平、公正方面取得的成就越来越大。

但近年来，由于西方国家政府财政紧缩政策和福利制度改革的影响，非营利组织参与公共服务供给的优势更加明显。正如萨拉蒙教授所言，非营利组织通过比较小的规模、与公民的联系性、灵活性、激发私人主动支持公共目标的能力，以及对建立“社会资本”的贡献，求得介于市场和国家信任之间的“中间道路”中的战略重要性已经呈现出来。② 非营利组织正在影响着我们的生活和周边世界，“对世界人民来说，活跃的非营利组织的存在日益成为必需品而非奢侈品。非营利组织的使命与宗旨体现着公民所关注的事情，致力于普遍提高公众

---

① 陈晓春、廖进中：《非营利组织是实现经济文化一体化的平台》，《湖南大学学报》2001 年第 4 期。

② ［美］莱斯特·萨拉蒙：《全球公民社会——非营利部门视角》，贾西津等译，社会科学文献出版社 2002 年版，第 5 页。

的生活质量。因此，让非营利组织深入世界人民的脑海中是一件非常紧迫的任务”。①

然而，随着数量的快速增长和社会对公益服务需求的增加，非营利组织特别是民间组织面临的生存和发展挑战也越来越多，其中面临的最重要、最为迫切的问题是生存与公益资源的不足。公益资源是民间组织提供公益服务、日常运营以及组织各种活动的必要条件，主要包括货币资源、物力资源和人力资源，前两者表现为社会组织的资金，因为物力资源具有价值，货币资源是一般等价物，能够与任何商品相交换，而人力资源则表现为民间组织的管理者、一般员工和志愿者等，人力资源和资金相结合才能创造出公益价值。但是，我国大多数民间组织起点较低，普遍存在公益资源不足、生存能力弱的问题。公益资源获取不畅，使许多民间组织甚至由于资源枯竭而走向衰亡。而资金问题又是诸多资源中最普遍、最棘手的问题，是民间组织生存与发展的首要因素。因此，探究如何提升民间组织获取资源的能力，寻求稳定、可持续发展的资源变得至关重要。

基于此，本书主要探索如何通过营利性行为获取民间组织的资源问题。

第一节　研究背景

为了维持自身的生存与发展，越来越多的民间组织开始依靠营利性行为获取资源。所谓营利性行为，是指为了增加公益资源，在遵循“非分配约束”原则的前提下，依托公益项目或非营利组织平台，独立赚取收益（自营利）或与利益相关者共同赚取收益（共营利）的行为。但人们的一般认识仍停留于“非营利组织的功能在于为社会公益提供服务，不能进行经营活动，不能赚取利润”上，我国现行的法

① ［美］莱斯特·萨拉蒙：《全球公民社会——非营利部门视角》，贾西津等译，社会科学文献出版社2002年版，第43页。

律规范、执法力度与规范民间组织营利性行为的调控要求相比，也存在诸多矛盾和不足。

一　现实背景：营利性行为的客观存在与争议

非营利组织的基本特征是"非营利性"，这一理念已深入人心，但随着市场经济的发展和公共管理理念的创新，非营利组织所处的环境也越来越复杂，已经走出了过去那种单纯依靠拨款和捐款的传统方式，营利性行为日渐成为世界各国非营利组织获取资源的重要手段。与此同时，围绕民间组织营利性行为的质疑和争议也前所未有地增加了。这些质疑和争议，既涉及营利方式的认可，也涉及营利强度的边界。特别是近年来，国内民间组织接连发生的一系列营利性行为，不仅使社会各界对非营利组织的"非营利性"提出质疑，也使我国的公益事业面临前所未有的信任危机。

2011 年的"郭美美炫富"以及媒体随后相继披露的河南宋庆龄基金会向企业放贷及投资地产、金华市慈善总会的分支机构"施乐会"每个社工可以从每笔捐款中最高提成 15% 作为报酬等一系列事件，引起了人们对我国民间组织营利性行为的关注，经过三年多的争论并未形成明确而统一的公共政策，社会舆论也因"疲劳"逐步趋向沉寂。

然而，一场审计风暴再次将民间组织的营利性行为推到舆论的风口浪尖上。审计署 2014 年 6 月 24 日公布的审计报告指出，截至 2013 年年底，卫计委、国土资源部、住房和城乡建设部 3 个部门主管的 35 个社会组织和 61 个所属事业单位利用所在部门影响，采取违规收费、未经批准开展评比达标、有偿提供信息等方式取得收入共计 29.75 亿元，部分单位违规发放津补贴 1.49 亿元。其中，作为科技类社会组织的中华医学会在 2012—2013 年召开的 160 个学术会议中，用广告展位、医生通信录和注册信息等作为回报，以 20 万—100 万元的价格公开标注不同等级的赞助商资格，收取医药企业赞助 8.2 亿元。卫计委相关项目主管回应称，这种模式"说起来也是跟美国学的"。[①] 这

---

① 李光金：《公益社团岂能沦为"赚钱机器"》，《广州日报》2014 年 7 月 2 日第 2 版。

不仅涉及自营利行为（为组织取得收入），也涉及与利益相关者的共营利行为（为组织获取收益的同时还发放职工津贴）。审计署的审计报告对此作出的结论是“依托行政资源不当牟利”[①]，这表明，审计署对民间组织的营利性行为并未一概否定，只是反对利用“行政资源”并采用不正当、不恰当手段牟利。

尽管中华医学会等单位被审计署点名，但一些民间组织并未吸取教训，继续步中华医学会等单位的后尘，违规收费。如中国建筑装饰协会“在开展2013—2014 年度全国建筑工程装饰奖评选工作过程中，违规收取费用；另于 2013—2016 年期间，违规开展系列评比表彰活动，收取费用2511. 9 万元，支出 2080. 8 万元，违法所得共计 431 万1259. 6 元”。民政部已对中国建筑装饰协会作出警告并处没收违法所得的行政处罚。[②]

2017 年年初发生的广东练溪托养中心“49 天内死亡 20 人”事件以及“善心汇”案件更是让人们对少数民间组织唯利是图、见利忘义的营利行为感到愤怒。官方通报表明，练溪托养中心并不具备相应的经营资质，还曾经被当地的民政部门多次通报整改过。可就是这样一个托养中心居然有 700 多个托养人员。相关的知情人士表示，这个托养中心的年盈利可以达到上百万元。而“善心汇”案件的犯罪嫌疑人、深圳市善心汇文化传播有限公司法定代表人张天明等以“扶贫济困、均富共生”、构建“新经济生态模式”为名，故意歪曲国家“精准扶贫”等有关政策，在互联网设立运行“善心汇众扶互生大系统”，同时以高额回报引诱参与人变相缴纳门槛费，以发展人员的数量作为返利依据，引诱参与人继续发展他人参加“善心汇”组织，骗取巨额财物，严重扰乱经济社会秩序。

上述案例似乎“证据确凿”，以“无可辩驳”的事实证明，民间组织的营利性行为应当通过立法“一棍子打死”。然而，问题远没有

① 包颖：《从中华医学会 8. 2 亿赞助费看社会组织市场化运作》，《中国社会组织》2014 年第 17 期。

② 民罚字〔2018〕1 号。

社会公众的不信任甚至愤怒这样简单，仍有许多现实问题有待思考。以下三个案例也许能够启发人们对非营利组织营利性行为进行再认识。

案例 1：中国红十字会备灾仓库的商业出租

中国红十字会曾将“备灾仓库进行商业出租，每年赚取 90 万元”。根据中国红十字会声明，“由于该中心处于初建阶段，部分设施尚未完全竣工，在不影响备灾救灾物资储备和调用的前提下，中心将部分仓库库房与企业在 2012 年开展合作，期限 2 年，由备灾救灾中心向合作企业提供培训、交流、咨询和部分仓储服务”。与企业合作所获得的 180 万元资金已全部进入中国红十字会总会账户，受财政部监管，用于人道主义事业发展的需要。经过总会机关纪委的调查，没有发现红十字会工作人员存在个人从中谋取私利的行为。中国红十字会总会同时声明说：“在 2013 年 8 月总会机关纪委的内部审计监督中，对备灾中心与企业合作项目已采取自查自纠措施，并进行了整改。该合作已于今年 5 月全面终止，截至 8 月 18 日，75% 用于与企业合作的库房已经完全清退腾空，剩余 25% 也将按计划于 8 月 31 日彻底清退腾空。”

案例 2：诺贝尔基金会的资本投资

世界闻名的诺贝尔基金会每年颁布奖项必须支付高达 500 万美元以上的奖金。人们不禁要问：诺贝尔基金会的基金到底有多少？事实上，诺贝尔基金会的成功，除诺贝尔本人在 100 多年前捐献的基金外，更重要的是诺贝尔基金会理财有方。诺贝尔基金会成立于 1896 年，负责管理由诺贝尔捐献的 980 万美元资产。该基金会成立的目的是用于支付奖金，管理上不允许出现任何差错。基金会成立初期，其章程明确规定基金的盈利范围，应限制在安全且收益稳定的项目上，如银行存款与公债。这种保本重于收益、安全至上的投资原则，的确是稳重的做法，但随着每年奖金的发放与基金运作的支出，历经 50 多年后，到 1953 年该基金会的资产只剩下 300 多万美元。1953 年，瑞典政府“不得不”允许基金会独立进行风险投资，可将资金投在股市和不动产方面，这成为基金会投资规则的一个里程碑式的改变。诺贝尔基金会于1953年修改基金管理章程，将原来只存放银行与购买公债的无风险投资观变为以投资股票、房地产为主的风险投资观，加大了营利强度。“非营利”观念的改变，扭转了基金会的命运。1993年，基金会的总资产已累计至2亿多美元，2016年诺贝尔基金已增长到40亿瑞典克朗，折合美元约为4.8亿。

案例3：比尔及梅林达·盖茨基金会的投资与公益项目运作的双轨模式

2000年1月成立的全球最大的慈善基金——比尔及梅林达·盖茨基金会，其创立者为微软公司创始人比尔·盖茨及其妻子梅林达·盖茨。该基金会属非营利性质，旨在促进全球卫生和教育领域的平等。与扎克伯格选择有限责任公司开展慈善事业不同，盖茨基金会分为盖茨基金会信托和盖茨基金会两部分，将资产管理与施赠项目管理分离，实行投资与项目运作的双轨模式。盖茨基金会信托负责资产的保值增值，每年划拨善款给盖茨基金会用于项目支出。盖茨基金会信托资产管理的基本路径是：合理投资—高额回报—部分收益用于慈善，剩余收益和本金继续投资。除股票之外，盖茨基金会信托还大量投资于短期项目，包括美国政府债券、高等级商业票据及短期贴现债券，还有国内国际共同基金、高收益企业证券及国际企业和政府证券等。盖茨基金会负责慈善业务，包括策略制定、赠款执行和项目管理等。年报显示，截至2014年12月31日，盖茨基金会总资产逾443亿美元，获得了15亿美元的投资收益，总捐出却达到38.6亿美元，不仅远远超过5%的整个基金会减免税规定，也超过年度投资收益的1.57倍，款项分别用于全球发展项目（19.23亿美元）、全球健康项目（11.14亿美元）、美国项目（5.13亿美元）、全球策略和游说（2亿美元）、非项目性开支包括宣传（4100万美元）和其他慈善项目（6900万美元）。作为新一代基金会的代表，以“投资”的眼光来看待慈善事业是盖茨基金会保持每年慈善支出位居全美之首的重要原因，活跃的资本运作也是巴菲特选择其作为捐赠对象的重要原因之一。

上述三个案例表明，“一刀切”式地全部取缔民间组织营利性行为于法于理都讲不通。中国红十字会尚未完全竣工的备灾仓库如果不进行商业出租，何来180万元资金用于人道主义事业发展的需要？假如没有营利性行为，当今世界第一的诺贝尔公益品牌还存在吗？比尔·盖茨捐了这么多钱给社会做公益，为什么还要选择用市场的力量去实现他的目标，这会让他的高尚看起来并不那么纯粹吗？国家发展和改革委员会、民政部、财政部、国资委《关于进一步规范行业协会商会收费管理的意见》要求："取消不合理收费项目，降低盈余较多的服务项目收费标准，不得以强制捐赠、强制赞助等方式变相收费，对保留的收费项目，切实提高服务质量。"[①] "降低盈余较多的服务项目收费标准"也表明，我国的行业协会商会同样存在营利性行为。因此，准确把握民间组织营利性行为的本质及其边界，对其地位和作用加以重新审视并提出规范对策，才是当前政府、学术界和社会公众应有的共识。

二　立法背景：法律规范的分歧与"纠结"

各国法律对民间组织营利性行为的规制主要体现于经营活动的规制上。所谓经营活动，是指以营利为目的的持续性业务活动。尽管民间组织的经营活动是一种获利手段，并具有持续性经营等特征，但民间组织的经营活动是为了获得公益资源而进行的，且并非必然以营利为目的，因此，与企业组织以营利为目的的经营活动存在显著差异。但由于理论界定上的模糊，我国现行的民间组织营利性行为的规范仍存在诸多矛盾和冲突，亟须从理论和实践上进行澄清。这些矛盾和冲突主要表现在以下两大方面：

（一）民间组织是否可以开展营利性经营活动

尽管《民办非企业单位登记管理暂行条例》（1998年10月25日，国务院令第251号）第四条规定，民办非企业单位"不得从事营利性经营活动"，但第二十一条又规定："民办非企业单位开展章程规定的活动，按照国家有关规定取得的合法收入，必须用于章程规定的

---

① 国家发展和改革委员会、民政部、财政部、国资委：《关于进一步规范行业协会商会收费管理的意见》（发改经体〔2017〕1999号），2017年11月21日。

业务活动。”也就是说，对“经营活动”外的符合“章程规定”的营利性行为并未禁止，《民办非企业单位登记管理暂行条例》第二十五条又规定，民办非企业单位从事营利性的经营活动的，由登记管理机关予以警告，责令改正，可以限期停止活动；情节严重的，予以撤销登记；构成犯罪的，依法追究刑事责任等。但国务院法制办和民政部对此的解释是：“民办非企业单位不从事营利性的经营活动，并不妨碍其在从事社会服务活动的过程中进行合理的收费，以确保成本，略有盈余，对于维持其活动，促进和扩大其业务规模是非常必要的，这与从事营利活动是完全不同的概念，必须严格区分。”这里的“确保成本，略有盈余”与“营利性的经营活动”的区别是什么，国务院法制办和民政部并没有作出明确的解释。

《社会团体登记管理条例》（1998 年 10 月 25 日，国务院令第 250 号）规定，社会团体“可以开展章程规定的活动”并没有排斥“营利性经营活动”。《民政部、国家工商行政管理局关于社会团体开展经营活动有关问题的通知》（民社发〔1995〕14 号）第二条规定：“开展经营活动的社会团体，必须具有社团法人资格。不具备法人资格的社会团体，不得开展经营活动。”第三条又规定：“社会团体开展经营活动，可以投资设立企业法人，也可以设立非法人的经营机构，但不得以社会团体自身的名义进行经营活动。社会团体从事经营活动，必须经工商行政管理部门登记注册，并领取《企业法人营业执照》或《营业执照》。”也就是说，根据民社发〔1995〕14 号规定，社会团体可以开展与其章程相关的营利性活动，但必须满足两个前提条件：一是营利主体具有法人资格；二是不得以社会团体自身的名义开展经营活动。

在不同历史阶段，我国法律对基金会从事经营活动的态度有所不同。国务院 1988 年颁布实施的《基金会管理办法》规定：“基金会不得经营管理企业。”“基金会可以将资金存入金融机构收取利息，也可以购买债券、股票等有价证券，但购买某个企业的股票额不得超过该企业股票总额的 20%。”国务院 2004 年颁布的《基金会管理条例》取代了《基金会管理办法》。《基金会管理条例》放宽了对基金会从事经营活动的管制，只是一般性地要求基金会应当按照合法、安全、有效的原则实现基金的保值、增值，对于实现保值、增值的方式和增值率等没作任何具体限定。2016 年 9 月 1 日施行的《中华人民共和国慈善法》第五十四条规定：“慈善组织为实现财产保值、增值进行投资的，应当遵循合法、安全、有效的原则，投资取得的收益应当全部用于慈善目的。”这表明申请认定条件远高于一般非营利组织的慈善组织，在符合规定条件的前提下也可以有营利性行为。

可见，我国现行法律制度对非营利组织经营活动的规制缺乏统一性，各自独立，甚至存在矛盾。有些法规作了原则性禁止，“这些原则性禁止规定的积极意义在于使非营利法人更为纯粹和净化市场，但是却在某种意义上对非营利法人的发展造成不必要的障碍”①，当然，现行法律规范仍为非营利法人从事营利性经营活动留下了空间，但这些“空间”缺乏可操作的实施细则，非营利组织仍然“无所适从”，社会公众也没有明确的评价标准。

（二）民间组织是否可以有利润分配行为

2005 年 1 月 1 日起实施的《民间非营利组织会计制度》第二条第二款规定：“适用本制度的民间非营利组织应当同时具备以下特征：（一）该组织不以营利为目的和宗旨；（二）资源提供者向该组织投入资源不取得经济回报；（三）资源提供者不享有该组织的所有权。”其中，第（二）项规定投入资源“不取得经济回报”，严格规定民间组织不可以有利润分配行为。

根据《民办非企业单位登记管理暂行条例》第二条规定，民办非企业单位是指企业事业单位、社会团体和其他社会力量以及公民个人利用非国有资产举办的、从事非营利性社会服务活动的社会组织。我国的民办学校基本上登记为“民办非企业单位”，属于非营利组织的重要组成部分。《中华人民共和国民办教育促进法》原第五十一条规定：“民办学校在扣除办学成本、预留发展基金以及按照国家有关规

---

① 金锦萍：《论非营利法人从事商事活动的现实及其特殊规则》，《法律科学》2007 年第 5 期。

定提取其他的必需的费用后，出资人可以从办学结余中取得合理回报。取得合理回报的具体办法由国务院规定。”2017 年 9 月 1 日起施行的《全国人民代表大会常务委员会关于修改〈中华人民共和国民办教育促进法〉的决定》，将第十八条改为第十九条，修改为：“民办学校的举办者可以自主选择设立非营利性或者营利性民办学校。但是，不得设立实施义务教育的营利性民办学校”；“非营利性民办学校的举办者不得取得办学收益，学校的办学结余全部用于办学”；“营利性民办学校的举办者可以取得办学收益，学校的办学结余依照公司法等有关法律、行政法规的规定处理”。全国人大常委会的修改决定泾渭分明，营利性民办学校的举办者可以分配盈余，非营利性民办学校的举办者一律不得分配盈余，这可能是针对过去我国民办学校利润分配乱象做出的“无奈”选择，其效果如何有待实践检验。全国人大常委会修改决定至少有两个需要解决的理论和实践问题，一是与《中华人民共和国教育法》第二十五条“任何组织和个人不得以营利为目的举办学校及其他教育机构”之规定相悖。这种妥协、模糊的处理方式与我国法律体系当中有关“营利性法人”与“非营利性法人”的划分不相衔接，与基于教育的非营利性而设计的一整套教育法律、教育资产管理、税收、政府扶持等影响学校运营的管理政策相矛盾。二是对相关概念如“营利性”等并未明确界定其内涵，包括民办学校在内的民间组织的变相利润分配如何界定。

因此，只有在法律上规范营利性行为，解决现行法律法规的矛盾冲突，明晰实施细则，才是科学、可行的公共政策。

三　司法背景：营利性行为的监管与困难

如前所述，我国民间组织现行法律对营利性行为规范的内容不够全面，没有形成独立完整的法律体系，配套制度和措施尚需制定和落实，不少误区尚需厘清，不少规则尚需细化。其中，营利性行为的法律规范一直以来都是立法中的难点所在。囿于配套制度和措施的滞后，各方主体开展营利性活动无法可依，导致一些“负面事件”的发生，影响社会公众信任和慈善热情，因此，社会各界对营利性行为的立法无疑寄予厚望。然而，法律的生命不仅在于“立”，更在于实施。

特别是现行公益法规没有清晰地界定民间组织的营利方式和营利强度，势必带来监管上的困难甚至真空。

当前，我国非营利事业发展面临两方面的难题。一是政府宏观管理存在不足，如政府公共服务供给的低效甚至无效而导致公众的不满、过多采用行政手段而与新公共管理运动相悖、非营利组织的逐渐强大而政府管理滞后、公众公共服务需求的不断增长而提供服务能力不足等。二是非营利组织微观管理效率低下，如服务社会的意识和能力较弱，缺乏活力，行为不规范，组织结构不健全，专职人员过少，资金不足等制约着非营利组织公共服务的供给和公益服务质量的提升，少数民间组织甚至因违法违纪被依法取缔或行政处罚等。仅2016年政府部门就查处社会组织违法违纪案件2363起。[①] 2011—2016年，民间组织受到查处情况统计如表1-1所示。

表1-1　民间组织受到查处情况统计（2011—2016）

年份	2011	2012	2013	2014	2015	2016
查处违法违纪案件（个）	1917	1293	3117	4246	2951	2363
其中：行政处罚（个）	1896	1270	3071	4200	2928	2347
依法取缔（个）	21	23	46	46	23	16

资料来源：根据民政部发布的各年度社会服务发展统计公报整理。

民间组织被依法取缔或受到行政处罚的原因是多方面的。从民政部2004年11月19日到2017年7月8日在中国社会组织网公布的63份行政处罚和依法取缔公告可以看出端倪。这些公告涉及民间组织379家，其中社会团体318家，占83.91%；民办非企业单位57家，占15.04%；基金会4家，占1.05%，违法违纪的原因是多方面的。

（一）主要原因

违反规定未接受监督检查和未申请重新登记。其中，违反《社会团体登记管理条例》第三十一条、未按规定接受社会团体年度检查

① 民政部发布的《2016年社会服务发展统计公报》。

的，共143家；违反《民办非企业单位登记管理暂行条例》第二十三条规定“拒不接受或者不按照规定接受监督检查的”民办非企业单位57家；违反《基金会管理条例》第三十六条规定、未按规定接受年度检查的1家。也就是说，未按照规定接受监督检查的民间组织占受处罚民间组织数量的53.03%（201/379）。违反《社会团体登记管理条例》第三十九条规定、未依照本条例有关规定申请重新登记的69家，占受处罚民间组织数量的18.21%，两者合计占受处罚民间组织的71.24%。

（二）其他原因

一是社会团体违反《社会团体登记管理条例》第十九条、第二十八条、第三十三条和第三十五条规定，如年度检查不合格，超出章程规定的宗旨和业务范围开展活动，违反国家有关规定收取费用，使用会费收据收取企业培训活动协作费、授权费，以加入的“合作单位”“协作单位”“连锁基地”等名义，甚至“弄虚作假、骗取登记”等。

二是违反民政部《关于贯彻落实国务院取消全国性社会团体分支机构、代表机构登记行政审批项目的决定有关问题的通知》（民发〔2014〕38号）和民政部、国家发展改革委、监察部、财政部、国家税务总局、国务院纠风办《关于规范社会团体收费行为有关问题的通知》（民发〔2007〕167号）以及民政部、财政部《关于调整社会团体会费政策等有关问题的通知》（民发〔2003〕95号）等，其违法事实包括社会团体的分支机构、代表机构以各类法人组织的名称命名；在名称中使用“中国”“中华”“全国”“国家”等字样；将社会团体经费与所属单位经费混管；全国性和省级社会团体举办评比达标表彰项目，未参照章程规定，经会员大会（会员代表大会）通过，并经有关部门批准或社会团体举办各类评比达标表彰活动超出会员范围以及“强制服务、强制收费”等。

综观民政部的各类行政处罚，可以发现，除少数组织因“超出章程规定的宗旨和业务范围开展活动”外，处罚主要针对民间组织的行政管理工作，而对民间组织客观存在的营利性行为，民政部却鲜有处罚，但这并不表明民间组织都是严格遵守非营利宗旨的，不存在违背非营利宗旨的行为。我国民间组织的营利性行为是客观存在的，金锦萍等（2013）甚至认为，我国已登记的20万家民办非企业单位，有很大一部分是以营利为目的的。[①] 之所以对民间组织违背非营利宗旨的营利性行为鲜有处罚，是因为不仅学术界和社会公众对营利性行为的界定和存废争论不休，而且政府规范民间组织营利性行为的法律规范也不够完善，甚至存在矛盾冲突，导致民政部门少有的营利性行为处罚也没有让受处罚对象完全接受。

如2007年10月31日，民政部对中国地区开发促进会进行的处罚就是具有代表性的案例。民政部认为，中国地区开发促进会存在的主要问题是：对分支机构疏于管理，以营利为目的与企业签订合作协议书，将所属5个分支机构及2个内设机构交由不同企业承办运营，向企业收取管理费；不按照规定办理分支机构变更登记；超出章程规定的宗旨和业务范围进行活动等违法行为，因此，依据《社会团体登记管理条例》第三十三条第一款第（二）、（四）、（五）、（六）项规定，民政部对该会作出撤销登记的行政处罚。而中国地区开发促进会不服处罚，向北京市第二中级人民法院提起诉讼，要求撤销民政部的处罚决定，法院审理后作出“维持行政处罚决定”的判决。中国地区开发促进会又向北京市高级人民法院提起上诉，北京市高院对本案进行了公开审理，并于2008年11月4日作出“驳回上诉，维持一审判决”的终审判决。[②] 从案件的庭审过程来看，原、被告双方激烈辩论的焦点之一是社会团体“营利性经营活动”的界定问题。尽管北京市高级人民法院认定“民政部对该会作出的撤销登记行政处罚，事实清楚，适用法规正确，处罚程序规范，符合《行政处罚法》和《社会团体登记管理条例》的有关规定”，但民政部和中国地区开发促进会对“营利性经营活动”法律规范界定存在认识差异却是一个不争的事实。在当前情况下，我们只能服从现行法律裁决，但从长远来看，问

① 王名、金锦萍等：《社会组织三大条例如何修改》，《中国非营利评论》2013年第2期。

② 中国社会组织网：《中促会违规操作被撤民政部依法行政胜诉》，http：//www. chinanpo. gov. cn/2654/32084/index. html。

题远没有结束，从法理上重新界定民间组织的营利性行为，进一步规范营利性行为的运作，改善民间组织营利性行为的法律环境，推动我国民间组织健康、有序发展，才是当前和今后理论和实务界亟须解决的问题。

综上所述，非营利组织具有的非营利性特质，使非营利组织能否开展营利性活动获取资源这一话题备受争议。基于此，民间组织营利性活动的客观存在和悖论、法律规范的冲突及其监管难题就构成了本书的研究背景。

第二节　核心概念的界定

一　民间非营利组织

要准确把握民间非营利组织的概念，有必要从非营利组织的本质谈起。

（一）非营利组织

1. 非营利组织界定的主要方法

非营利组织的界定方法实际上存在学术界定方法和实务界定方法两种。

（1）学术界定方法。一是内在性质法。就是根据非营利组织的内在特质来判断，代表性观点是美国约翰—霍普金斯大学 M. 萨拉蒙教授概括的“七个属性”，他认为，非政府组织必须具有以下七个属性：①有正式的组织形式；②民间性；③非营利性；④自治性；⑤志愿性；⑥非政治性；⑦非宗教性。[①] 二是剩余界定法。由美国学者帕多恩（Padorn）依据三元社会结构理论提出。三元社会结构理论认为，企业、政府和非营利组织是人类社会三种最基本的组织形式，也就是说，非营利组织是指那些存在于政府和企业组织之外的社会组织。它

① ［美］莱斯特·萨拉蒙：《全球公民社会——非营利部门视角》，贾西津等译，社会科学文献出版社 2002 年版，第 3—5 页。

们各有其独特的职能优势，只有这三类组织互为补充、共同协作，才能保证人类社会的正常运行。

（2）实务界定方法。一是经济核算法。这一方法认为，判断一个组织是否是非营利组织，不能仅考虑组织的法律地位、形态等，还应考虑其经济实质，即其收入的主要来源。例如，联合国国民经济核算体系从资金来源上定义非营利组织：大部分收入依靠其会员的会费、政府资助和社会支持者的捐赠，不是来自其产品销售或服务提供带来的盈余；联合国发展计划署认为，如果一个组织50%以上的收入来源于捐赠或会员缴纳的会费，它就是非营利组织，否则，它就是企业组织。二是免税资格分类法。如1998年《美国税法》第501条中有26个条款对各类组织免征所得税，凡是符合那些条款、享有免税资格的社会组织在美国就可定义为免税组织或非营利组织。三是部门列举法。它是根据非营利组织的具体法律形式进行分类的，如日本的非营利组织可划分为公益法人、特定非营利促进法人、社团法人等。[①] 受到M. 萨拉蒙“七个属性”影响，世界银行组织编写的《非政府组织法的立法原则》界定的非营利组织也属于部门列举法。该法所称的非营利组织，是指在特定法律系统下，不以营利为目的，不同于政府部门的协会、社团、基金会、慈善信托、非营利公司或其他法人，所得利润不予分配，工会、商会、政党、利润共享的合作社以及教会等组织除外。

2. 非营利组织的不同称谓

非营利组织的内涵与外延并未统一，各个国家和地区根据自己的实际情况强调的侧重点也各有不同，从而导致其称谓多元化。

非营利组织（NPO）是美国广泛采用的概念，但在美国又常常被称为第三部门、独立部门和免税组织等，还有一些国家和地区称之为公民社会组织、志愿组织、慈善组织、非政府组织（NGO）、社会经济、公民社会等。

---

① 徐雪梅：《非营利组织管理——组织视角的探讨》，博士学位论文，东北财经大学，2005年，第33—36页。

“第三部门”是美国学者莱维特（T. Levitt）首先提出来的[1]，是指处于政府与私营企业之间的社会组织，强调其独立性，即与政府和私营企业的区别；免税组织是美国在税法实践中采用的法律术语。通常认为，美国的“非营利”部门是由享有联邦税务局授予的所得税豁免权的企业、协会、信托和其他法律实体组成的。美国《国内税收法典》中列出的免税实体共有32类，涉及大约160万个组织机构。但是，由于法律规定教会和收入不超过2.5万美元的组织不必申请就可以享受免税待遇，事实上，免税实体为数更多。“公民社会”一词，马克思、黑格尔、托克维尔、葛兰西和哈维尔都用过，且各有各的含义，即使在最近它也仍有多种含义[2]，不过是其中某些内涵与非营利组织相近而已，主要是从社会组织的角度描述非营利组织，而“志愿组织”则强调其志愿性特征。

“社会经济”一词主要流行于法国和比利时。近年来，欧盟其他国家也开始采用这一概念，它包含的内容比较宽泛，包括不少企业类组织，如互助保险公司、储蓄银行、合作社、农产品销售组织等。“更重要且更有意义的问题不是合作组织是否真的非营利”，而是与其他组织类型相比，它们“是否能为使用者提供更好、更便宜和更卓越的服务”。托尔本1994年针对欧美围绕合作组织的争论作出如此评论。[3]

“慈善组织”以慈善活动为宗旨，法律认可的标准远高于其他非营利组织。虽然按照一般说法，“慈善”指的是给穷人提供的帮助、救济和施舍，那么，“慈善组织”通常仅仅与帮扶贫困人群、帮助有特定需要的人群或者解救生活痛苦的人群相关联，与英语的charity相对应，这是传统意义上的慈善。但是，慈善的法律意义无疑要宽泛得

① T. Levitt, *The Third Sector: New Tactics for a Responsive Society*, New York: AMACON, 1973.

② Lester M. Salamon and Helmut K. Anheier eds., *Defining the Nonprofit Sector: A Cross - National Analysis*, Manchester: Mancheeter University Press, 1997, pp. 332 - 335.

③ 转引自葛卫华《我国非营利组织定价机制研究》，上海交通大学出版社2011年版，第4页。

多，称为大慈善，其资助的对象不仅有穷人，还有宗教、教育、科学研究、文化、环保等，而且还在不断地扩展以呼应不断变化的公共利益的含义，与英语中的 philanthropy 相对应。因此，慈善组织也被称为非营利组织。从逻辑关系上看，慈善组织首先是非营利组织，其次是以慈善活动为宗旨的非营利组织；从组织形态上看，慈善组织要么是基金会，要么是社会团体，要么是社会服务机构（民办非企业单位）。在我国，基金会以公益事业为目的，全部属于慈善组织；部分以慈善活动为宗旨的社会团体、民办非企业单位也属于慈善组织范畴，当然是否登记为符合慈善法规定条件的慈善组织是发起人的自主选择，慈善组织登记门槛远高于一般非营利组织，类似营利组织的上市与非上市公司的区别。就我国的现状而言，慈善组织中公募基金会的表现格外受到关注，在慈善事业的发展中担任了重要角色，创造了希望工程①、母亲水窖②、春蕾计划③等全国著名公益品牌，传播了慈善文化，普及了志愿精神。

国内学者对非营利组织的概念已基本趋于统一，称谓也基本明确。王名等认为，“非营利组织是指在政府部门和以营利为目的的企业（市场部门）之外的一切志愿团体、社会组织或民间协会”④（王名的定义也可理解为“第三部门”）。这与康晓光的定义不谋而合。康晓光认为，“只要是依法注册的正式组织，从事非营利性活动，满足志愿性和公益性要求，具有不同程度的独立性和自治性，即可被称为非营利组织”。⑤ 中文的学术文献一般将其称为非营利组织，在党和政府的文献中称为社会组织，在对外交往中，使用非政府组织。这些

---

① 团中央、中国青少年发展基金会于1989年发起的以救助贫困地区失学少年儿童为目的的一项公益事业。其宗旨是建设希望小学，资助贫困地区失学儿童重返校园，改善农村办学条件。

② “母亲水窖”是一项集中供水工程，是中国妇女发展基金会2001年开始实施的慈善项目，重点帮助西部地区老百姓特别是妇女摆脱因严重缺水带来的贫困和落后。

③ “春蕾计划”是1989年起，在全国妇联领导下，由中国儿童少年基金会发起并组织实施的一项救助贫困地区失学女童重返校园的社会公益项目。

④ 王名、刘国翰、何建宇：《中国社团改革：从政府选择到社会选择》，社会科学文献出版社2001年版，第2、第17、第166页。

⑤ 康晓光：《NGO扶贫行为研究》，中国经济出版社2001年版，第2页。

不同称谓，主要是强调组织性质的不同侧面，非营利组织强调其非营利的一面，即与营利组织或企业组织的区别；非政府组织则强调非政府或民间性的一面，即与政府组织的区别，这可能是遵从世界银行发布的《非政府组织法的立法原则》界定：非政府组织是指在特定法律系统下，不被视为政府部门的协会、社团、基金会、慈善信托、非营利公司或其他法人，且不以营利为目的，即使能赚取任何利润，也必须遵守“非分配约束”原则。联合国系统也使用“非政府组织”的名称，可能是受《联合国宪章》第71条规定的影响：“经济与社会理事会可做出适当安排，以便同非政府组织咨商其职能范围内的项目。”[①] 但《联合国宪章》并未对非政府组织加以定义。

这里要特别提及的是，2006年党的十六届六中全会通过的《中共中央关于构建社会主义和谐社会若干重大问题的决定》首次出现，党的十七大、十八大、十九大报告都提及的“社会组织”概念和上述概念的关系。这里的“社会组织”涵盖传统的非营利组织、非政府组织、第三部门、民间组织等概念，是对传统概念的进一步提炼和超越，是用中国特色社会主义理论深刻认识这类组织的基本属性、主要特征而形成的科学概括，有利于纠正社会上对这类组织存在的片面认识，从而进一步形成各方面重视和支持这类组织的共识。广义的社会组织是指除党政机关、企事业单位以外的各类民间组织；而狭义的社会组织，是指由我国各级民政部门作为登记管理机关，纳入登记管理范围的社会团体、民办非企业单位（社会服务机构）和基金会三类社会组织。狭义的社会组织与国内学术界以及国外常说的非营利组织、非政府组织、第三部门、民间组织等称谓大同小异，并没有实质性的区别，是公民社会的组成要素。[②]

非营利组织的定义如此多样，给我们的研究确实带来了麻烦。诚

---

① 《联合国宪章》第71条提出，非政府组织同国际组织传统的区别在于：国际组织是由政府间协议设立，而非政府组织是基于个体间的合作成立。即便在国际组织为非政府组织提供正式的制度性作用时，这一区别也不例外。

② 王浦劬、[美] 莱斯特·M. 萨拉蒙等：《政府向社会组织购买公共服务研究——中国与全球经验分析》，北京大学出版社2010年版，第6页。

如有学者所言："在英国和印度，人们的注意力放在'志愿组织'上；在法国，人们谈论得较多的是'社会经济'；在东欧'社团'是最常用的概念；在转型国家，'公民社会组织'最时髦；在发展中国家，人们只知道'非政府组织'。"① 因此，有学者建议避开"定义的陷阱"。

（二）民间非营利组织

就国内而言，符合萨拉蒙"七属性说"的非营利组织非常少。例如，社会团体往往因其与官方联系紧密而缺乏独立性与自治性，而大量未在民政部门登记的各类草根组织，虽在属性上与理想的非营利组织有极强的共性，但没有法律地位；我国的事业单位从机构目的来说，应属于非营利组织的范畴，但其具有国有属性，且多是由财政拨款，官员也多由政府任命，自治性、独立性较差。

鉴于大多数国家对非营利组织具有民间性的共识，本书首先将国办事业单位、工会、政党、利润共享的合作社等组织排除在民间非营利组织之外。其次，我国法律规定寺院、宫观、清真寺、教堂等宗教活动场所由《宗教事务条例》规范管理，并遵从萨拉蒙"非宗教性"界定，将宗教机构排除于本书研究对象之外。因而，本书所称的民间组织只包括依照国家法律、行政法规登记的社会团体、基金会和民办非企业单位三类，这与西方国家法律、学术文献所说的非营利组织内涵和外延基本相同②，是一种狭义的社会组织，这也成为我国官方的正式分类。所以，在中国特有的国情下，以"民间性"和"非营利性"定义非营利组织，即"民间非营利组织"是一个较为恰当的词汇选择。

民间非营利组织具体包括基金会、社会团体和民办非企业单位。

1. 基金会

根据基金会的释义可以简要地概括为基于捐赠的慈善基金。我国

---

① 王绍光：《多元与统一——第三部门国际比较研究》，浙江人民出版社 1999 年版，第 414 页。

② 温艳萍：《民间非营利组织的社会与经济效应研究》，上海人民出版社 2008 年版，前言。

的《基金会管理条例》将基金会定义为“利用自然人、法人或者其他社会组织捐赠的财产，以从事公益事业为目的，依法成立的非营利性法人”。该定义强调了基金会的公益属性和非营利性。公益属性是指基金会的资金主要来源于捐赠，是各种捐赠的制度化和组织化形式，同时基金会有明确的公益宗旨，开展活动是为了使特定个体乃至整个社会受益；非营利性是指基金会不以营利为目的，不存在营利组织中的收益和利润等分配手段。基金会分为公募基金会和非公募基金会两类。公募基金会是指具有向不特定公众募捐权力的基金会，属于公共筹款型基金会，通过吸收公众分散的捐赠资源形成公益财产。非公募基金会是指不得面向公众募捐的基金会，资金主要来源于特定机构和个人，依靠成立后自有资金的运作增值以及发起人等后续捐赠获得公益活动资金。

2. 社会团体

社会团体是由公民或企事业单位自愿组成、按章程开展活动的公益性或互益性社会组织，包括学术性社团、行业性社团、专业性社团和联合性社团。社会团体是当代中国政治生活的重要组成部分。《社会团体登记管理条例》规定，成立社会团体必须提交县级以上各级人民政府有关部门及其授权的业务主管部门的批准文件。中国目前的社会团体都带有准官方性质，实际上附属在业务主管部门之下。

3. 民办非企业单位

民办非企业单位是由企业事业单位、社会团体和其他社会力量以及公民个人利用非国有资产举办的、从事社会服务活动的社会组织，分为教育事业、卫生事业、科技事业、文化事业、劳动事业、民政事业、体育事业、社会中介服务业、法律服务业和其他十大类。《中华人民共和国慈善法》将传统上称为民办非企业单位及其类似机构称为社会服务机构。《社会服务机构登记管理条例》（征求意见稿）将社会服务机构定义为“自然人、法人或者其他组织为了提供社会服务，主要利用非国有资产设立的非营利性法人”。

近年来，非营利组织成为国内外学术研究的热点之一。研究文献大多以非营利组织的广义概念进行，而民间非营利组织更符合非营利组织的本质特征。因此，非营利组织的研究方法和研究结论同样适用于民间非营利组织，民间非营利组织的研究方法和研究结论也适用于非营利组织。主要理由是它们具有共同的理论基础，同时非营利组织类型的分类都是相对的，可以从研究和分析的需要出发，选择恰当的分类标准，并根据国情和研究目标采用不同称谓。而民间组织并不是民间非营利组织的简称，而是一个具有中国特色的称谓。鉴于本书为学术文献，且主要研究中国的民间非营利组织，除特指外，一律以民间组织作为统一称谓。

二　营利性行为

民间组织的经济资源主要来自社会公众的捐赠和面向特定对象的定向捐赠、会费以及政府财政资助。无论是捐赠还是政府资助或会费，资源供给者均不得谋求任何相应的经济回报，民间组织也不向资源供给者作出任何对等的经济回报承诺。也就是说，民间组织与捐赠人、提供资助的政府机构、会员之间没有任何商品、非商品交易行为存在。有些民间组织举办面向社会公众的义演、义赛、义卖、义展、义拍、慈善晚会等，只是一种募捐信息发布行为，而非商品交易行为，更不能等同于资源供给者的回报。而营利性行为则是民间组织在遵守非营利宗旨的前提下，为谋求公益资源的增加，依托民间组织或者以公益项目作为平台，独立谋取或与利益相关者共同谋取合法经济利益的行为，包括民间组织的自营利行为以及与利益相关者的共营利行为。

（一）自营利

自营利，西方国家也称为自主收入，是指为获取公益资源包括货币资源、物力资源和人力资源等的增长，民间组织作为独立营利主体获取收益的行为，主要包括差异化收费、提供服务收费、资本市场投资、商业化投资、参与市场竞争、承接政府公共服务和其他营利方式，如租金、固定资产出售等。这些行为的充分必要条件是民间组织在经济上能够获取用于公益事业的收益，从而有利于民间组织非营利宗旨的实现。因此，民间组织的自营利行为实际上包括两方面内容：一是在向目标群体提供服务的过程中，没有遵循市场交易原则，而是根据目标客户个人收入的高低确定收费价格，或按照介于市场与成本的价格，甚至低于成本的价格确定收费标准，使民间组织获取收益，可能是正值净收益，也可能是负值净收益，或零利润收益，如差异化收费、服务收费等。二是在不违背公益使命的前提下，遵循市场交易规则，获取正值净收益，如资本市场投资、商业化投资、参与市场竞争和其他营利方式。

（二）共营利

共营利是民间组织作为独立法人，与利益相关者合作，实现双方或多方共赢的营利性行为，如与营利组织的商业合作、员工薪酬市场化、净资产积累、接受公益创投、股利分配等。共营利行为的实质是民间组织与利益相关者的非公平交易行为，这一交易的结果是民间组织获取财力资源和人力资源，而利益相关者的利益不受损害或有轻微损害。例如，利用公益品牌与营利组织合作使民间组织获取超额平均收益；管理人员、志愿者在为民间组织提供公益服务的同时，前者获得略低于人力资本市场价值的薪酬，后者获得一定的差旅费等生活补贴，即民间组织获得了优秀的人力资源，而员工、志愿者的个人利益也得到最低限度的保证，从而实现员工、志愿者与组织的“双赢”；民间组织在遵守法律规范的前提下，适度压缩公益支出，增加组织净资产积累，同时保证满足组织生存和员工职业发展的需要；民办学校等民办非企业单位吸收出资人投资，股东获得略高于存款利息或机会成本的股利，从而实现股东与民间组织“双赢”等。共营利行为的基本理念是：民间组织不以营利为目的，但不应当用组织价值观“绑架”利益相关者。这是因为，员工、企业组织等利益相关者与民间组织是平等的民事主体，其价值目标并不相同。例如，大学不以营利为目的，但大学教师申请发明专利获得最大化盈余也是理所当然的。

三方甚至多方共赢的典型案例当属“大衣行动”。纽约市最大的非政府组织“纽约关怀”，为了帮助无家可归的人抵御严寒，曾携手纽约前市长艾德·科齐和大衣品牌 Weatherproof 一道发起一年一度的“大衣行动”（Coat Drive）。在这一公益活动中，人们只要将自己穿用次数不多并清洗干净的大衣或羽绒服捐出，就可以从艾德·科齐手中得到 Weatherproof 赠送的 100 美元抵金券，进而从该店提供的男女各三款大衣中以额外支付不到 60 美元的价格购得自己满意的新品。[①]“大衣行动”让民间组织、Weatherproof、受益人与捐赠人实现了四方共赢。民间组织捐赠的每件大衣实现“机会收益”160 美元，因为若购置新大衣并捐赠给受益人，须支付同等价格；尽管旧大衣使用价值略逊于新大衣，但受益人是免费获取的，这样民间组织既获取了机会收益，又实现了公益目标；对捐赠人而言，只需增加 60 美元就可以添置新衣，获取了 100 美元的机会收益，又达到行善目标，同样是一种营利性行为，是一种不等价交换行为；“大衣行动”唯一在经济上受损的似乎是 Weatherproof，它损失了 100 美元，但不是净损失，它的实际付出是大衣的单位变动成本，应当小于等于 160 美元。若新大衣采购成本小于 60 美元，Weatherproof 还获取了净收益。不管怎样，Weatherproof 履行了企业的社会责任，并获得了良好的商业声誉。

因此，准确理解营利性行为的本质必须准确把握如下三点：

（1）“营利性行为”不等于“营利行为”。徐旭川[②③]、阎凤桥[④]、杨伟娜[⑤]等学者将民间组织客观存在的“营利性行为”称为“营利行为”是不恰当的。尽管只有一字之差，至少在语义上容易引起人们的误解，似乎民间组织的营利性行为与营利组织的营利行为等同，都是按照市场交易规则进行的等价交换行为。事实上，民间组织的营利性行为是一种“追求社会目标适度采用商业手段的行为”。[⑥]“适度采用商业手段”主要表现在营利目标是追求公益绩效最大化，而不是利润

---

① 张兵武：《公益之痒：商业社会中如何做公益》，北京大学出版社 2011 年版，第 95 页。

② 徐旭川：《非营利组织营利行为及其税收政策定位》，《中央财经大学学报》2005 年第 10 期。

③ 徐旭川：《非营利组织营利行为的成因与规范》，《现代财经》2006 年第 3 期。

④ 阎凤桥：《非营利性大学的营利行为及约束机制》，《北京大学教育评论》2005 年第 2 期。

⑤ 杨伟娜：《中美非营利组织营利行为比较》，《中国内部审计》2005 年第 8 期。

⑥ J. 格雷戈里·迪斯：《非营利组织的商业化经营》，载《非营利组织管理》，北京新华信商业风险管理有限责任公司译校，中国人民大学出版社、哈佛商学院出版社 2000 年版，第 141 页。

最大化；营利强度（利润率或人财物投入比例等）显著低于营利组织；营利风险受到严格控制，而不是“唯利是图，不择手段”；获取的资产不能以任何形式转变为私人财产，必须遵循非分配约束原则，即所得盈利必须作为该组织的事业发展基金等。即使民间组织存在资本市场投资或商业化投资也仅仅是民间组织的其他业务或附营业务，参与人员数量、投入资金比例等受到非营利宗旨和政府法规的严格约束，绝不能喧宾夺主。如《慈善组织保值增值投资活动管理暂行办法（征求意见稿）》依照《中华人民共和国慈善法》第五十四条“政府资助的财产和捐赠协议约定不得投资的财产，不得用于投资”的规定，明确了慈善组织可用于投资的财产限于非限定性资产、在投资期间暂不需要拨付的限定性资产。慈善组织的投资行为不能干扰慈善目的的实现，依据《中华人民共和国慈善法》和民政部、财政部、国家税务总局《关于慈善组织开展慈善活动年度支出和管理费用的规定》，慈善组织应当保持足够的现金类资产，以保证连续三年的慈善活动支出符合法定要求和待拨捐赠资金及时足额拨付等。这些特征将民间组织的“营利性行为”和企业组织的“营利行为”从本质上区别开来。

（2）营利性行为与市场化相关，但也非等同概念。冈萨雷斯等（Gonzalez et al.，2012）认为，民间组织市场化是一种旨在比竞争对手更好地满足目标公众需求的理念或者文化，是一系列与市场导向文化相吻合的行动，它包括组织的外部导向、内部整合协调和长期愿景三个方面，组织的外部导向包括受益者与捐赠者、竞争者及环境导向。[①] 同时，还有另一种关于市场化的理解，即非营利组织（NPO），进入企业市场，形成自身“造血能力”，在市场经济中求得生存，类似于社会企业的概念。[②] 刘莉莉认为，民间组织市场化运作，是民间组织回应资源日益短缺的现实及由此对运营效率所带来的威胁，为了

---

① Gonzalez，L.，Vijande，M. and Casiellse，R.，“The market orientation concept in the privateization domain”，*International Journal of Nonprofit and Voluntary nonprofit Sector Marketing*，Vol. 7，No. 1，2002，pp. 55 – 67.

② Ibid..

组织自身的生存发展，提高运营效率，在寻求多元化融资渠道的过程中，越来越多地借助市场机制开辟财源及在相当程度上采用营利部门运作的成功管理技术、方法、手段的运作方式，与企业、政府以及其他民间组织进行竞争，更多地从事营利性的经营活动。①

因此，“市场化”表现为民间组织管理过程中所出现的企业化趋势，其实质是民间组织通过自身行为来提高其对捐款者的吸引力，“顾客导向”引入深化，提高捐款方的捐赠满意度及组织的整体绩效等，它强调组织的竞争机制和顾客需求导向，注重以多种手法赢得“顾客满意”和资源支持的过程，是民间组织对政治、经济、社会和意识形态等外部环境变化的一种制度性反应，是福利国家的危机以及公共服务市场化改革的产物。因此，民间组织的营利性行为与民间组织市场化是相伴而生的，但营利性行为的外延小于“市场化”，是一种采用“市场化”手段争取更多的社会资源的行为。如营利性行为的营利强度是民间组织依据市场经济规律和非营利宗旨综合确立的，营利方式也不能与营利组织发生不公平竞争。因此，营利性行为的内涵远小于市场化，至多是一种市场导向的获利行为。甚至有些营利方式与市场化无关，如净资产积累过多、差异化收费等。

（3）营利性行为是一个中性词汇。营利性行为对社会公益产生“正效应”还是“负效应”及其效应大小取决于营利方式的选择和营利强度的大小。民间组织存在营利性行为并不预示着该组织必然“以营利为目的”，关键看其是否遵守非营利宗旨，最根本的是遵守“非分配约束”原则，即所获利润不得用于组织成员分配或变相分配，任何个人都没有剩余索取权，同时符合“收入用途标准”和“使命相关标准”。“收入用途标准”是指民间组织营利性行为获取的收入必须全部或主要用于非营利事业发展，“使命相关标准”是指民间组织的营利性行为必须与组织使命相关，否则，即使满足其他条件，仍应认定其违背非营利

① 刘莉莉：《我国非营利组织（NPO）市场化运行模式研究》，硕士学位论文，中国海洋大学，2010年，第17页。

宗旨，因为“不务正业”的营利性行为会妨碍公益目标的实现。民间组织营利性行为的根本目的是推动行业的发展和服务社会公益宗旨的实现，减少政府财政负担，对社会有着非常积极的意义。正因为如此，大多数国家对民间组织符合法律规定的营利性行为，往往采取鼓励的政策。例如，在税收方面，对通过审查注册的民间组织采取优惠的制度设计等。

因此，营利性行为并不必然导致民间组织背离非营利宗旨，它是一个手段、一个过程，至多是一种倾向，它提供了民间组织获取公益资源和提升绩效的路径。但营利性行为之名，常常被滥用，或被误用，或被借用，或被不切实际地赋予过多的作用，甚至可能被认为在不恰当地撺掇民间组织违背非营利宗旨，这都是我们无法回避的现实。如何积极影响其结果，科学界定营利性行为方式，控制营利性行为边界，而不只是被动反应，才是本书研究的目标。

第三节　研究的逻辑框架与技术路线

一　逻辑框架

本书的研究思路是：基于民间组织资源短缺和现行法律规范存在的矛盾等现实背景和制度背景，提出营利性行为是民间组织依据内外部环境所作出的必然选择；然后，综合运用资源依赖理论、杂交优势理论、理性经济人假设、光谱理论和公共服务市场化等理论对民间组织的营利性行为进行分析，在此基础上提出民间组织营利方式选择，分析民间组织公益绩效的构成，实证研究民间组织营利性行为与公益业绩、效率与效果之间的关系，并依此提出规范和指导民间组织营利性行为的公共政策。

综上所述，本书研究的逻辑框架如图 1－1 所示。

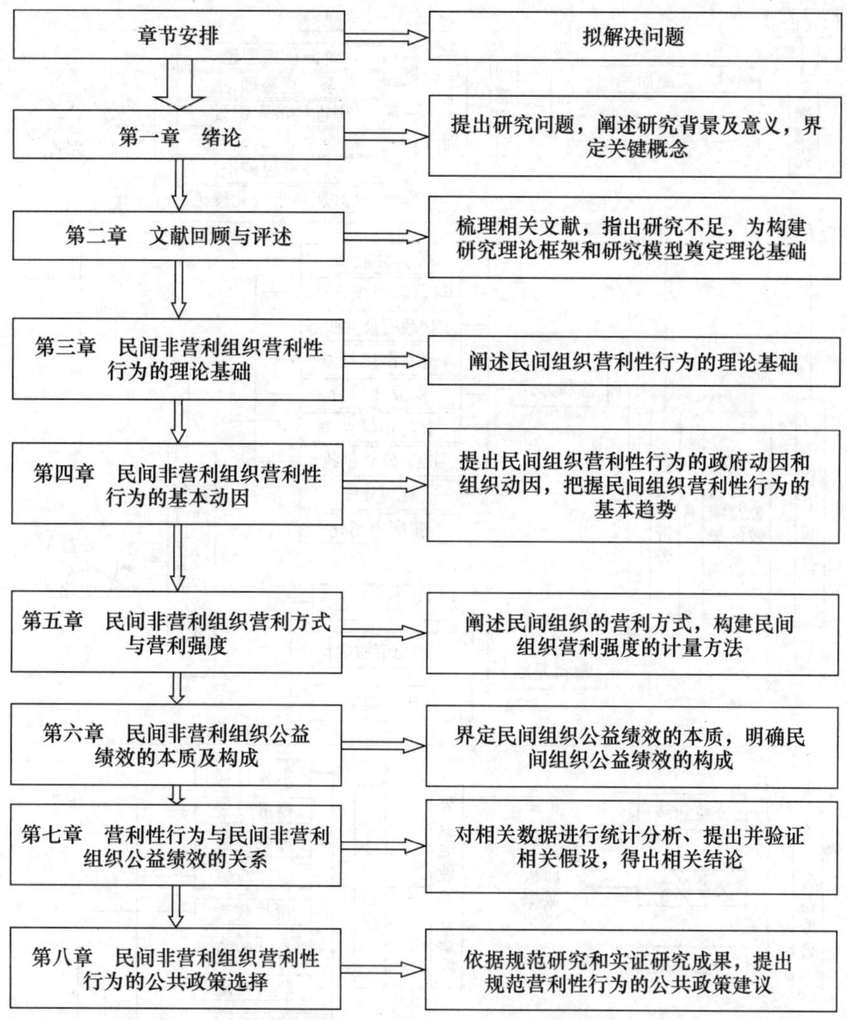

图1-1　本书研究的逻辑框架

二　技术路线

本书的技术路线如图1-2所示。总体来说，本书采用文献整理与数据分析相结合、理论分析与实证研究相结合、定性研究与定量研究相结合的研究方法。

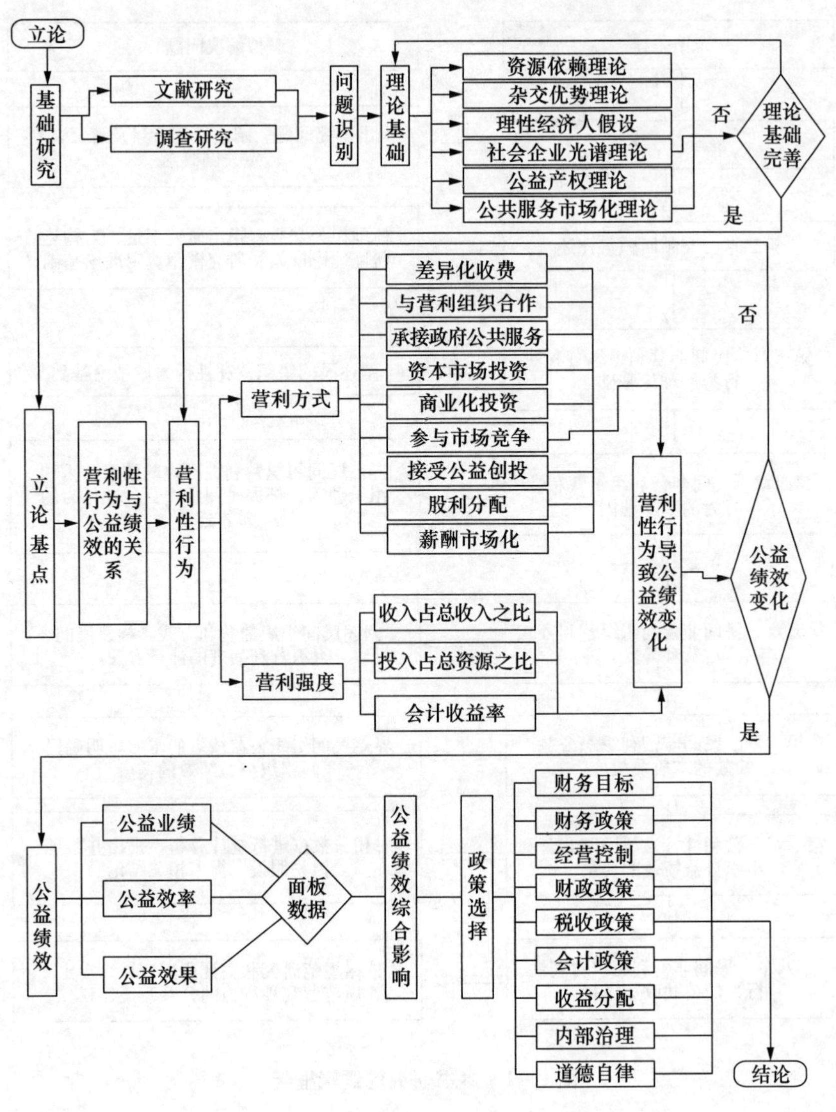

图 1－2　技术路线

首先，本书依据康德称作“二律悖反”、黑格尔称作辩证矛盾的悖论，从民间组织的基本特征“非营利性”的对立面入手，研究民间组织的营利性行为。尽管非营利性和营利性行为是两个相反的或互相矛盾的命题，但能够从正面论证则其反面成立，从反面论证则其正面成立。因此，以民间组织客观存在的资源短缺问题研究为起点，采用规范研究方法，从营利性行为与非营利宗旨存在的矛盾出发，从理论和实践两方面论证其统一性。其次，根据数据资料，实证研究营利性行为与民间组织公益绩效的关系。最后，依据规范研究和实证研究结论，系统地提出规范民间组织营利性行为的公共政策。这是本书研究的终点。

第四节　研究创新与研究意义

一　研究创新

利润最大化作为企业组织财务管理的目标已得到学术界和实务界的广泛赞同，然而，在非营利领域研究营利性行为还处于“初级阶段”，进入这个争议较大的研究领域，可谓利弊共存，“利”在于探索价值较大，“弊”在于缺乏丰富的和可借鉴的研究成果。然而，正是民间组织营利性行为研究的原创性和挑战性吸引了笔者决心以其作为主题进行探讨，并得到教育部人文社会科学规划基金的支持。较之以往的研究成果，本书不再拘泥于实证主义研究范式，而是通过理论分析与逻辑推断，为变量间的关系以及模型与假设提供一个比较规范的理论基础。本书研究的另外一个显著特点是：改变了过去仅仅探讨民间组织与绩效间直接关系的做法，而是将营利性行为作为中介变量纳入分析框架，构建了一个系统化和可操作化的整体分析模型。具体来说，本书主要在如下三个方面取得了一定的研究创新。

（一）研究视角创新

综观我国的规制文献，相关公共政策虽不够系统，但也分布于众多的政府文件中，制定的公共政策要么从抽象的非营利概念出发，要么从“本本主义”出发，不仅立法后果存在争议，而且可执行性不强。本书以营利性行为与公益绩效的相关性作为基点提出民间组织营利性行为政策，更有利于促进民间组织公益绩效的提升。

（二）理论观点创新

在现有研究成果的基础上，可能的理论创新主要有：一是提出公益绩效最大化是民间组织的财务目标，从而为营利性行为找到出发点和归宿点；二是将非营利法人与作为自然人的员工以及作为经济人的资金投入人相区别，从而为员工薪酬市场化、出资者红利分配等共营利行为找到法理依据；三是将营利性行为分为自营利和共营利行为，能够为差异性税收立法提供科学依据；四是将净资产积累列入营利性行为，有利于引发社会公众对我国民间组织巨额净资产沉淀的关注，从而促进民间组织增加公益支出，进一步提升公益绩效。

（三）研究方法创新

首先，借鉴而不是生搬硬套 Chang 和 Tuckman 提出的财务脆弱性模型，依据实践标准，检验其科学性和中国民间组织的实用性，使财务脆弱性预测结论更可靠。

其次，以民政部登记管理的公募基金会 2011—2015 年工作报告数据为样本，运用面板数据模型，回归分析民间组织营利性行为与公益业绩、效率与效果三个绩效维度之间的关系，并依此发现影响公益绩效的显著性解释变量，为公共政策的选择寻找新的基点。

最后，借用物种在生态系统中有天敌、食物空间等资源也不充足的情况下的 Logistic 模型，对营利约束机制下的民间组织营利强度演化过程和边界进行模拟分析，使营利性行为的研究从具体走向一般。

二 研究意义

民间组织营利性行为是一个热点的前沿研究领域，国内外与之相关的定性与定量研究并不多见，尤其是从营利性行为后果的角度，对民间组织绩效进行探索性研究，无疑具有重要的理论与实践意义。民间组织营利性行为及其对绩效的影响已经引起了研究者和从业者的关注，并开始进入了国内学者的研究视野。对“资源短缺—营利性行为—组织绩效—政策选择”这一关系链的研究，具有以下重要意义。

（一）理论价值

如前所述，营利性行为是民间组织的筹集公益资源的基本渠道之一，但人们的认识尚未统一，需要解放思想，实事求是，转变观念，正本清源。本书研究的理论价值主要有两个方面。

第一，丰富非营利组织研究理论，为民间组织的营利性行为提供新的解说。追求目标的公益性以及不得以营利为目的组织宗旨决定了民间组织不应该有营利性行为。但从现状看，依靠营利性行为获取资源日渐成为世界各国民间组织获取财务资源的重要方式。这就向人们提出了这样一个问题：是理论解释实践，还是实践推动理论创新，或两者兼有之？本书从理论上重新认识了非营利的本质，采用规范研究和实证研究相结合的方法寻求真理，实现理论与实践的统一，进而创新公众的非营利观念，为政府公共政策变革提供理论指导。

第二，以公益绩效最大化作为目标，从理论和实践的结合上解决营利性行为与非营利宗旨的悖论，找到营利性行为的方式边界和强度边界，并作为营利性行为规范性的评价标准。与追求利润最大化目标的企业组织相比，民间组织的营利性行为是一把“双刃剑”。一方面，营利性行为能够弥补为实现组织目标带来的财务承受能力不足，保证组织可持续公益服务能力；另一方面，过度的、不当的营利性行为又可能使组织偏离“非营利”宗旨，变成纯粹的或赤裸裸的营利行为，从而改变组织性质。但如何确定“有效”和“适度”的边界，理论上仍是一个空白，法律规范上也模糊不清，甚至存在逻辑冲突。因此，只有找到营利方式和营利强度这两个边界，才能据此评价民间组织营利性行为的营利与非营利性，并作为政府制定公共政策的理论依据。经过理论探索与具体实践的相互推动，才能让营利性行为回归理性，回归法制，从而让乐善好施的中华文化传统重新焕发出活力。

（二）应用价值

2013 年 3 月 10 日，在十二届全国人大三次会议上，时任国务委员兼国务院秘书长的马凯就国务院机构改革和职能转变方案所作的说明指出，“目前，我国社会组织既培育发展不足，又规范管理不够”。我们应该努力探索民间组织营利性行为规范机制，完善民间组织营利性行为管理体制，从而推动形成民间组织自我发育、自我成长、自我完善的体制机制和组织体系。面对经费拮据导致的慈善不足，我们可以借鉴和学习西方国家经验，借助市场竞争开辟多元化的资金来源渠道，允许民间组织的有效和适度的营利性行为存在，这既有助于减轻政府的财政压力，又有利于拓宽民间组织的资金来源渠道，但前提是民间组织营利性行为必须规范。营利性行为不当，各类公益社团、民办非企业单位和基金会可能不守本分、大肆敛财，与营利性行为初衷背道而驰。同时，因为营利性行为有一定的经济回报，甚至很丰厚，如果组织处于法律监管的空白地带，也可能成为在任官员“兼职”、退休官员“再就业”的香饽饽，沦为权钱交易、官商勾肩搭背的重灾区。[①] 民间组织客观存在的营利性行为，既需要法律进行规范，也需要法律为其保驾护航。因此，本书对明确中国民间组织营利性行为目标，进一步完善政府管理规制，从而提升民间组织公益绩效，增强民间组织的发展能力，促进民间组织健康有序发展有一定的应用价值。

---

① 李光金：《公益社团岂能沦为“赚钱机器”》，《广州日报》2014 年 7 月 2 日第 2 版。

第二章　文献回顾与评述

从时间上看，企业组织的营利行为研究早于民间组织，但本章不对企业组织的营利行为文献进行回顾，主要以民间组织营利性行为为主线进行文献回顾。基本思路是：从非营利本质入手，引入民间组织是否可以有营利性行为，进而梳理民间组织营利性行为的规制文献，并就营利性行为与民间组织公益绩效关系的文献进行回顾。

第一节　民间非营利组织存在营利性行为趋势综述

针对本书的研究目标，营利性行为研究文献的主要结论有以下两个方面：

一　非营利本质的界定

“非营利性”的界定是理论和税务立法的难点所在，如美国律师协会制定的《美国示范非营利法人法》（修订版）[①] 对此并没有作出界定，理由是“实在找不到令人满意的定义”。但综观国内外学术文献，人们还是从不同视角对非营利本质进行了探索。

许多人把“非营利”和“非盈利”混为一谈，包括权威的学术管理机构，如《国家社会科学基金 2018 年管理学指南》的选题之一就是“非营利组织会计与财务管理规范化研究”。《现代汉语词典》

① 在美国，非营利法属于州立法的范畴，律师协会制定的《美国示范非营利法人法》没有法律效力，只是一个示范本。

第六版显示，表达“非营（盈）利”定义的“营”字比“盈”更准确。营，谋取，是一种目的、动机，并不代表结果。营利，就是以赚钱为目的；“盈”代表结果，充满或多余，“盈利”是指收入补偿成本费用后仍有剩余或者收入减去成本费用后为正数，获得净收益。本书研究的“营利性行为”，不同于以“赚钱为目的”的“营利行为”，也不同于表示获利结果的“盈利性行为”，基本含义：一是代表一种有营利倾向的行为；二是指收益增加的行为，但未必有会计利润。就企业组织而言，无论是以利润最大化，还是股东财富最大化，或企业价值最大化，或相关者利益最大化等作为财务管理的目标，都是以盈利作为基础的。因此，组织有盈利结果，不等于组织以营利为目的，不赚钱或者不盈利不等于非营利，只有不以赚钱为目的才是非营利。①

非营利认定的具体立法一般有两种不同的路径：

（一）功能主义方法

不界定非营利的定义，只限定可以从事的活动领域，称为“功能主义方法”。例如，1998 年，日本的《特定非营利活动促进法》第 2 条以及附录就采取了功能主义的立法模式，规定“本法案中‘特定非营利活动’指那些在附件一览表中已明确说明，而且目的是为了促进大多数民众利益的活动”。② 美国有些州的立法具体规定了非营利活动领域，大致包括慈善、社会、贸易、职业、教育、文化、娱乐③、民俗，以及宗教和科学等。在具体的类别上，各州法律罗列得非常详细。显然，功能主义方法存在三个缺陷：第一，列举的活动领域不周全；第二，列举的非营利目的，可能因为其用语的一般化而导致含义模糊不清；第三，立法机构列举的活动领域是基于其对公司目的的价值判断，而这种价值判断却会随着社会发展而变迁。④

---

① 荆新、曹平璘：《“非营利组织”不是“非盈利组织”》，《财务与会计》2000 年第 3 期。

② 李本公主编：《国外非营利组织法规汇编》，中国社会出版社 2003 年版，第 15 页。

③ 例如，得克萨斯州法律就把其中的娱乐性社团活动领域之一规定为“自行车……钓鱼、打猎和划船俱乐部”。

④ 齐红：《单位体制下的民办非营利法人——兼谈我国法人分类》，博士学位论文，中国政法大学，2003 年，第 44 页。

（二）经济关系方法

经济关系方法不再具体罗列非营利组织的活动领域，而是通过界定组织与其成员之间的经济关系来界定是否“非营利”，最初要求非营利组织不得以金钱或者利润为目的，后来发展到不去限制组织的目的，而是只要求遵守“非分配约束”原则即可。例如，美国明尼苏达州和加利福尼亚州的法律规定，非营利组织的总体目标是从事合法活动，具体目标可以由各组织的章程来做出具体说明，但组织的成员对非营利法人的收入或财产没有所有权。① 尽管对于非营利组织是否可以依靠营利性行为创造收入这一问题还存在争议，但一般认为，非营利组织可以从事某种程度的收益事业或者从事附带的营利事业，只要其收益用于公益目的。但若将收益分配于成员（利益相关者），就会违反非营利组织之本质。② 也就是说，依据“经济关系方法”，只要非营利组织不将其利润在其成员之间进行分配，就无须对其从事营利活动进行限制。然而，新的问题又产生了，如果不对民间组织的营利活动进行限制，就会使营利企业遭受到不平等的竞争，因为民间组织至少享受税收优惠，部分民间组织还有政府资助等。

综上所述，尽管各国或地区立法对非营利的界定立场不同甚至有较大差异，但“非营利”仍有一些共同的衡量标准，可以归纳为以下三点：第一，不以营利为目的。以实现某种公益或者一定范围内的公益为宗旨，以壮大社会服务力量为己任，坚定民间组织的公益性和独立性才是民间组织获得社会认同的唯一标准，是赢得社会广泛支持（包括资源支持）的坚实基础。第二，组织的利润不能用于成员或利益相关者间的分配或变相分配。第三，组织的资产不能以任何形式转变为私人财产，即当非营利法人解散、终止时，它们的剩余财产不能效仿企业在股东之间进行分配，而只能转交给其他公共部门（政府或其他非营利法人），即民间组织财产为“公益财产”。因此，非营利

---

① 郑国安、赵路、吴波尔、李新男主编：《国外非营利组织法律法规概要》，机械工业出版社2000年版，第87页。

② 尹田：《民事主体理论与立法研究》，法律出版社2003年版，第168页。

与营利的区别在其目的和财产分配上，而不是针对其存在的行为而言的，也就是说，强调组织设立和存在的非营利目的，不等于组织不能有营利性行为。

二 民间非营利组织营利性行为的认识过程

民间组织营利性行为的研究始于20世纪70年代。早期的研究主要集中于非营利本质的探索①②③，非营利领域的知名学者莱斯特·萨拉蒙（Lester M. Salamon）教授提出了非营利组织“五特征”定义法并提出了“非营利”特征④，即非营利组织不以营利为宗旨和目的，这一观念得到了学术界以及相关国际机构的普遍赞同。相关学者对非营利定义所作的解释更表明，非营利组织不以营利为目的并不是说不开展任何营利活动，而是不以其为首要目的，即“Not－For－Profit，而不是越来越流行使用的Nonprofit，因为前者能够更好地说明主体是没有倾向去营利，而不是简单的没有营利”。⑤

营利性行为的理论依据主要有资源依赖理论⑥⑦⑧和杂交优势理论等。纳尔逊·罗森鲍姆（Nelson Rosenbaum）将非营利组织的营利性行为称为非营利组织“非传统”筹资模式。他将美国独立战争以后非营利组织的筹资模式分为四种，即工业革命阶段的慈善赞助模式、20世纪初期之前的民主互助模式、经济萧条阶段的人民权利模式和当代

① Weisbrod，Burton，“Toward a Theory of the Voluntary Nonprofit Sector in Three－Sector Economy”，In E. Phelps eds.，*Altruism Morality and Economic Theory*，New York：Russel Sage，1974.

② Henry B. Hansmann，“The Role of Nonprofit Enterprise”，*The Yale Law Journal*，Vol. 89，No. 5，Apr.，1980，p. 842.

③ Salamon，L. M.，Anheier，H. K.，*The Emerging Nonprofit Sector：An Overview*，Manchester：Manchester University Press，1995，p. 1210.

④ Ibid..

⑤ Michael，H.，Grano，F.，*Government and Not－for－Profit Accounting－Concepts and Practices*，Austin：John Wiley & Sons，Inc.，2001.

⑥ Pfeffer，J.，Salancik，G.，*The External Control of Organizations：A Resource Dependence Perspective*，New York：Harper and Row，1978.

⑦ Hillman，A. J.，Withers，M. C.，Collins，B. J.，“Resource Dependence Theory：A Review”，*Journal of Management*，Vol. 35，No. 6，2009，pp. 1404－1427.

⑧ Davis，G. F.，Cobb，J. A.，“Resource Dependence Theory：Past and Future”，*Research in the Sociology of Organizations*，Vol. 28，No. 1，2010，pp. 21－42.

市场竞争阶段的商业经营模式。[①] 前三个阶段往往被称为非营利组织资金来源的传统模式，最后一个阶段被称为非营利组织筹集资金的非传统模式。国内学者韩振燕对非政府组织运用商业经营模式开展劝募活动作出比较全面的分析，认为“自开财源、多渠道地寻求资金、开发营利项目以弥补公益支出，已成为非政府组织筹措资金的普遍趋势”。[②] 韩新宝、李哲借鉴美国非营利组织的筹资模式，提出我国非营利组织也可以从扩大自主创收比例方面拓宽筹资，可从事服务收费、商业投资、会费收取的营利行为。[③]

这些研究揭示了民间组织运营的目的并非利润最大化，但也必须有效地管理，引入营利精神和商业行为。因此，非营利并非不能盈利或营利，关键在于盈利的去向[④]，这些理念已得到除立陶宛、菲律宾等国以外大多数国家、国际组织和非营利组织有条件或无条件的认可。

随着政府和社会各界对民间组织营利性行为的逐步认可，营利与非营利部门之间出现了“边界模糊”现象，甚至变为不断融合。

商法根据法人设立时利益在成员之间是否分配为标准，将私法人分为营利法人和非营利法人，前者是从事商业行为，并以将获得的收益在成员之间进行分配作为目的的法人；后者是不将其收益在成员中予以分配的法人。[⑤] 私法作如此区分规定的意义在于：非营利性法人一般享受税收优惠等政府支持，吸收社会捐赠，事关公共利益，所以法律在对非营利法人的规制上采取了较为严格的态度。[⑥] 根据“非营

---

① 转引自韩晶《非营利组织的“营利”趋势与税收规制》，《黑河学刊》2004 年第 1 期。

② 韩振燕：《非营利组织营销价值探析》，《合肥工业大学学报》（社会科学版）2017 年第 3 期。

③ 韩新宝、李哲：《比较视野下的我国非营利组织筹资问题探究》，《学会》2010 年第 4 期。

④ 张士建、张彪：《非营利组织可持续发展的财务约束及其消除》，《财经理论与实践》2005 年第 5 期。

⑤ 金锦萍：《论非营利法人从事商事活动的现实及其特殊规则》，《法律科学》2007 年第 5 期。

⑥ 同上。

利性组织创造社会价值、公司创造经济价值”的二分法原则，营利法人可以从事各种营利性事业，非营利法人无权从事以向其成员分配盈利为目的的营利性事业，否则构成违法。①

然而，营利性行为却使营利法人与非营利法人的区分变得模糊。非营利领域研究专家、美国加州大学教授拉尔夫·克莱默（Ralph M. Kramer）等指出，自20世纪60年代以来，美国非营利组织在不断扩张的过程中，出现了三种值得重视的新趋势：第一，非营利组织无论是在数量上还是在类别上都有大幅度的增长，这类组织依赖于政府经费，以履行其公共服务与公共政策执行职能；第二，在政府机构推动公共事务的私有化或民营化的同时，从20世纪80年代初期开始，那些非营利组织居于优势地位的领域（如教育与社会服务、卫生保健、医疗护理等）面临着商业化的侵袭，非营利部门内部的竞争及其与营利部门之间的竞争趋于白热化②；第三，这些非营利组织数量的扩张与商业化的过程，产生了一种社会趋势，即出现所谓新的“混合社会经济”，导致了部门之间的边界模糊的现象。③ 契约国家、影子政府、福利多元主义、混合或新的政治经济、第三者政府以及间接公共行政等词汇，正是“边界模糊”现象的体现。

到了21世纪初，非营利部门面临的重要问题之一是非营利部门和营利部门之间由边界模糊变为不断融合，这一问题是由伯顿·韦斯布罗德（Burton A. Weisbrod）最先提出的④，并得到经济合作与发展组织（OECD）的认可。在OECD看来，非营利组织这一术语“可以包括营利性组织、基金会、教育机构、教堂和其他宗教团体和布道团、医疗组织和医院、联盟和专业组织、合作与文化团体，以及志愿

---

① 魏振瀛：《民法》，北京大学出版社、高等教育出版社2000年版，第79页。

② Kramer，Ralph M.，“Third Sector in the Third Millennium?”，in Voluntas，*International Journal of Voluntary and Nonprofit Organizations*，Vol. 11，No. 1，2000，pp. 1 – 23.

③ Ibid. .

④ Burton A. Weisbrod，*The Voluntary Nonprofit Sector*：*An Economic Analys*，Lexington，Mass：Lexington Books，1997.

机构"。[①] 根据 OECD 的定义，"营利性组织"也可称为"非营利组织"。在我国香港地区和一些国家，非营利组织是实行公司登记的，区别于企业组织的地方有两点：一是收入盈余不能分配；二是享受免税待遇。

这种"边界模糊"现象也得到中国实务界的认可，希望工程创始人徐永光先生的光谱图中间地带即是"公益与商业的边界渐趋模糊"的地带，"你中有我，我中有你"。这个模糊地带正是社会创新的精妙之处：活力空间，混沌所在。如果规定公益与商业只能是泾渭分明，乃至将之视为水火不相容，且用一成不变的道德标准、祖宗法则来对待新的变化，用道德窥探、道德绑架和道德审判来对待公益与商业的革故鼎新，则不亚于冷不防冲出一群社会创新的"杀手"。在社会创新的"混沌地带"，创新者很容易被"他杀"，如果自己也被世俗势力困扰和绑架，患得患失，没有与之对抗的勇气和能力，则可能走向"自杀"。[②]

上述文献表明，非营利组织的营利性行为可能与其"非营利"目的之间的界限越来越模糊。就其宗旨而言，非营利组织应当是一个传统的慈善机构；在开辟财源方面，它又应是一个成功的商业组织，获取的利润应用于非营利组织发展。特别是近一二十年英国兴起的社会企业，"正通过高品质的产品和服务来创建一个个成功的商业模式，并以此赢得社会效益和经济效益的相辅相成"。[③]

第二节　民间非营利组织营利性行为规制文献综述

首先，我们从各国和地区对非营利组织营利性行为的立法禁止来

① OECD, *Voluntary Aid for Development*: *The Role of Non - Governmental Organizations*, OECD Washington D. C. , 1988.

② 徐永光：《公益向右，商业向左》，中信出版集团 2017 年版，第 4 页。

③ 王名、李勇、黄浩明：《英国非营利组织》，社会科学文献出版社 2009 年版，第 199 页。

看，原则性大于可操作性。这是由于国情的差异，不同国家和地区的非营利组织可能各有特色，即使是同一个国家或地区的非营利组织，在其经济社会发展的不同阶段也会有不同的特点。因此，世界各国和地区在立法禁止方面仍存在差异，没有“绝对化”，基本原则有四个：

（1）绝对禁止主义，即禁止非营利组织参与任何具有商业目的的活动或与商业经营一致的行为，其立法宗旨在于确保非营利组织的“目的单纯性”。例如，《立陶宛共和国社团组织法》第12条规定：社团“不得具有贸易组织的功能”①；菲律宾也禁止非营利组织参与任何具有商业目的的活动或商业活动。②

（2）一般禁止主义，即原则上禁止非营利组织从事经营活动，但如果非营利组织为生存目的从事相关经营活动则被允许，如我国台湾地区相关法律规定，禁止非营利性组织参与任何具有商业目的的活动，但为了非营利组织生存目的除外。

（3）附条件许可主义，即原则上允许非营利组织从事经营活动，但要附加一定的条件进行限制③，如必须将其所得应用于更广泛的非营利目标，这是大多数国家的立法原则。如乌克兰《民间社团法》规定，必须是为实现自己的“任务和目标”，已登记的民间社团才可进行“必要的经济和其他商业活动”，英国、印度、新加坡等国也作了类似规定。《吉尔吉斯斯坦共和国非商业组织法》第12条规定：“非商业组织有权从事经济活动（包括生产），只要其利润不在发起人、成员、管理机构的被任命者和其他雇员或成员中分配。经济行为可以是商品的生产和销售、服务的履行、有偿服务的提供和其他形式的商业行为，只要这些行为不与组织的宗旨和目标相违背。只有法律才能禁止非商业组织从事某种活动。当法律专门规定时，从事某种形式的活动需要有相应的证书或专门的许可。”④ 马其顿《公民社团与基金

---

① 李本公主编：《国外非营利组织法规汇编》，中国社会出版社2003年版，第191页。

② 褚松燕：《中外非政府组织管理体制比较》，国家行政学院出版社2007年版，第123页。

③ 参见陈昌柏《非营利机构管理》，团结出版社2000年版，第148页。

④ 李本公主编：《国外非营利组织法规汇编》，中国社会出版社2003年版，第263页。

会法》规定:“公民社团与基金会不能从事经济活动。为实现其目的、利益和活动,以及为履行其法定功能而筹措资金,公民社团与基金会只能建立有限责任公司和合伙公司。”日本《促进特定非营利活动法》第5条规定:“特定非营利组织可以从事以营利为目的的活动,其收入可在一定程度上用于特定的非营利活动,但不能影响其非营利活动。”[①] 根据日本1996年《建立和指导非营利团体管理的标准》,公益团体的营利活动必须符合以下条件:第一,营利活动的规模不应超过公益活动的比例。主管机关一般要出一个指导方针,通常是商业活动所得利润不得超过该公益团体收入的一半;第二,公益团体所承担的营利活动不能有损于其社会信誉;第三,这类活动中获得的超过正常活动管理费用的收入必须用于公益活动;第四,营利性活动不可妨碍公益活动。

(4)完全许可,例如,印度尼西亚允许非营利组织从事任何合法的商业活动。[②]

上述立法原则表明,即使相关国家认可非营利组织的营利性行为,但营利的前提条件仍存在差异,需要从理论上和实践中进一步寻找差异存在的原因,并提出解决问题的对策。当前,亟须解决的问题是营利方式和营利强度的边界问题。正如王振耀[③]和帕米拉·威克(Pamela Wicker)等[④]所指出的,公益项目的公益与商业一定要有边界,不仅营利方式要有边界,营利强度也要有边界。

1998年,韦斯布罗德罗列了非营利组织从事商业活动的增长情况,并指出,这些增长对实现组织宗旨的影响是难以确定的。同时,他又指出:非营利部门的商业化并不意味着必然要对非营利部门及其活动或其收入来源进行大刀阔斧的改革。相反,他强调要对商业活动增加的有关拨款、合

---

① 李本公主编:《国外非营利组织法规汇编》,中国社会出版社2003年版,第16页。

② 参见金锦萍《寻求特权还是平等:非营利组织财产权利的法律保障》,《中国非营利评论》2008年第2期。

③ 王振耀:《民间慈善有了很大转型》,《瞭望东方周刊》2011年第32期。

④ Pamela Wicker, Christoph Breuer, Ben Hennigs, “Disappearing Act: An Analysis of the Boundaries between the Nonprofit & For - Profit Sectors”, *Sport Management Review*, Vol. 15, No. 3, 2012, pp. 318 - 329.

同或税收补贴的公共政策的改变所产生的影响加以考虑。他认为，应该避免罔顾非营利部门多样性特点就对非营利组织的筹融资机制进行大刀阔斧的改革，赞成对非营利部门的商业化转变进行细致的规制。①

世界各国非营利组织的营利性行为规制通过税制和非税制双轨方式进行，但以税制控制为主。美国、英国、日本等国家主要通过税制来约束和规范非营利组织过度的营利性行为，但立法标准存在差异，一是收入用途标准，即只要所得收益或利润用于非营利组织实现公益宗旨，民间组织的经济活动收入都应当减税或免税；二是相关经营标准，即从事的与组织宗旨高度相关的营利性行为所得免税，而对于其从事的与其社会宗旨不紧密相关甚至无关的营利行为，则与企业组织的征税方式相同。国内学者对民间组织营利性行为规制理论研究也主要侧重于税制规制的研究，如陈风和张万洪②、刘建银和陈翁翔③、丁芸④等都为税制规制的完善做出了贡献。

而规范民间组织营利性行为非税制方式的主要研究成果是司法实践和其他方式。首先，在民间组织的营利性行为日渐普遍的情况下，司法实践必将面临对各种营利性行为的有效性判断。曾军和梁琴⑤从平衡非营利性组织营利行为所带来的利弊这一角度，从主体、内容和目的三个层次对非营利组织营利性行为的有效性进行判断，并提出为适应社会团体等组织现实的发展需要，还应建立附条件许可的立法模式，使法律上的判断更具可操作性。徐旭川认为，“营利行为是一把‘双刃剑’：太弱，运转资金不足，可能有生存危险；太强，易偏离非营利目标，改变组织性质”。⑥ 他建议从“加强道德自律、完善法制

---

① Burton A. Weisbrod, *To Profit or Not to Profit: The Commercial Transformation of the Nonprofit Sector*, Cambridge: Cambridge University Press, 1998, pp. 287 – 305.

② 陈风、张万洪：《非营利组织税法规制论纲——观念更新与制度设计》，《武汉大学学报》（哲学社会科学版）2009 年第 5 期。

③ 刘建银、陈翁翔：《非营利组织营利活动及其收入的税法规制——制度比较分析的视角》，《中国行政管理》2011 年第 1 期。

④ 丁芸：《非营利组织的税法认定及其所得课税》，《税务研究》2011 年第 5 期。

⑤ 曾军、梁琴：《非营利性组织的营利行为有效性判断》，《西南政法大学学报》2009 年第 6 期。

⑥ 徐旭川：《非营利组织营利行为的成因与规范》，《现代财经》2006 年第 3 期。

环境和健全他律机制”三个方面规范非营利组织的营利行为。但研究民间组织营利性行为财务规制的文献偏少，张思强[1]根据民间组织营利性行为趋势，提出在财务管理上加以规范的设想。普里莱夫·沃尔特（Primoff Walter）[2] 对美国的非营利组织营利性行为的财务监管提出了治理对策。

综上所述，政府和学术界对如何规范民间组织营利性行为提出了诸多规范和有益建议，但法律规范仍不够完善，如我国政府层面有关民间组织营利性行为规范仍散见于有关法规中，且系统性不够，规范程度差。学术界提出的两个税收标准：收入用途标准和相关经营标准，确实有利于通过税收手段促进民间组织遵守社会公益宗旨，因而得到广泛认同，但我们也应看到其不足。一是未限制民间组织营利强度和营利方式，只要将所得用于公益目标，都可以获得减税或免税优惠；二是不能保证所得全部或大部分用于公益事业。从营利性行为的禁止实践来看，并未完全达到立法禁止的预期目标。例如，“非分配约束”原则乃是民间组织必须遵守的底线。但在实践中，有些民间组织尽管没有通过分配红利的方式使其成员或利益相关者获得利益，却通过给予本组织的决策层人员、成员以高额的薪酬和优厚的福利待遇，或者通过利益冲突交易进行着变相的“利益分配”，借“非营利”之名，谋“避税”“营利”之实。[3] 因此，如何规范民间组织营利性行为依然是令人困惑的难题。

第三节 民间非营利组织营利性行为与公益绩效的关系综述

非营利组织缺乏个人利益的存在、缺乏提高效率的竞争机制、缺

---

① 张思强：《营利性行为与非营利组织财务规制研究》，《财务与金融》2010年第6期。

② Primoff Walter, “Fiduciary Financial Management in Nonprofit Organizations”, *CPA Journal*, Vol. 82, No. 11, January 2012, pp. 48 – 57.

③ 顾建键、马立、［加］布鲁斯·哈迪等：《非政府组织的发展与管理——中国和加拿大比较研究》，上海交通大学出版社2009年版，第108页。

乏显示营利组织最终业绩的晴雨表——利润[①]，加之管理工作复杂性强，必然导致社会组织绩效低下。正如耶鲁大学管理学院的考佩尔在2005年年初曾经指出的，缺乏清晰的责任概念（营利组织的利润）可能破坏组织的绩效："首先，组织有可能以错误的方式承担责任；其次，也许更加糟糕的是，组织有可能试图对每一种责任形式负责。组织努力满足相互矛盾的公众期望，结果可能导致组织的功能紊乱。它试图取悦每一个人，却未能取悦任何一个人。具有讽刺意味的是，这导致了责任失灵。"[②] 鉴于此，随着西方发达国家民间组织的快速发展，非营利组织绩效研究逐步成为研究的热点。

20世纪90年代早期，非营利部门普遍关注的绩效衡量主要包括财务责任、项目产品或产出、提供的服务的质量标准以及效率和顾客满意度等。在随后的十多年里，随着民间组织资金供给者、政府机构、一般公众和民间组织管理者都越来越关心产出的结果，绩效研究的重点已经转移到结果指标方面，即所谓"结果绩效论"。这些研究呈现以下两个方向性的特点：一是考虑到政府组织与民间组织在组织目标、绩效标准、绩效考评过程等方面的相似性，西方学者往往将政府组织与民间组织绩效问题放在一起进行研究。与组织管理目标相统一，绩效标准通常包含工作项目效果、操作效率、服务质量和顾客满意度。二是随着民间组织市场化的兴起，已经比较成熟的企业管理的一些概念与理论也被用于分析民间组织绩效问题。比如营销理论（市场导向概念）、企业组织创新理论、平衡计分卡理论与利益相关者理论等。

对民间组织绩效的研究主要分为三条线索。

（1）学者对民间组织的绩效评价机制的研究。如国外学者菲茨杰拉德（Fitzgerald）[③] 等提出了一个六维业绩计量模型，包括竞争力、

---

① 里贾纳·E. 赫兹琳杰：《公众对非营利组织和政府的信任可以恢复吗》，载《非营利组织管理》，北京新华信商业风险管理有限责任公司译校，中国人民大学出版社2004年版，第7页。

② Jonathan G. S. Koppell, "Pathologies of Accountability: ICANN and the Challenge of Multiple Accountabilities Disorder", *Public Administration Review*, Vol. 65, No. 1, 2005, p. 95.

③ Fitzgerald, L., R. Johnston, S. Brignall, R. Silvestro and C. Voss, *Performance Measurement in Service Business*, McGraw – Hill, Inc..

财务成功、质量、灵活性、资源利用和革新，西奥多·波尔斯特(Theodore H. Polster)①指出，绩效指标的类型包括产出、效率、生产力、服务质量、效果、成本效益和客户满意度。赫尔曼、库什纳(Herman，Kushner)②等的研究也表明，非营利部门的组织绩效存在多个维度。美国慈善导航制定的慈善组织评估体系，尚未覆盖项目执行和实践效果两大指标，重点评估慈善组织两个方面的财务健康状况，即组织效率和组织能力，其中组织效率包括项目开支比重、管理费用支出比重、筹资费用支出比重、筹资效率（筹资费用/筹资额），组织能力包括主要收入增长、项目支出增长和营运资金比率。③

我国对民间组织绩效问题的关注和研究起步较晚，2005 年以来，相关的研究文献才开始大量出现，目前的研究主要涉及社会组织绩效的影响因素、绩效评估等方面，其中又以绩效评估的研究占主导。学者相继提出了“3E”评估法，即经济性（Economy）、效率性（Efficiency）和效果性（Effectiveness）以及“3D”评估法，即诊断（Diagno）、设计（Design）和发展（Development）；邓国胜④提出了问责(Accountability)、绩效（Performance）和组织能力（Capacity）的全方位评估，简称“APC”评估理论，以建立更为全面的民间组织绩效评估体系；杨丰夷（2005）借鉴了我国台湾地区司徒达贤的 COPRS 模式，建议从服务对象、创造价值的业务运作、财务与物力资源、人力资源和所创造或提供的服务五个方面对非营利组织进行评价⑤；邓

① ［美］西奥多·H. 波尔斯特：《公共与非营利组织绩效考评》，肖鸣政等译，中国人民大学出版社 2005 年版，第 49 页。

② Brenda Gainer，Paulette Padanyi，“The Relationship between Market – Oriented Activities and Market – Oriented Culture：Implications for the Development of Market Orientation in Non – Profit Service Organizations”，*Journal of Business Research*，No. 58，2005，pp. 854 – 862.

③ 黄春蕾：《我国慈善组织绩效及公共政策研究》，经济科学出版社 2011 年版，第 189 页。

④ 邓国胜：《非营利组织“APC”评估理论》，《中国行政管理》2004 年第 10 期。

⑤ 杨丰夷：《CORPS 模式下非营利组织绩效评价指标的构建》，《企业家天地》2005 第 12 期。

丽明、胡杨成[①]借鉴平衡计分卡（BSC）和竞争价值框架（CVF），提出四维非营利组织绩效评价体系。2005 年，由民政部组织，清华大学、北京师范大学和西安交通大学等科研团队参与的“中国民间组织评估体系”研究课题，于 2007 年 4 月初步形成研究成果，进行试评估。经过三年多的实践，2010 年 12 月 27 日民政部正式颁布了《社会组织评估管理办法》，出台了统一的社会组织评估指标体系。根据《社会组织评估管理办法》，我国对社会组织实行分类评估。社会团体、基金会实行综合评估，评估内容包括基础条件、内部治理、工作绩效和社会评价（四维评价法）。民办非企业单位实行规范化建设评估，评估内容包括基础条件、内部治理、业务活动、诚信建设和社会评价（五维评价法）。

（2）非营利组织绩效的影响因素研究。胡杨成、蔡宁借鉴西方学者的研究成果，实证研究非营利组织市场导向对绩效有正向的影响作用，得出市场导向的不同组成维度（顾客导向、信息收集、内部协调、行动反应和强调生存）对绩效的影响存在差异性。胡杨成专门讨论了组织创新与非营利组织绩效之间的关系，得出非营利组织创新的三维因子（创新氛围、管理创新和服务创新）对顾客绩效有直接显著的正向影响。黄春蕾采用规范研究方法，认为需求发现能力、资源动员能力、资源分配、使用与管理能力、组织学习与创新能力、组织合作能力、监督激励机制、慈善市场结构和公共政策等对慈善组织绩效有影响。[②] 张玉周强调了环境改变对非营利组织绩效的影响。王锐兰等强调了非营利组织的政治绩效指标，并指出，政府—非营利组织关系、政府政策规定着非营利组织的活动空间、活动强度、资源配置力度，影响到非营利组织的竞争地位，进而影响其组织绩效，反过来非

① 邓丽明、胡杨成：《应用因子分析法构建非营利组织绩效评价体系》，《统计与决策》2009 年第 15 期。

② 黄春蕾：《我国慈善组织绩效及公共政策研究》，经济科学出版社 2011 年版，第 46—74 页。

营利组织主动采取不同的行动策略参与政治，获得政治绩效。[①]

（3）学者将营利性行为与组织绩效联系起来进行研究。现有文献中有关营利性行为与组织绩效关系的研究主要针对医院进行。陈英耀、唐智柳等通过经济学模型的分析，证明在一个竞争的市场中，营利性医院不可能以极大化的价格来实现部门利益的极大化，非营利性医院也不可能一味地价格极小化，两种类型的医院价格有相互集中、相互靠近的趋势。[②] 这表明，非营利组织营利强度是有边界或临界点的。

陈晓春和张士建对非营利组织定价问题的研究使营利行为与组织绩效关系的研究从具体走向一般。他们认为，非营利组织准公共产品定价的原则是有利于衡量组织的价值，有利于激励管理者增加服务，能影响消费者的行为。[③] 即不仅要增加组织的社会价值，也要提高组织的经济价值，片面强调经济价值必然损害社会价值，而要提高社会价值离开经济价值的支撑也是不可想象的。社会价值是一种为社会成员所普遍持有的一种信仰和态度，其影响可能更加微妙和实在，它们决定什么是被社会文化普遍认可的。其中，许多社会价值与非政府组织的生存发展息息相关。例如，关于给予和自愿的信仰，即一个人应当捐赠给谁以及捐赠多少、是否出于自愿以及为了什么等。社区成员彼此之间信任和尊敬的程度，以及他们对政府、商业部门、学校和医院等同自己打交道的社会机构的信任和尊敬程度，也对非营利组织的生存发展有重要影响。因此，非营利组织应当谋求营利性行为与组织绩效（经济价值和社会价值）之间的平衡或者在组织绩效最大化的前提下谋求适度盈利，可能是最佳选择。

徐旭川根据公共经济学理论对非营利组织营利行为与组织业绩的

① 王锐兰、谭振亚、刘思峰：《我国非营利组织的政治绩效初探》，《江苏社会科学》2006 年第 1 期。

② 陈英耀、唐智柳等：《美国非营利性医院转换对我国医院性质转换的启示》，《中国医院管理》2002 年第 1 期。

③ 陈晓春、张士建：《非营利组织准公共产品定价刍议》，《湖南工业职业技术学院学报》2003 年第 4 期。

关系作了如下分析：非营利组织提供的主要是准公共产品。准公共产品具有不完全竞争性或不完全排他性，可以按照受益原则，向受益人收取一定的费用，来补偿部分产品成本，从而提高资源配置效率。①

如图 2－1 所示，对个人来说，准公共产品的最优供给为 Q_1；当准公共产品具有正外部效应时，则其最优供给为 Q_2。如果不补偿成本，则非营利组织只能按 Q_1 来供给产品；如果收取一定的服务费用 $\Delta P = P_2 - P_1$，实现对部分成本的补偿，则能提高准公共产品的供给水平到 Q_2，并能提高社会的福利水平。这些研究表明，营利性行为与非营利组织的绩效是相关的，营利性行为过度或不足都不利于组织绩效的提升。

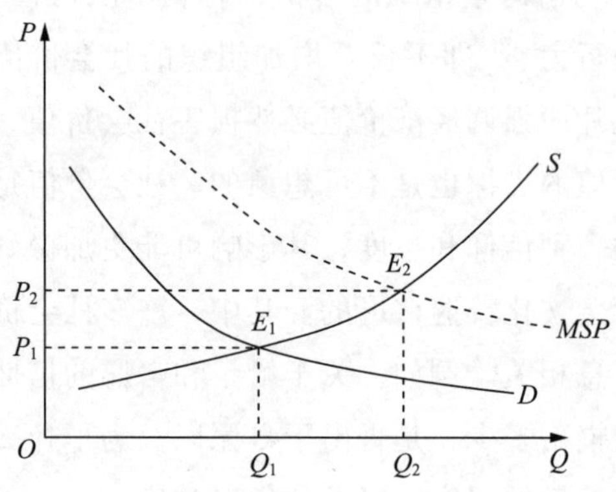

图 2－1　准公共产品的需求

尽管国内外学者对民间组织营利性行为的认识已趋于统一，规范研究和实证研究方法也证明，营利性行为与民间组织公益绩效存在相关性，并提出了规范民间组织营利性行为的对策，但如下问题仍有待探析。

首先，国内外研究对民间组织营利性行为的制度规范建设有了诸多有益的启示，但没有采用实证研究方法明确营利性行为的边界，包

① 徐旭川：《非营利组织营利行为的成因与规范》，《现代财经》2006 年第 3 期。

括营利强度边界和营利方式边界。因此，如何根据营利性行为的财务边界完善非营利组织财务规制，约束非营利组织营利性行为，促进非营利组织公益绩效的提升，无论是对中国还是世界其他国家来说都是一个值得继续探索的课题。

其次，民间组织绩效评价方法的探讨丰富了民间组织绩效评价研究理论。之所以出现了“万花筒”般的不同维度的绩效评估方法，主要是非营利组织“绩效”的内涵极其丰富，人们依据的理论基础不同、评价的主体不同、观察问题的角度不同、运用的工具不同等都可能建立如上所述的不同维度的评价体系，并适用于不同类型的非营利组织。对非营利组织绩效更多的是从组织自身内部结构与运作过程视角进行的研究，鲜有从非营利组织与公共政策的内在联系机制和过程进行的研究。现有研究更多地停留在理念和具体指标的设计、争论阶段，有关的理论系统性研究还不够，尤其是对非营利组织绩效的影响因子的研究还不深入，这会直接影响现有指标的适用性。

最后，学者对营利性行为、非营利组织绩效的研究取得了丰硕成果，但对营利性行为与公益绩效的关系尚未述及。公益性是非营利组织的基本特征，因而营利性行为与公益绩效关系的研究更具有现实意义。

第三章　民间非营利组织营利性行为的理论基础

一　资源依赖理论

民间组织是一个开放系统，需要不断地与外部环境发生互动。这是因为，民间组织需要依赖外部资源，包括资金资源及管理者、志愿者等人力资源来完成组织的任务。资源依赖理论认为，组织是由资源构成的，组织所拥有的异质性资源是组织竞争优势的来源，是造成各个组织间业绩差异的主要因素。[①] 资源依赖理论提出了四个重要假设：①组织最为关注的事情是生存；②没有任何组织能够完全自给自足，组织需要通过获取环境中的资源来维持生存；③组织必须与其所依赖的环境中的要素发生互动；④组织的生存建立在控制与其他组织关系的能力的基础之上。目前，资源依赖理论与新制度主义理论被并列为组织研究中两个最重要的流派。[②] 近年来，在非营利研究领域，人们也经常应用资源依赖理论来探讨非营利组织的资源依赖问题，如国内学者从资源依赖理论的假设出发，针对目前政府与社会组织之间的关系提出非平衡依赖[③]、非对称性依赖[④]、非均衡互动[⑤]等观点。

弗罗利赫指出："现代非营利机构公益使命的维系和重要作用的

---

① Barney, J., "Firm Resources and Sustained Competitive Advantage", *Journal of Management*, Vol. 17, No. 1, 1991, pp. 99 – 120.

② Pfeffer, Salancik, *The Extenal Control Organizations*, New York: Harper and Row, 1978.

③ 汪锦军：《浙江政府与民间组织的互动机制：资源依赖理论的分析》，《浙江社会科学》2008 年第 9 期。

④ 徐宇珊：《非对称性依赖：中国基金会与政府关系研究》，《公共管理学报》2008 年第 1 期。

⑤ 李军：《非营利组织公共问责的现实考察——基于资源依赖的视角》，《学会》2010 年第 6 期。

发挥必须依赖于充裕的资源。"[①] 资源是指对民间组织履行职能有价值（有用）的东西，用于维持组织的运营和活动，是民间组织赖以生存和发展的基础及源泉，由民间组织的利益相关者提供，主要有社会捐赠（包括个人或企业捐赠）、营利性收入、政府补贴和外国援助四个渠道，其中，社会捐赠和政府补贴是世界各国非营利组织最为重要的资金来源。此外，利益相关者还可以提供劳动（来自管理者、员工和志愿者）、政策和制度（来自政府）、管理知识（来自科研机构、事业单位）、地理与人文环境（来自社区）、管理理念（来自企业、事业单位）、管理技能（来自民间组织管理者）、情感投入与组织文化（来自员工、志愿者、管理者和受益人）、信息（来自所有利益相关者）等无形资源，其中，作为民间组织"核心资源"的慈善创造更是与众多利益相关者紧密相关，特别是员工、志愿者、受益人的口口相传才使民间组织被人所知，从而造就了被认为是民间组织核心竞争力的利他主义。

资源依赖理论认为，组织在高度依赖某一种资源的情况下会主动寻求更多的资源以降低风险。[②]

非营利组织的首要特点是对外部资源（包括货币、物质、劳动力和信息等）的高度依赖，以维持组织的运营和活动，响应外部环境变动提出的异质性需求，适应资源依赖及其模式不断变化的外部环境。尽管慈善和利他主义是非营利组织的核心支柱，但单纯的捐赠、政府补助和会费等传统筹资方式并不足以维持非营利组织生存和公益支出需求，而且由于必须通过外部环境中的要素来取得组织生存和发展所需的关键资源，而环境中的要素也往往会对组织提出要求，即产生了组织的外部控制。为改变这一现状，许多国家和地区的政府不得不严格限制国外资金对本国非营利组织的援助。如针对西方一些打着"慈

---

① Froehlich, K. A., "Diversification of Revenue Strategies: Evolving Resource Dependence in Nonprofit Organizations", *Nonprofit and Volunfary Sector Quarterly*, Vol. 28, No. 3, 1999, pp. 246 – 268.

② Pfeffer, J., Salancik, G., *The External Control of Organizations: A Resource Dependence Perspective*, New York: Harper and Row, 1978.

善机构”和“基金会”旗号的非政府组织以各种名义干涉俄罗斯内政问题，俄罗斯国家杜马（议会下院）于2005年12月通过了《非政府组织法》，对非政府组织接受国外资助进行了严格限制。这部法律规定，在俄罗斯注册的外国非政府组织必须向俄方通报资金来源并说明资金用途，俄罗斯本国非政府组织如果接受了国外资助，也必须说明资金来源和用途。如果这些组织的活动与宪法抵触并威胁俄国家利益，俄罗斯将取消其注册权。这表明对外部资源的依赖可能导致组织的外部控制。

有必要指出的是，不同于新制度主义理论和种群生态理论所主张的环境决定论的观点，资源依赖理论认为，组织能够发挥主观能动性，对外部环境进行管理和控制，即可以采取各种战略行动以减少其对外部环境的依赖和来自外部环境的制约，这充分体现了组织在与环境关系中的积极性和主动性。因此，组织所选择的战略也就成为增加其他组织对本组织依赖程度的重要工具，其中，对非营利组织而言，应当采取组织变化战略，管理对外部资源的依赖，也就是说，组织必须适应和变化以响应并满足外部环境要素的预期和要求。越来越多的民间组织为减少组织的外部控制，在强化原有社会使命的同时，也开始寻求其他收入渠道并开始尝试营利性行为。

二　杂交优势理论

两种遗传基础不同的动物或植物进行杂交后，它们的后代表现出的性状可能会优于杂交双亲，比如抗病能力强、早熟高产、品种优良等，这称为杂交优势。一个典型的例子是袁隆平的杂交水稻，就实现了优势叠加。民间组织存在营利性行为就是商业和公益交融的产物，可以同时具有两者的优势。因此，非营利组织应当是一个混合体，“就其宗旨而言，它是一个传统的慈善机构；而在开辟财源方面，它又是成功的商业组织。当这两种价值观在非营利组织内部相互依存时，该组织才会充满活力”。[①] 萨拉蒙将这些变化形容为非营利组织向

① ［美］弗斯顿伯格：《非营利机构的生财之道》，科学出版社1991年版，第8—9页。

市场靠拢的趋势，并认为，这些变化证明了非营利部门在日益激烈的竞争环境中表现出的适应力：它们有能力响应环境要求，对自身运作方式做出根本性改变。萨拉蒙提出，“虽然人们有时将这一现象描述为在非营利组织中引入了‘商业方法’，但相关情况并不仅仅是这么简单”[①]，事实上，企业组织也吸收了非营利组织的管理办法，强调社会责任、服务客户的精神，以及激发员工追求超越“赚取最大利润”的更崇高目标的使命感。简单地说，民间组织的营利性行为裹挟在非营利部门和营利部门的相互渗透中。

目前，国外越来越多的提供公共服务的民间组织的特点是混合型组织结构，带有公共、非营利性和营利性的混合性特征，代表了结构调整和这些组织对不断变化的环境的适应性。正如伯顿·韦斯布罗德所言，非营利组织在筹集资源方式上正在发生戏剧性变化，他们变得越来越商业化，运作模式也越来越像私人部门。[②] 混合结构可以使民间组织在公共和私人资源的竞争中获益，并能促进更广泛的社会和政治支持。[③]

过去人们常常倾向于片利共生[④]的公益模式，即为公益而公益，只要求付出而不希望有任何回报。从公益中追求一种积极有效的收益尤其是物质利益的回报，往往被人们视为一种不道德甚至是邪恶的事情。人们在潜意识中似乎有种隐忧：施予方一旦将公益与回馈结合在一起，最终会有损公益的灵魂和形象。但“水至清则无鱼”，纯净水般的运营效率越来越不理想却是一个不争的事实。正如生态系统一样，如蜜蜂能在漫长的岁月中坚持投入授粉这一“公益”事业，也有其利益需求——采蜜。因此，片利共生的公益模式总不乏乌托邦式的空想。纯粹、无功利，为公益而公益的想法能够激发起建造空中楼阁

---

① Dennis R. Young and Lester M. Salamon, “Commercialization, Social Ventures, and For - Profit Competition”, in State of Nonprofit America, pp. 423 - 446.

② Weisbrod, B. A. , *To Profit or not to Profit* , Cambridge University Press, 1998.

③ Steven Rathgeb Smith, “Hybridization and Nonprofit Organizations: The Governance Challenge”, *Policy and Society*, No. 29, 2010, p. 219.

④ 片利共生是与互利共生相对的理论。互利共生就是共生的生物体成员彼此都得到好处。

的幻想，却并不能真正为人们提供居所。[①] 民间组织的营利性行为无论是自营利还是共营利，都体现了互利共生的思想。

三 理性经济人假设

"理性经济人"最早由亚当·斯密在《国民财富的性质和原因的研究》中提出，是西方经济学理论中的一个最基本、最重要的假设。理性经济人假设指出，作为经济决策的主体都是充满理性的，会在经济行为中做出最有利于自己、切合自身目的及需求、使自己的利益最大化的决策，而不是一味地感情用事，或者说，理性经济人是指个人在一定约束条件下实现自己的效用最大化。

理性经济人原理在公益事业中同样存在。民间组织和捐赠者之间虽然不存在商品交易行为，但他们都是理性经济人。个人捐赠者进行慈善活动的动因很多，有的具有慈善思想，真正希望帮助处于困境的人，而有的仅因为利己主义，希望慈善捐赠能给自己带来良好的声誉。营利组织捐赠者除了帮助有困境的人，还可以提升机构的形象，体现社会责任的履行，甚至利用所捐赠的物品宣传企业的产品。无论出于哪一种缘由，捐赠者所追求的首先是将善款、善行用于公益事业，在此基础上获得低于付出价值的回报。如《江苏省献血条例》第二十四条规定："无偿献血者献血量在八百毫升以上（含八百毫升）的，终身享受免费用血；无偿献血者献血量未达到八百毫升的，按本人献血量的三倍享受免费用血。无偿献血者的配偶、父母及子女需要用血的，其累计免费用血按献血者献血量等量提供"。这些法律规定体现了理性经济人假设。因此，追求个人效用与提升公益绩效并不矛盾，完全可以统一于公益服务供给过程中。让非营利组织变成纯粹的慈善组织的想法显然是脱离实际的。

当然，非营利组织追求个人效用不是没有约束的。例如，非营利组织的管理层不能超越规范追求高薪酬、多福利以及更多的休息时间。过多的个人营利追求，可能使民间组织将营利性行为所获收益，

---

① 张兵武：《公益之痒：商业社会中如何做公益》，北京大学出版社 2011 年版，第 48 页。

甚至捐赠者的善款更多地用于工资发放、员工旅游等福利。如中国城市环境卫生协会曾于2007年3月、2008年4月分别组团赴荷兰、巴西进行垃圾处理技术培训，在这两次出国活动中，均存在公款旅游的违规行为，受到民政部行政处罚。这种与利益相关者目标相悖的行为在非营利组织管理实践中必须加以规范。

因此，依据理性经济人假设，民间组织必须承认管理者的劳动，允许民间组织管理者按劳获取报酬，管理者更应当有“理性”，牢记自己是慈善机构的管理者，讲奉献，讲贡献，不应当谋求超过社会公众心理预期或法规限定的超额收入，避免产生民间组织与捐赠者之间的利益冲突。即使是营利性行为获取的收益，管理者也不可以像营利组织经营者那样获取绩效工资或股票期权收益，因为营利性行为的资源供给者是按照低于市场价值的价格向民间组织提供资源的。

人们总是认为，非营利组织从来都不使用营利规则或者不以利润最大化为目标，其实不然。非营利组织在很多情况下也会把利润最大化作为定价目标。例如，某慈善组织举办慈善会餐，其定价目标就是要确保这个慈善会餐的收益超过成本，宗旨无关的营利性行为同样可以寻求利润最大化，这可以通过边际分析定价法和保本点定价法来确定。

（一）边际分析定价法

边际分析定价法，是指基于微分极值原理，通过分析不同价格与销售量组合下的产品边际收入、边际成本和边际利润之间的关系，进行定价决策的一种定量分析方法。边际是指每增加或减少一个单位所带来的差异。那么，产品边际收入、边际成本和边际利润就是指销售量每增加或减少一个单位所增加或减少的收入、成本和利润。

公式法是边际分析定价法的主要方法，它是指当收入函数为可微函数时，可直接通过对收入函数求一阶导数，进而求得总收入最大时的最优售价。当收入函数和成本函数均可微时，可采用公式法，直接对利润函数求一阶导数，即可得到利润最大时的最优售价。

例如，某产品售价P与销量q的关系式为：$P=10-q/5$；成本函数为：$C=50+2q$，求：收入最大和利润最大时的产品价格。

解：

第一，收入函数为：

$R(q) = 10q - q^2/5$

边际收入为：

$R'(q) = 10 - 2q/5$

令 $R'(q) = 0$，解得 $q = 25$，$R'(25) = -2/5 < 0$，因此，$q = 25$ 时的收入最大，其单价为 $P = 10 - 25/5 = 5$，即当企业按单价为 5，销售 25 件产品时，可实现总收入最大。

第二，利润函数为：

$L(q) = (10q - q^2/5) - (50 + 2q) = 8q - q^2/5 - 50$

求导数，$L'(q) = 8 - 2q/5$，解得驻点 $q = 20$，$R'(20) = -2/5 < 0$，因此，销售量为 20 时，利润最大为 30，其单价为 $P = 10 - 20/5 = 6$，即当企业按单价为 6，销售 20 件产品时，可实现利润最大。

边际分析定价法的优点是：以微分极值原理为理论依据，可直接对收入与成本函数求导，计算结果比较精确。

边际分析定价法的缺点，一是售价与销量的函数关系以及总成本函数关系不容易确定。另外，只有可微函数才能求导，对于非连续函数则无法用公式法，只能借助列表法，才能求得最优售价。二是这一方法理论上说很理想，但寻求利润最大化价格这个目标在实际应用时却受到四个方面的限制：①代表公众利益的政府可能会定出一个封顶价，封顶价可能将利润最大化价格排除在外；②该方法只考虑了消费者对可选择价格的最终反应；③该方法演示了如何寻求最大化利润的价格，但它是短期盈余最大化价格，而不是长期最大化价格；④这一定价方法假设需求函数和成本函数能够被精确地找出来，事实上很难做到，只能帮助非营利组织为营利性行为寻求解决财务可持续发展的钥匙。

（二）目标利润定价法

目标利润定价法是根据预期目标利润和商品销售量、产品成本、适用税率等因素来确定商品销售价格的方法，其计算公式为：

$$单位产品价格 = \frac{目标利润总额 + 完全成本总额}{商品销量 \times （1 - 适用税率）}$$

$$或 = \frac{单位目标利润 + 单位完全成本}{1 - 适用税率}$$

例如，某非营利组织销售 C 产品，本期计划销售量为 8000 件，目标利润总额为 24 万元，完全成本总额为 40 万元，适用的消费税税率为 20%，根据上述资料，运用目标利润法测算单位 C 产品的价格。

$$单位C产品的价格 = \frac{240000 + 400000}{8000 \times （1 - 20\%）} = 100（元）$$

四　光谱理论

格雷戈里·迪斯（J. Gregory Dees）[①] 的社会性企业光谱理论采用与纯粹公益行为（提供公益产品或服务的边际收益为零）、纯粹商业性行为比较的方法，对社会企业营利性行为的边界进行了如下界定：行为动机复杂，追求社会价值和经济价值；收费价格为折扣价或者介于免费和付全价之间；从资本提供方获取低于市场价的资本或捐款与市场利率的结合；劳动力的工资低于市场或者志愿者与专职人员结合等。也就是说，营利性行为是一种介于纯粹慈善行为和纯粹商业行为之间的混合性行为，它应当把公益性目标和商业性手段结合起来，以达到一种高效的平衡。如图 3－1 所示。

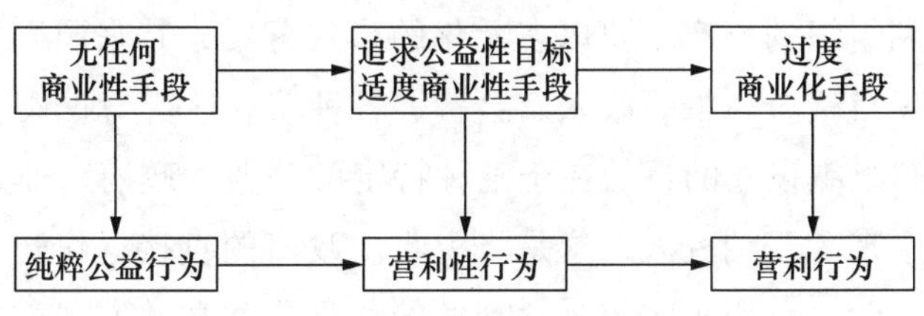

图 3－1　营利性行为示意

希望工程创始人徐永光先生提出的“公益和商业关系的光谱图”

① J. 格雷戈里·迪斯：《非营利组织的商业化经营》，载《非营利组织管理》，北京新华信商业风险管理有限责任公司译校，中国人民大学出版社 2004 年版，第 135 页。

与格雷戈里·迪斯的“社会性企业光谱”可谓一脉相承，且徐先生的光谱图更加形象、生动。徐永光先生对公益和商业投入产生的社会影响力进行排列。“公益在左，商业在右。左边花钱，右边赚钱；左边偏重于社会效益，右边偏重于经济效益。”“公益向右，从布施钱财到注重投入产出效益；再向右，强调资金投入是否有效解决社会问题，产生影响力；再向右，公益服务可以收费，比如教育、医疗、养老服务，与商业很相似，但商业分配利润，公益组织的收入不分配利润，故称为非营利组织；再向右，公益转变为商业模式，成为社会企业。”①

尽管社会型企业与非营利性组织并不完全等同，但社会型企业乃是非营利组织发展的新模式②，因此，光谱理论是我们界定民间组织营利强度的方法论基础。

五　公益产权理论

产权问题是非营利组织营利性行为面临的一个核心理论问题。产权的基本内容包括对资源的使用权、转让权以及收入的享有权；产权是否完整，主要从权利所有者对它具有的排他性和可转让性来衡量，如果权利所有者对他所拥有的权利具有排他的使用权、收入的独享权和自由的转让权，就称他所拥有的产权是完整的，如果这些方面的权利受到限制或禁止，就称为产权的残缺。③ 与企业部门、政府部门不同，非营利组织的资产主要以多元化的形式募集，其来源主要有政府的资助或项目资金、捐赠收入、会费、各种营利性行为收入等。

非营利组织设立的目的在于某种特定的公益。政府对非营利组织的资助资金来源于纳税人，这是将税收由政府的直接运作转变为由非营利组织运营，是用于实现公益利益的，是公共利益实现方式或机制的转变，而资产的性质仍然是公共利益导向的，同样，政府的项目资金、会员会费都是以公益性作为前提付出的；捐赠意味着资产的所有

---

① 徐永光：《公益向右，商业向左》，中信出版集团2017年版，第4页。

② 苗莉：《社会企业：非营利组织发展的新模式》，《光明日报》2013年3月1日第11版。

③ 程昔武：《非营利组织治理机制研究》，中国人民大学出版社2008年版，第89页。

者自愿放弃对资产的所有权，委托非营利组织运作，以实现一定的公益目的。捐赠行为一旦发生，便意味着捐赠人失去对资产的占有、使用、收益、支配等权能，转为非营利组织享有占有、管理、处分资产等权能，但并不意味着非营利组织获得资产的全部产权，它拥有的权能至少受到两个方面的制约：一是必须将资源用于实现公益捐赠目的，且限定性捐赠收入在限制解除前不得将该项捐赠收入直接转入非限定性净资产，必须按捐赠人限定用途、进度使用，不能违背捐赠人意愿使用这笔资产，更不能将捐赠款项为组织谋取其他利益。二是非营利组织对该资产的处分权也以不影响组织公益目的完全实施为限度，不包括从物质上损坏财产的自由，更不能将资产所产生的利益归属自己。

营利性收入形成的资产同样属于公益产权，其主要理由有三个：一是营利性行为是一种不等价交易行为。交易一方实际上是向非营利组织捐赠了相当于负收益的资源，如人力资源供给者（包括志愿者）按低于市场价值的薪酬（或生活补贴）为非营利组织提供服务，其个人实际所得薪酬低于市场价值薪酬的部分对人力资源供给者而言即为负收益，也就是对非营利组织的捐赠。二是经营活动产生的收益、资本市场投资获取的利得或对外投资获取的红利，其原始资本仍来源于捐赠人捐赠或政府资助，即原始产权属于公益产权，因而这类营利性行为所获收入属于公益产权产生的收益，其产权性质不会改变。三是向收益人收取的收入，配比成本乃是公益产权的损耗，即使收入大于成本获取的净收益，其性质仍属于公益产权，因为这部分收益享受政府税收优惠，或者说有相当一部分属于政府让渡的产权。

由此可见，由于非营利组织的捐赠人、受赠人和受益人三方主体是分离的，他们均不是非营利组织资产的完整产权所有者，捐赠人作为委托人在转出资产时已经自动放弃了所有权，非营利组织的资产具有公益属性，受赠人作为受托人却并不享有剩余索取权，只具有对受赠资产的控制权，受益人作为特定的服务对象，能够从非营利组织资产中获得收益，但不能成为拥有所有权的实体，也就是说，非营利组织理论上的所有者应该是社会公众，具有公益性。[①] 非营利组织的公益产权理论要求非营利组织有明确的公益目的，不以营利为目的。非营利组织可以开展一定形式的经营性活动，但不能将剩余收入在成员中分配，只能用于组织开展的各种社会活动及自身发展。并且，组织不得将组织的资产以任何形式转变为私人财产。也就是说，非营利组织在坚持公益宗旨和资产、利润非分配性的前提下，同样可以进行营利性运作。

六　公共服务市场化理论

公共服务市场化改革对非营利组织营利性行为起到了重要的推动作用。公共服务市场化是新公共管理的核心理念，它将市场机制引入公共服务领域，实质是用市场机制这只“看不见的手”弥补政府这只“看得见的手”的失灵。公共服务市场化同样跳出了非此即彼的思维定式，实现了两种制度的优势互补和商业与公益的“边界模糊”，改变了政府供给公共服务、市场供给私人物品和服务的两元分离格局。公共服务市场化的实质是政府公益职能的市场化，它反映了公共服务供给领域政府职能的退缩和市场调节方法的回归。公共服务市场化的基本思想就是打破政府垄断，在公共服务领域引入市场竞争机制，在不放弃公共政策制定责任的前提下，政府部门将原来由自己承担的部分公共职能推向市场，充分发挥市场对资源的配置作用，以有效改善与提升公共服务的绩效。从实践中看，公共服务市场化通过将市场竞争机制引入公共部门管理，发挥市场机制与公共机制的各自比较优势，做到将政府权威制度与市场交换制度进行有机融合[②]，因此，可以看作政府部门为谋求公共服务适当提供的有效制度安排。

公共服务市场化的主要内容包括：①公共服务的政府决策与执行分开。政策制定由政府承担，当然也是政府的职责，政策执行可以由公共部门、非营利组织，甚至企业共同承担。②政府决策与执行分开的手段是竞争性契约机制的引入，以取代传统的公共行政工具。新公

---

① 程昔武：《非营利组织治理机制研究》，中国人民大学出版社2008年版，第117页。

② 彭未名等：《新公共管理》，华南理工大学出版社2007年版，第3页。

共管理契约是由指导公共服务提供的各种协议构成的，政府会在各竞争主体竞争的基础上，与经济活动中的各个参与者签约，由竞争机制决定服务提供的主体，决定服务的价格和数量，从而决定一项服务是由体系内还是体系外的组织来提供。③受益者对公共服务的选择权利。受益者是公共服务的消费者，他们理应对公共服务拥有直接的选择权，这样才能控制和影响供给者，没有受益者的选择权就没有所谓的市场机制，也难以激发供给者的竞争，也就难以促使供给者对公众负责，并激发供给者的革新。可以说，消费者对公共服务的选择权利是公共服务市场化过程中市场机制发挥作用的基础。①

公共服务市场化对非营利组织的营利性行为产生三个方面的重要影响：一是为民间组织承接政府购买服务提供了更多的契机，从而为营利性行为目标的实现增添动力。二是竞争性的契约机制能够促进非营利组织提高公共服务的效率和效果，也是对非营利组织竞争力的一项重要考验。三是对民间组织而言，消费者就是公益事业受益人，他们对公共服务同样具有选择权。当民间组织的营利强度偏大，或违背非营利宗旨超出营利方式边界时，受益人同样能够作出自己的选择，接受或者拒绝。

---

① 程昔武：《非营利组织治理机制研究》，中国人民大学出版社2008年版，第89页。

第四章　民间非营利组织营利性行为的基本动因

全球化资源竞争对民间组织的影响显而易见，主要依靠政府的资助很容易让人对民间组织的独立性产生置疑，依靠社会捐赠的筹资模式缺乏稳定性，很难维持组织不断扩大的活动规模和运行经费，且随着新公共管理理念的全球化，各国政府已经开始逐步退出公共服务的垄断，民间组织由此获得的政府拨款也会越来越少。提高公益服务范围和质量与资金不足的“志愿失灵”现象已是当前许多国家民间组织面临的共同难题。世界各国的民间组织都在积极寻求营利性的筹资途径，给组织带来可靠的、稳定的资金来源，用以实现组织目标，保障组织运行，在理论上已被部分国内外学者论证和认同，并且不乏成功的案例。

改革开放以来，我国民间组织发展的政治、经济、社会和文化环境发生了显著变化，包括营利性行为的资金来源渠道和方式正呈现多元化趋势，并得到政府和社会公众的逐步认可，其基本动因主要有：政府动因，包括经济动因和促进社会正义动因；民间非营利组织动因，包括财务动因、独立性动因和崇尚自助动因等。

第一节　政府动因

管理学大师彼得·德鲁克认为：“非营利组织是改造人、点化人的组织，其产品是治好的病人，乐于进取的孩子，年轻男女成长为具有自尊的成人……总之，一个改变了的新的生命。”① 彼得·德鲁克在此强调的是民间组织的使命，但他从来没有否认民间组织的经济取向。

一 政府经济动因

（一）民间非营利组织的经济取向

依据与经济的关系，马克斯·韦伯将以经济为取向的团体分为四类：一是兼有经济行为的团体。经济目标是附带的，它主要以团体的制度为首要取向。二是经济团体。它以经济为首要取向。三是经济调节团体。团体成员的自主经济行为实质上是以团体的制度为取向。四是秩序团体。它的制度正式通过规则来规范团体成员的自主和自治的经济行为，并保障因此而获得的机会。因此，民间组织的经济性并不表明其以经济为首要取向。民间组织明确宣示其使命和价值观，并由此确定其活动的领域和所提供的公益产品（服务），因而其经济目标是附带的。正如马克斯·韦伯所表述的，民间组织也“侵入经济生活”，兼有经济行为，具有经济功能。

这是因为，从民间组织的运行过程看，民间组织所提供的公益产品或服务同样具有效用和价值。一是民间组织不仅可以通过资金或实物满足受益人的私人需求，同时也能够帮助资源供给者的自我实现需求。二是民间组织提供公益产品或服务同样是一种生产活动，它需要资金、技术和人才资源等生产要素的投入，收支相抵，也要略有盈余，但不能将其所获得的盈余当作红利分配给其组织的管理者及其成员。三是与需求相比，现有的公益资源是短缺的，民间组织在设立、运转过程中，不仅需要有计划地筹资，有计划地运用、管理，还要通过营利性行为挖掘可以利用的资源，降低募捐成本，调动一切社会力量，构成准公共物品的强大生产力，提高公益资源使用效率，扩大供给，从而促进社会、经济的全面发展。

我国民政部每个年度公布的社会服务发展统计公报，除 2009 年、

---

① PeterR Drucker, “Managing the Nonprofit Organization: Principles and Practices”, Oxford: Butterworth - Heinernann Ltd., 1990, pp. ix - x.

2010年无法查询外，均公布了反映民间组织经济特征的指标，包括累计收入或增加值、累计支出（亿元）或占第三产业增加值比重、形成固定资产价值、接受各类捐赠价值和吸纳社会各类就业人员数量等。

表4－1为2007年、2008年和2011—2015年民政部公布的社会服务发展统计公报中提及的民间组织主要经济指标变动情况，不仅反映了民间组织发展变化情况，也表明民间组织具有经济取向。

表4－1　　　　民间组织主要经济指标变动情况

年份	2007	2008	2011	2012	2013	2014	2015
增加值（亿元）	307.6	372.4	660.0	525.6	571.1	638.6	545.2
累计支出占第三产业增加值比重(%)	0.32	0.31	0.32	0.23	0.22	0.21	0.14
形成固定资产（亿元）	682	805.8	1885.0	1425.4	1496.6	1560.6	2311.1
接受各类捐赠（亿元）	50.6	103.4	393.6	470.8	458.8	524.9	610.3
吸纳社会各类人员就业（万人）	456.9	475.8	599.3	613.39	636.6	682.3	734.8

但现有研究大多把民间组织作为一个社会性组织，主要从社会属性上对民间组织的特征进行概括，突出强调民间组织的社会特征，无疑是正确的，但不能因此忽视甚至排斥民间组织的经济特征，把公益性、志愿性等社会特征与经济特征对立起来，把民间组织描述成一个“不食人间烟火”的纯粹社会组织。因此，只有正视民间组织的经济特征，才能够为民间组织的营利性行为找到经济动因。

（二）政府经济动因

当政府不能有效地配置社会资源（政府失灵）、市场体系中的企业又由于利润动机的刺激不愿提供公共物品（市场失灵）时，民间组织作为一种新的资源配置体制，弥补了政府和市场这两种主要的资源配置体制的不足。当然，民间组织也不是万能的，它只是对第一部门和第二部门的补充，而非解决一切问题的“灵丹妙药”。随着市场失灵与政府失灵的后果逐渐为人们所认识，民间组织作为市场与政府双重失灵的救治者以及公民社会的建设者和维护者的社会角色与功能就得到了充分的合法性。政府允许民间组织存在营利性行为，主要基于以下动因：

1. 促进就业

20世纪90年代中期，美国霍普金斯大学研究项目对26个国家的调查数据显示，这些国家民间组织中的雇员相当于3100万全职雇员，大约是非农业劳动力的6.8%。[①] 美国城市研究所2008年发布的《非营利组织年鉴》显示，美国当时有190万个民间组织，共雇用1290万人，雇员的工资总额占全美工资总额的8.1%。基于1998年的数据，美国民间组织劳动力占所有带薪劳动力的比重达到8%，增长速度超过大多数商业部门（除了技术部门）。[②] 在非营利部门应聘的人员比联邦和州政府加起来还多[③]，志愿服务是美国28.8%的成人的主要活动，预计他们每年为非营利劳动增加82亿小时，在经济和社会贡献上相当于1476亿美元。[④] 但我国民间组织吸纳就业人员的比例仍不高，2015年民间组织吸纳社会各类人员就业仅734.8万人，大约占全国城镇就业人员的1.82%，2016年吸纳社会各类就业人员也只有763.6万人，大约占全国城镇就业人员的1.84%。[⑤]

2. 拉动经济增长

世界各国的非营利组织不仅成为最大的“雇主”，而且也是一个巨大的买主，构成了一个广阔的市场。美国2005年财政收入前20个最大的非营利组织，单个组织均超过83000万美元。其中，最大的是路德服务（Lutheran Services），收入超过95亿美元，这使它在2006年的《财富》500强中排名大约第251位，超过了像朗讯科技（Lu-

---

① 杨团：《NPO类型界定与理性选择》，http：//www. chinanpo. gov. cn/web/showBulltetin. do？ id = 15741&dictionid = 1835。

② ［美］A. R. 安德里亚森、P. 科特勒：《战略营销：非营利组织的视角》，王方华、周洁如译，机械工业出版社2010年版，第3页。

③ Michael O' Neill，“Developmental Contexts of Nonprofit Management Education”，Nonprofit Management and Leadership，Vol. 16，No. 1，Fall 2005，pp. 5 – 17.

④ “New Federal Report Outlines Economic Benefit of Volunteering in America”，Corporation for National and Community Service，June 12，2006，www. nationalservice. gov/about/newsroom/releases_ detail. asp？ tbL_ pr_ id =399，retrieved October 30，2006.

⑤ 国家统计局数据显示，2015年年末，城镇就业人员40410万人；2016年年末，城镇就业人员41428万人。

cent Technologics）和清晰频道通信公司（Clear Channel Comunications）这样的巨头。[①] 美国最大的私立大学也同样如此。2005 年，将全部收入上报给《慈善编年史》的大学（斯坦福大学没有上报）中的前 5 名的收入都超过了 30 亿美元。美国城市研究所（Urban Institute）2008 年发布的《非营利组织年鉴》也显示，美国 5% 的 GDP 来自民间组织的贡献。

上海交通大学第三部门研究中心课题组发布的“第三部门 GDP 统计研究”报告估算得出，2013 年全国社会组织的 GDP 贡献约 4068 亿元，为官方数据的 7 倍左右。南都公益基金会理事长徐永光估算，“我国社会组织创造的 GDP 应该在 4000 亿元以上，对国民经济的贡献率可能在 7% 左右”。[②] 因此，民间组织的经济特征应当得到重视，不能因其公益性而被其社会特征淹没。

在肯定民间组织在促进竞争、活跃市场、稳定社会、促进经济增长发挥着至关重要的作用时，我们必须明白，仅仅依靠政府资助或社会捐赠等传统筹资方式，民间组织推进政府经济目标实现的能力是有限的，我们必须让民间组织具有多元化获取资源的途径和手段，包括民间组织的营利性行为，才能真正充分发挥民间组织的经济职能。

3. 削减政府支出

著名管理学权威彼得·德鲁克曾精辟地指出：非营利组织不仅在功能上代替政府解决了许多社会问题，同时因为非营利组织的效能是政府的两倍，也削减了政府的赤字。

西方发达国家和我国香港的民间组织，政府资金投入仍然是民间组织资金的重要来源，没有政府的资金支持，民间组织的发展空间就是狭窄的。但经过多年的发展，民间组织规模庞大，已成为政府的沉重负担。我国自党的十六大首次将社会组织列入党的报告以来，我国的民间组织也取得了长足发展（见表 4－2）。截至 2017 年 12 月 25 日

---

① The Chronicle of Philanthropy, October 26, 2006, pp. 8 – 21. Reprinted with Permission of The Chronicle of Philanthropy, http: //philanthropy. com.

② 徐永光：《公益向右，商业向左》，中信出版集团 2017 年版，第 39 页。

9 时，登录民政部门户网站（www. mca. gov. cn）、中国社会组织网（www. chinanpo. gov. cn），手机用户关注“中国社会组织动态”政务微信，可查询到的社会组织数量超过 773671 个，其中，在民政部登记的社会组织 2315 个。

表 4-2　　2007—2016 年我国民间组织数量的变化情况

指标	2007年	2008年	2009年	2010年	2011年	2012年	2013年	2014年	2015年	2016年	年均增长率(%)
社会团体(万个)	21.2	23	23.9	24.5	24.5	27.1	28.9	31	32.9	33.6	5.25
基金会(家)	1340	1597	1843	2200	2614	3029	3549	4117	4784	5559	17.13
民办非企业单位(万个)	17.4	18.2	19	19.8	20.4	22.5	25.5	29.2	32.9	36.1	8.45

资料来源：根据民政部发布的各年度社会服务发展统计公报整理。

事实上，由于统计口径的问题，我国民间组织的实际数量远远超过各年度实际数字，例如，在卫生部门登记的大量社区医疗机构以及草根社会组织并未包括在民政部门的统计范围之内。这些民间组织不以营利为目标，依照法律规范开展各种运营活动，促进了我国非营利事业的发展，在我国政治、经济、文化、社会建设中发挥着不可或缺的积极作用，日益成为新时代社会主义和谐社会建设的重要力量。如果这些社会组织的经费都由政府财政来负担，那是不可想象的。

拉尔夫·克莱默（Ralph M. Kramer）指出，自 20 世纪 60 年代以来，美国的民间组织出现的新趋势之一，是民间组织履行其公共服务与公共政策执行的角色，依赖于政府经费。① 约翰·霍普金斯非营利组织比较项目的研究结果显示，39 个国家的民间组织收费占 50%，

---

① Kramer, Ralph M., “Third Sector in the Third Millennium?”, in Voluntas, *International Journal of Voluntary and Nonprofit Organizations*, Vol. 11, No. 1, 2000, pp. 1 - 23.

政府资助占36%，慈善捐赠占15%。[①] 值得注意的是，以政府资助为主导的民间组织多出现在号称“福利国家”的西欧发达国家，如爱尔兰、比利时、德国等，这也清楚地说明所谓“福利国家”，其实是指政府与非营利组织的“福利合作关系”，这表明政府购买公共服务对非营利组织的成长壮大有着密切的关系。但政府财政收入总是有限的，甚至为了促进企业组织的发展，还在大规模减税，美国总统特朗普于2017年12月22日签署了自1986年以来美国最大规模的减税法案，美国企业税将从35%大幅下滑至21%。尽管从长期来看，也许有利于美国企业减少税收支出，促进企业增加投资，增加员工薪酬，从而增加美国税源；但从短期来看，必然减少美国政府财政收入，在减税背景下，美国政府必然谋求削减对非营利组织的支出。许多国家的政府由于财政赤字，政府无力满足民间组织的资金需求，转而允许营利性行为作为非营利组织获取资源的一种手段已成基本趋势。

二　政府社会动因

政府允许民间组织存在营利性行为，其社会动因主要是为了促进社会公平与正义。

据《吕氏春秋·察微》记载，春秋时期，鲁国法律规定，如果鲁国人在国外看见同胞被卖为奴婢，他们出钱把人赎回来以后，国家就会给他们以补偿和奖励，这使很多流落他乡的鲁国人重返故国，这就是我们今天的政府购买社会服务。孔子的弟子子贡，从国外赎回来了很多鲁国人，却拒绝了国家的补偿，他认为，不需要这笔钱，自愿为国分忧。但孔子却大骂子贡，说子贡害了无数落难的鲁国同胞，可以说是伤天害理。在孔子看来，鲁国的法律是善法，能够保证人们长期做好事。孔子说：世上万事，不过“义利”二字而已，鲁国赎人法律所求的只是一个“义”字，见到落难同胞不怕麻烦去赎回这个人，那他就是完成一件善举，国家会给他补偿和奖励，让行善者不会受到损失，而且得到大家的赞扬，理所当然。长此以往，愿意做善事的人就

① ［美］萨拉蒙、索科沃夫斯基等：《全球公民社会》，库马力安出版社2009年版，第110页。

会越来越多，所以，这条法律是善法。孔子还说，子贡的所作所为，让他为自己赢得了高度的赞扬，也拔高了大家对“义”的要求。以后那些赎人后向国家要求补偿的人，不但可能再也得不到赞许，甚至可能会被嘲笑，“鲁国不复赎人矣”。孔子认为，子贡此举把“义”和“利”对立起来了，不但不是善事，反倒是最为可恶的行径。子贡拒绝国家补偿之后，很多人对落难的同胞视而不见，很多鲁国人因此而不能返回故土。孔子的另一名弟子子路救起一名落水者，那人感谢他，送了牛，子路收下（子路拯溺而受牛以谢）。孔子说：“鲁国必好救人于患也。”也就是我们今天所讲的“见义勇为”。孔子“见之以细，观化远也”，也就是说，孔子能从细小处看到效果，这是由于他对事物的发展变化观察深远。子贡的做法会成为大家行善的障碍。这就是“子路受人以劝德，子贡谦让而止善”的典故。① 2500年前的故事，放在当下，仍不过时，尤其是对民间组织营利性行为+公益的模式启示良多。过分抬高道德标准，让大部分组织和个人无法做到，反而毁掉社会正义，对非营利事业的发展反而是有害无利的。

第二节　民间非营利组织动因

一　降低财务脆弱性

爱因斯坦曾说，这个世界最缺乏的，是力量与善意的结合。在当今的公益领域，善意与力量并未实现十分有效的结合。就中国民间组织而言，善意已达成共识，但力量还不够强大，表现为财务稳健性不够或财务脆弱性过高。

（一）民间组织财务脆弱的成因

1. 民间组织传统资金动员能力有限

民间组织获取各类资源的方式与政府和营利组织不同，政府靠国

---

① 张兵武：《公益之痒：商业社会中如何做公益》，北京大学出版社2011年版，第48页。

家赋予的强制力（税收）获取公共资源，与民间组织只能靠志愿进行的捐款不同，纳税是强制性的义务，这使政府的资源动员能力令民间组织望尘莫及。以西方国家为例，政府总收入占国内生产总值的比重，美国为30%左右，加拿大和英国为40%左右，法国和德国为45%左右，北欧各国则一般高于50%。与政府相比较，第三部门的资源动员能力显然是不值得一提。① 营利组织主要是通过市场交易获取生产资源，民间组织则是通过基于共同价值观之上的沟通、协商、说服、互惠与合作，靠提供良好服务的方式去赢得自己生存的权利。民间组织凭借社会公信力，以明确服务于特定群体的公益性组织为宗旨，动员和吸引公益资源。这必然导致民间组织活动所需要的资金与其所能募集到的资源之间存在缺口，无法满足公益需求，而且政府资助还具有地域性，经济发达的地区财政转移支付较多，而需求较大的欠发达和落后地区则相对较少，无法得到更多的政府支持。正如萨拉蒙所指出的，与政府和市场都可能失灵一样，自愿供给也有其内在局限性，单靠自愿供给无法推进公益事业，这种慈善组织能力的不充分是志愿失灵的首要方面。

2. 公众的志愿捐赠严重不足

著名经济学家厉以宁认为，社会分配可分为三个层次：第一层次是以效率为原则的分配，即市场根据能力大小决定收入多寡；第二层次是以公平为原则的分配，即政府通过社会保障、社会福利进行再分配；第三层次是以道德为动力的分配，即个人将可支配收入的一部分捐赠出去提高社会总体福利，也就是慈善事业。② 在传统认识中，非政府组织的资金来源主要是社会捐赠（包括个人、公司捐赠和基金会拨款），并且从这些来源处获得的资金丰厚，不仅能维持国内的民间组织，甚至能支持世界其他地方的民间组织。所以，民间组织无须从事商业活动，当然也不存在营利性行为。不幸的是，民间组织自给自

---

① 刘春湘：《社会组织运营与管理》，经济管理出版社2016年版，第8页。

② 厉以宁：《为何我们需要慈善富豪家》，《国际先驱导报》2004年第3期。

足的神话根本没有事实基础。[①]

自 20 世纪 80 年代以来，民间捐赠占民间组织总收入的比重呈日益下降的趋势。美国从 1980 年的 30% 下降到 1986 年的 27%，到 1995 年公益收入（包括个人捐款、公司捐款和基金会拨款）只占总收入的 12.9%。[②] 我国民间组织社会捐赠尽管占民间组织收入比重较大，但也呈逐年下降趋势。慈善援助基金会公布的数据表明，2015 年世界捐助综合指数排名缅甸第一，美国、新西兰第二，中国位列第 144 位。[③] 中国慈善联合会公布的数据显示，2011—2015 年，捐款增长趋势较好，年均增长 31.2%，而美国年均增长 25.1%；2015 年中国捐款额占 GDP 比重为 0.16%，而美国为 2.1%；2016 年中国人均捐款额为 81.69 元，而美国为 7669.2 元（1155 美元），相差 92 倍。从民间组织数量来看，2016 年，中国有民间组织 69.9 万个，美国 157.1 万个；中国民间组织接受捐款余额 1346 亿元人民币，美国 3900.5 亿元美元，约合人民币 25899.3 亿元。

不仅如此，公众捐赠的倾向性也很明显。在英国，民间捐款最集中的领域由高到低依次是环境保护、动物保护、医学研究、儿童福利和济贫院等，受益人主要是中产阶级，或倾向于向中产阶级或富有的人士提供服务，表现在教育方面，是重视高等教育而轻视中小学基础教育；在医疗卫生领域，是重视对重大疾病的攻克，而不愿对普通民众所需的基本医疗服务补助做出贡献。

这种传统收入的减少以及结构上的不合理，给民间组织公益事业造成了比较普遍的财政压力，使之必须寻求新来源以满足社会对它的期待。

3. 政府经费的不确定性

在传统上，民间组织主要收入的另一来源是政府补助，这些资金都来源于组织外部，并非组织自身所能够控制的。在公共服务改革与

---

① 王绍光：《金钱与自主：市民社会面临的两难境地》，《开放时代》2002 年第 3 期。

② 莱斯特·M. 萨拉蒙：《全球公民社会——非营利部门视角》，社会科学文献出版社 2002 年版，第 298 页。

③ 世界捐助综合指数衡量排名的因素是下列三类人口占该国被调查人口的比例：过去一个月帮助过陌生人；过去一个月捐过钱；过去一个月做过义工。

营利性行为浓厚的情况下，民间组织虽然可以通过自身的努力得到部分资金以改善自身的财务状况，但是，财务不稳定状况依然存在。

第一，20 世纪 80 年代以后，各国政府在总体上减少了对民间组织的财政支持，这是问题的主要方面。因研究生物钟而获得 2017 年诺贝尔医学奖的美国学者迈克尔·罗斯巴什担心，美国政府的支持面临危险。他在斯德哥尔摩市政大厅发表简短演讲时说："我们受益于战后美国的开明期。我们的国家卫生研究院积极、慷慨地支持基础研究……（但）当前美国的气氛则向人们发出警告：持续不断的支持并不是理所当然的。特朗普总统提交的 2018 年联邦预算案要求把科研资金削减数十亿美元。"①

第二，与基金会和公司的资助相比，政府合同资助金额通常是较大的，而且是可续签的，但常常是直接和慈善的核心服务相关。例如，如果组织为 1000 名残疾儿童提供教育，主要资金来源就是政府，因为其他的资金来源很难支付起这么大规模的项目，而且政府资助只为项目的直接成本，而诸如员工正常薪酬或行政支出等间接成本不包括在内，也就是说，合同资金只能抵消民间组织的变动成本，而不能补偿固定成本。

第三，政府的合同是竞争性的，而且资助拨款需要一段时间，有时需要几年才能获得，容易造成民间组织资金链断裂。有时一个资助申请予以批准，却无财政经费资助（立项不资助），也就是说，政府机构比较喜欢这个想法和这个申请，但并没有足够的资金来支持，这更加重了政府经费的不确定性。因此，对于主要依赖政府支持的民间组织来说，无疑会对其财务上的稳健性造成相当大的威胁。

第四，政府拨款与民间组织资金需求在时间上不能完全衔接。主要原因是政府对民间组织的资助通常是不定期的限制性拨款，发票报销通常也要比预计日期晚几个星期甚至几个月，政府对项目的管理费用经常增加一些不现实的限制，这需要民间组织用自己的资金来补助，以便等待政府资金的到位。因此，民间组织主要通过积累形成的

---

① 《诺奖得主担心政治破坏科研》，《参考消息》2017 年 12 月 12 日第 5 版。

净资产来获得和维持其营运资金，也就是说，靠数年来收入大于支出的积累形成的营运资金。营运资金是指保持民间组织日常运营的短期资金。无限制的现金储备或自由的营运资金都是民间组织运行的重要前提，并需要灵活有效地在融资约束中运作。换句话说，为了使民间组织能够获取、保持并扩大营运资金，它们必须是营利的。[①]

政府和其他资金的短缺使民间组织不仅没有足够的财力实现为公益服务的社会使命，也使民间组织缺乏竞争优势，一些民间组织甚至由于资金不足而达到难以为继的地步，如2013年山东省有20家社团、55家民办非企业单位被撤销登记，不少被撤销的社会团体都是因主要负责人调转岗位或退休，缺少后续资金支持，才逐渐办不下去了。[②] 正如亨利·豪斯曼（Henry B. Hasmann，1980）指出的，非营利组织自身的组织特征决定了它在竞争中往往处于劣势地位，如筹集资金能力有限、利润非分配机制导致组织管理效率低下、行业进入与组织扩张速度较慢等，都会使非营利组织丧失竞争力。亨利·豪斯曼将“筹集资金能力有限”作为非营利组织“丧失竞争力”的首要原因。因此，面对经费拮据这样一个普遍事实，国外非营利组织不得不重视通过营利性行为筹集财力和物力资源，以弥补政府资金投入和社会捐赠来源的不足。

（二）民间组织财务脆弱的现状[③]

“财力和物力资源”构成民间组织的资金，是实现公益目标的基本推动力，但由于诸多外部因素影响，我国民间组织的财务健康状况却并不乐观。本部分以我国民政部登记管理的143家基金会2011—2014年工作报告为例，运用财务脆弱性模型进行财务状况评价。

1. 非营利组织财务脆弱性预测模型研究综述

国外学者对非营利组织财务脆弱性的研究已经取得了重大进展。

---

① ［美］珍妮·贝尔、简·正冈、史蒂夫·齐默尔曼：《非营利组织可持续发展：基于矩阵模型的财务战略决策》，刘红波、张文曦译，华南理工大学出版社2016年版，第21页。

② 张榕博：《山东省20家社团、55家民办非企业单位被撤销登记》，大众网－齐鲁晚报，2013年2月20日。

③ 本节主要内容以“基于中国实践的民间非营利组织财务脆弱性检验”为题发表于《社会科学家》（CSSCI来源期刊）2016年第12期。

奥尔森1980年提出了用于企业破产预测的五因素模型，后来在修正或未修正情况下被大量学者用于民间组织财务脆弱性评价。Chang和Tuchman（1991）提出了净资产收入倍率、收入集中度、管理成本率和边际收入比率4个财务脆弱性因子[①]，作为预测民间组织财务脆弱性的主要指标。格林利和特鲁塞尔（Greenlee and Trussel，2000）使用并发展了Chang和Tuchman的非营利组织财务脆弱性预测模型，建立了新的非营利组织财务脆弱性模型。另外，伊丽莎白·基廷等（Elizabeth K. Keating et al.，2005）用破产风险、财务中断、资金中断和项目中断4个指标来预测非营利组织的财务脆弱性。[②] 在理论研究的基础上，学者对各种财务脆弱性模型进行了验证。格林利和特鲁塞尔（2000）利用美国国家慈善统计中心1985—1995年慈善组织的财务数据进行分析，得出组织财务危机与其中3个因子（净资产收入倍率以外）之间显著相关的结论[③]；罗伯特·托马斯和理查德·特拉福德（Rob Thomas and Richard Trafford，2013）使用Tuchman和Chang的测量方法对英国300家大型文化、体育和娱乐行业非营利慈善组织2002—2007年的财务脆弱性进行了评价，认为较之2002年之前，这些组织财务稳健性更好，能够更好地应对2008年的经济衰退[④]；Ettie Tevel、Hagai Katz和David M. Brock（2014）使用表演艺术类组织数据对非营利组织财务脆弱性测试的3个经典模型的预测有效度进行了检

---

① Chang，Cyril F.，Tuckman，Howard P.，"Financial Vulnerability and Attrition as Measures of Nonprofit Performance"，*Annals of Public & Cooperative Economics*，Vol. 62，No. 4，1991，pp. 655－671.

② Elizabeth K. Keating，Mary Fischer，Teresa P. Gordon，Janet Greenlee，"Assessing Financial Vulnerability in the Nonprofit Sector"，Faculty Research Working Papers Series，RWP05－00，The Hauser Center for Nonprofit Organizations，Paper No. 27，John F. Kennedy School of Government，Harvard University，Jan.，2005.

③ Greenlee，Janet S.，Trussel，John M.，"Predicting the Financial Vulnerability of Charitable Organizations"，*Nonprofit Management and Leadership*，Vol. 11，No. 2，2000，pp. 199－210.

④ Rob Thomas，Richard Trafford，"Were UK Culture，Sport and Recreation Charities Prepared for the 2008 Economic Downturn? An Application of Tuchman and Chang's Measures of Financial Vulnerability"，*International Society for Third－Sector Research*，Vol. 24，No. 3，2013，pp. 630－649.

验，认为Tuchman 和 Chang 的方法最有效。[①]

与发达国家相比，国内非营利组织财务脆弱性研究相对滞后，主要原因是组织的财务信息公开程度有限，使研究慈善组织的财务数据获取较为困难，因此，国内研究非营利组织财务脆弱性的文献极少。通过 Cnki 等中文数据库中学位论文、期刊论文和专著等的全面检索，仅发现 1 篇学位论文和 3 篇期刊论文研究我国非营利组织的财务脆弱性。王锐兰的博士学位论文利用"财务脆弱性"指数对中国青基会作了实证分析并予以验证，认为财务脆弱性作为一种合适的定量分析方法，实质上就是一种绩效比率，可以相对客观地评价非营利组织绩效。[②] 李科、付艳梅（2009）使用格林利和特鲁塞尔等学者提出的非营利组织财务脆弱性模型，利用湖南省 5 个样本行业协会 2005 年和 2006 年的财务数据，简要地分析评价了我国民间组织财务脆弱性，得出样本行业协会 2005 年度财务脆弱性不具判断力，2006 年度具有显著的财务脆弱性[③]，但李科、付艳梅（2009）的研究没有对模型的适用性进行验证，而且只有 5 个组织的样本量，研究结论的普适性值得怀疑。干胜道、李霞分别选用 Greenlee 和 Trussel 的项目支出定义下的非营利组织财务脆弱模型与 Trussel Etal 的净资产定义下的非营利组织财务脆弱性模型对安徽省基金会财务脆弱性进行测量，测试了模型的显著性，试图为我国民间组织财务脆弱性研究开辟一条新路径。[④] 但是，样本容量偏少的状况并未得到改善，也未对两个模型预测的准确性进行实践性验证。

2. 非营利组织财务脆弱性的本质与评价模型

（1）非营利组织财务脆弱性含义。目前，财务脆弱性模型多用于

---

① Ettie Tevel, Hagai Katz, David M. Brock, "Nonprofit Financial Vulnerability: Testing Competing Models, Recommended Improvements, and Implications", *International Society for Third – Sector Research*, published on line, 2014 – 10 – 15.

② 王锐兰：《我国非营利组织绩效评价研究》，博士学位论文，南京航空航天大学，2005 年，第 12 页。

③ 李科、付艳梅：《非营利组织财务脆弱性实证研究——以行业基金会为例》，《中南林业科技大学学报》（社会科学版）2009 年第 5 期。

④ 干胜道、李霞：《非营利组织财务脆弱性研究——以我国基金会为例》，《湖南社会科学》2015 年第 7 期。

测量营利组织发生破产或倒闭的可能性，而与营利组织相对应的非营利组织既缺乏剩余控制权，也没有剩余索取权，虽然也存在破产风险或者组织清算风险，但其破产含义与营利组织有明显区别，组织失败或解散后对剩余资金的处理也与营利组织有明显差异。而且就财务绩效而言，营利组织会将“利润”指标作为衡量财务绩效的一贯标准，而非营利组织的财务绩效对利润的关注程度则小得多，主要是因为利润对捐赠人来说不重要，因为非营利组织的运营目标并不是利润，从经济上衡量必然“亏损”的公益项目同样是非营利组织完成社会使命采用的手段。因此，不能采用“拿来主义”将“破产”设为非营利组织财务脆弱性衡量的决策指标。

Tuchman 和 Chang 认为，非营利组织的财务脆弱性是指在遭遇财务震荡，例如，遇到经济衰退或者主要捐赠者丧失等情形时，组织能否维持核心业务的正常支出，是否会立即减少项目服务。① 测量标志主要有两个：一是 2000 年 Greenlee 和 Trussel 把具有财务脆弱性的非营利组织界定为项目支出连续三年下降的组织②，这是对非营利组织支付能力的衡量；二是 2002 年 Greenlee、Trussel 等③则把财务脆弱性定义为在三个连续年份净资产的全面下降，这是对组织资金平衡性的度量。因此，非营利组织财务脆弱性是对组织财务稳定性和资金充裕性的综合衡量，脆弱与否主要取决于组织财源是否稳定，资金实力是否雄厚、充足。

（2）非营利组织财务脆弱性评价模型。非营利组织财务脆弱性对应于支付能力和资金实力，其评价模型也分为基于项目支出下降的分析模型 1 和基于净资产下降的分析模型 2。不同学者使用不尽相同的指标和不同模型对非营利组织财务脆弱性进行评价。

---

① Cyril F. Chang, Howard P. Tuchman, “Financial Vulnerability and Attrition as Measures of Nonprofit Performance”, *Annals of Public & Cooperative Economics*, Vol. 62, No. 4, 1991, pp. 655 - 671.

② Janet S. Greenlee, John M. Trussel, “Predicting the Financial Vulnerability of Charitable Organizations”, *Nonprofit Management and Leadership*, Vol. 11, No. 2, 2000, pp. 199 - 210.

③ Ibid. .

模型1：基于公益项目支出下降的分析模型。这是Chang和Tuchman[①]提出的财务脆弱性分析模型，他们确定了4个会计比率作为财务脆弱性评价因子：

①净资产收入倍率：用“净资产/总收入”表示。净资产是非营利组织资产减去负债后的净额，它不同于营利组织属于投资人的所有者权益。净资产是非营利组织资金实力的表现，在总资产中的比重越大，表明组织债务偿还能力和财务实力越强。我国民间组织净资产按照其使用和处置是否受到出资者或有关法规下的时间或用途限制分为限定性净资产和非限定性净资产。

②收入集中度：用“$\sum$（单项收入/总收入）^{2}”表示。如果非营利组织收入来源只有一个，其收入集中度为1；反之，收入集中度就会小于1，且获得同样数量的收入来源越多，非营利组织收入集中度就会越小。资金来源的多元化不仅能够分散组织的财务风险，而且能够增强组织的财务稳健性。

③管理成本率：用“管理支出/总收入”表示。管理成本包括行政成本和管理人员薪酬等，管理成本比率反映了组织总收入或者总费用中有多少被用作行政管理费用，数值上等于行政管理费用与总收入或总费用之比。当非营利组织面临财务危机时，管理成本比率较大的非营利组织，管理费用削减的空间也较大，这样就不会减少太多的项目支出，其组织财务就越稳健，脆弱性程度就越低。

④边际收入率：用“（总收入－总支出）/总收入”表示。Tuchman和Chang认为，净收益能够对组织收入降低起缓冲作用，当组织收入降低时，应利用累计净收益而不应减少所提供的服务。若该比率过低，这种缓冲作用就会受到质疑，会引致组织财务脆弱性指标的不稳健。根据上述4个因子，Tuchman和Chang建立了基于项目支出下降的财务脆弱性评价模型，即模型1：

---

① Cyril F. Chang, Howard P. Tuchman, "Financial Vulnerability and Attrition as Measures of Nonprofit Performance", *Annals of Public & Cooperative Economics*, Vol. 62, No. 4, 1991, pp. 655－671.

$PFV = 1/(1 + E^{-Z})$

其中：

$Z = -3.0610 + 0.1153equity + 1.2528concen - 2.2639admin - 3.4289margin$。

式中，*equity*、*concen*、*admin* 和 *margin* 分别表示净资产收入倍率、收入集中度、管理成本比率和边际收入率。若 PFV > 0.10，说明组织具有显著的财务脆弱性；若 PFV < 0.07，说明组织具有显著的非财务脆弱性或者说组织财务具有稳健性；若 0.07 ≤ PFV ≤ 0.10，说明组织不具有判断力。

模型 2：基于净资产下降的分析模型。自 Tuchman 和 Chang① 首次提出模型 1 以来，赢得较大的社会反响，并被后人不断加以修正、完善和应用，其中，Trussel 和 Greenlee 等于 2002 年提出的非营利组织财务脆弱性模型，除使用收入集中度（concen）、边际剩余（margin）和管理成本比率（admin）外，还增加了组织规模（Size）和负债比率（debt）变量。

除负债比率和组织规模外，模型 2 其他变量的表示方法与模型 1 相同。组织规模用总资产的自然对数表示。通常来说，面临财务危机时，规模较小的组织比规模较大的组织会更加脆弱。在一定范围内，大规模组织比小规模组织的财务危机应对能力强。因此，Trussel 和 Greenlee 等于 2002 年提出了基于净资产下降的分析模型，即模型 2：

$PFV = 1/(1 + E^{-Z})$

其中：

$Z = 0.7754 + 0.9272debt + 0.1496concen - 2.8419margin + 0.1206admin - 0.1665size$

若 PFV > 0.20，就说明组织具有显著的财务脆弱性；若 PFV < 0.10，就说明组织具有显著的非财务脆弱性或者说组织财务具有稳健

① Cyril F. Chang, Howard P. Tuchman, "Financial Vulnerability and Attrition as Measures of Nonprofit Performance", *Annals of Public & Cooperative Economics*, Vol. 62, No. 4, 1991, pp. 655 – 671.

性；若 $0.10 \leqslant PFV \leqslant 0.20$，就说明组织不具有判断力。

财务脆弱性模型，指标明确，操作简便，提出了标准化的数学模型，也不需要有关评价项目的全部数据，只需要几个指标与某种标杆或基准作比较即可。用这两个模型加以计算，就可获知非营利组织财务脆弱性状况、程度和未来的发展趋势。

3. 我国民间组织财务脆弱性模型的选择与应用——以民政部登记管理的基金会为例

干胜道、李霞将因变量按具备财务脆弱性和不具备财务脆弱性分别界定为1和0，自变量界定为模型1中4个变量，或模型2中5个变量，进行回归分析，得出模型总体而言是显著的结论。然而，实践是检验真理的唯一标准，哪一个模型更适合现阶段中国的民间组织现状，需要用客观事实加以验证。

本书拟以民政部登记管理的基金会2011年度工作报告数据为样本，分别选用模型1与模型2进行财务脆弱性测量，然后依据相同的基金会2012—2014年公益项目支出和净资产数据变动结果验证模型预测结果的准确率，选择最优模型并预测2014年我国民政部登记管理基金会的财务脆弱性。

（1）财务脆弱性模型评价与比较：以2011年基金会财务数据为样本。中国社会组织网基金会子站公布2011年度财务报告的有145家，剔除本年收入小于或等于零的5家，最终可得有效数据的基金会为140家。之所以选择基金会作为研究对象，是因为基金会的信息披露要求在我国的法律规定更明确，是政府管理部门监管的重点。如《中华人民共和国慈善法》第七十二条第二款规定：“慈善组织应当每年向社会公开其年度工作报告和财务会计报告。具有公开募捐资格的慈善组织的财务会计报告须经审计。”因此，相比其他民间组织而言，基金会披露的数据相对充分、准确。

本书财务脆弱性模型评价计算的相关数据中，净资产、总资产、总负债数据分别为基金会中心网公布的各组织2011年度工作报告中资产负债表的净资产合计、资产总计数、负债合计金额，总收入、总支出为业务活动表中的收入合计、费用合计金额，行政管理费用为业务活动表中的“管理费用”金额。各项收入金额中收入项目分为业务活动表和接受捐赠情况表中的商品销售收入、政府补助收入、投资收益、其他收入、会费收入、提供服务收入、来自境内自然人的捐赠、来自境内法人或其他组织的捐赠、来自境外自然人的捐赠和来自境外法人或其他组织的捐赠 10 个项目。在计算 admin 时，采用“费用合计”作为分母。实际上，使用总收入或总费用做分母对于结果判断几乎没有多大区别（Rob Thomas，Richard Trafford，2013）。①

根据2011 年基金会财务数据，分别采用模型 1、模型 2 可得 2011 年基金会财务脆弱性（PFV）、财务非脆弱性（NPFV）和不具有判断力三种状况统计表，如表 4 – 3 所示。

表 4 – 3　　2011 年基金会财务脆弱性情况统计

	PFV（家）	NPFV（家）	不具有判断力（家）	合计（家）
模型 1	56	36	48	140
模型 2	25	56	59	140
模型 1、模型 2 结论一致	25	36	7	68

表 4 – 3 显示，在 140 个基金会中，模型 1 预测的 PFV 基金会数量（56 家）显著高于模型 2（25 家），而 NPFV 预测则正好相反，模型 2 预测结果（56 家）又略高于模型 1 预测数量（36 家），两个模型不具有判断力的财务脆弱性预测也不相同，分别为 48 家和 59 家。两种模型预测结论一致的只有 68 家，占有效样本的 48.57%。上述分析表明，两个模型分析的结论存在较大差距，即使某一基金会预测结论相同，也不等于客观趋势与预测结论相符，这需要我们结合 2012—2014 年 3 个年度公益项目支出和净资产变动情况进行验证，以选择适合中国民间组织实际的财务脆弱性预测模型。

---

① Rob Thomas，Richard Trafford，“Were UK Culture，Sport and Recreation Charities Prepared for the 2008 Economic Downturn? An Application of Tuckman and Chang's Measures of Financial Vulnerability”，*International Society for Third – Sector Research*，Vol. 24，No. 3，2013，pp. 630 – 649.

（2）财务脆弱性预测结果验证：以2012—2014年基金会财务数据为样本。根据收集的2012—2014年度财务数据，我们首先剔除了出现年度数据异常值的基金会，包括“本年业务活动成本”为零的3家、本年管理费用小于或等于零的4家、净资产变动额等于零的7家、支付给员工工资等于零的18家、本年投资收益为负值的2家、本年收入累计为负值的2家、上年基金余额为零的2家以及行政办公支出为零的2家，在此基础上，再剔除无效数据组，包括无2011年度财务数据的基金会（2011年以后成立），或虽有2011年度财务数据，但包括2011年度在内少于3个年度财务数据的基金会，实际有效数据110组，并以2011年度财务数据为基数，采用定比计算方法，确定公益项目支出和净资产的变动趋势，2012—2014年数据齐全的基金会，两个（含）以上年度定比值大于或等于1的，确定为上升趋势；反之则为下降趋势。依据上述原则和方法，分别计算模型1、模型2预测结果的准确率，并进行财务脆弱性预测结果验证，如表4－4所示。

表4－4　　　　　　财务脆弱性预测结果实际验证

	PFV	NPFV	合计
模型1	56	36	92
公益项目支出变动趋势相符	26	28	54
相符比率（%）	46.43	77.77	58.70
模型2	25	56	81
净资产变动趋势相符	5	43	48
相符比率（%）	20	76.78	59.26

表4－4表明，除不具有判断力的基金会外，模型1预测了92家基金会的财务脆弱性，占样本数的65.71%，模型2预测了81个，占总样本数的57.86%，公益项目支出（净资产）变动趋势与预测结果相符比率，模型1为58.70%，模型2为59.26%，这似乎表明模型2的预测准确率好于模型1，但是，如果我们结合具有判断力预测比率［（预测基金会数量－不具有判断力的基金会数量）/样本数］就不难发现，模型1略好于模型2，模型1预测准确率为65.71%×58.70%＝38.57%，高于模型2的57.86%×59.26%＝34.29%。事实证明，模型

1 更适合中国基金会财务脆弱性评价，对 PFV 预测更是如此，模型 1 预测准确率为 46.43%，而模型 2 只有 20%，这是因为，在风险与收益的衡量中，人们更关注风险。因此，采用模型 1 预测财务脆弱性，不仅预测效果更好，而且更能够满足人们对基金会财务风险关注的要求。

（3）现阶段我国民间组织财务脆弱性预测：以 2014 年基金会财务数据为样本。截至 2015 年 12 月 16 日，中国社会组织网公布的 2014 年民政部登记管理的基金会工作报告共 117 家，剔除空白工作报告书 12 家，另外，宝钢教育基金会本年累计管理费用 -5571952.25 万元，属于非正常数据，也应剔除，有效数据 104 家。采用模型 1 预测现阶段我国民间组织的财务脆弱性，其预测结果如表 4-5 所示。

表 4-5　　我国民间组织现阶段财务脆弱性预测比较

	PFV	NPFV	不具有判断力	合计
2014 年	46	40	18	104
占基金会总数比重（%）	44.23	38.46	17.31	100
2011 年	56	36	48	140
占基金会总数比重（%）	40.00	25.71	34.29	100

表 4-5 表明，与 2011 年相比，2014 年具有显著财务脆弱性的基金会占样本总数的比重上升了 4.23 个百分点，不具有显著财务脆弱性的基金会占样本总数的比重上升了 12.75 个百分点，不具有判断力的基金会占样本总数的比重下降了 16.98 个百分点。从具有判断力的基金会来看，我国基金会的财务稳健性有所提高，主要影响因素分析如表 4-6 所示。

表 4-6　　2014 年我国民间组织 PFV 与 NPFV 对比分析

		Equity	Admin	Concen	Margin
平均值	NPFV	3.09	0.02	0.76	0.50
	PFV	21.76	0.17	0.81	-2.84
	差异	-18.67	-0.15	-0.05	3.34

续表

		Equity	Admin	Concen	Margin
标准差	NPFV	2.30	0.02	0.17	0.22
	PFV	79.02	0.62	0.17	10.78
	差异	-76.72	-0.60	0.00	-10.56

表4-6表明，第一，PFV组织资产收入比Equity值显著高于NPFV组织，且前者的标准差也大大高于后者，这表明PFV组织至少存在两个方面问题：一是可能违背代际公平原则，净资产积累过多，存在为组织营利之嫌疑，公益收入下降也可能导致公益支出连续下降；二是表明净资产或（和）收入不够稳定。第二，PFV组织admin高于NPFV组织0.15，说明我国法规约束下行政管理费用与财务稳健性关系受到一定影响，呈现出行政费用低反而财务更稳健的特征，表明组织的公信力较高，能够用较少的行政费用筹集更多的资金，实现更好的公益业绩。第三，PFV组织与NPFV组织收入集中度（concen）的均值、标准差的差异均比较小，表明我国民间组织在多元化筹集公益资金方面，无论是PFV组织还是NPFV组织都表现出相同的特征，其中收入集中度concen达到0.76左右，表明我国民间组织在通过资金来源多元化分散风险方面明显不足。第四，NPFV组织收入边际剩余均值（margin）高于PFV组织3.34，且PVF基金会的边际剩余均值为负债，这既说明净收益对财务脆弱性的缓冲作用，也表明我国PFV基金会支出的“刚性”保持稳定。

依据上述分析，与2011年相比，我国基金会财务稳健性总体上有所提高，但PVF组织占比也有所上升，同时不容忽视的是，财务脆弱性只是一种预测、评价民间组织财务脆弱性的指标，基金会财务脆弱性不能代表我国民间组织财务的行业状况和整体状况。即便在美国，非营利组织的行业绩效差异也很大。哈佛大学基廷等①研究发现，

① Elizabeth K. Keating, Mary Fischer, Teresa P. Gordon, Janet Greenlee, “Assessing Financial Vulnerability in the Nonprofit Sector”, Faculty Research Working Papers Series, RWP05-00, The Hauser Center for Nonprofit Organizations, Paper No. 27, John F. Kennedy School of Government, Harvard University, Jan., 2005.

类似中国的基金会的人类服务组织的破产率高达10.5%，其次为卫生相关组织，达7.6%，而教育和其他类非营利组织的破产率分别只有3.5%和3.8%。同时，本书采用的样本数据主要来自民政部登记管理的基金会，它们的公信力、财务稳健性总体上高于其他民间组织，也就是说，我国民间组织的总体财务状况仍不容乐观，需要加强财务管理与监督，才能促进国内民间组织财务更加稳健地发展。

二　增强独立性

我国民间组织的资金缺乏使相当一部分民间组织依赖于政府所提供的运营资金、活动场所、办公设施、人员工资等，导致民间组织自利倾向比较严重，出现了比较普遍的“准政府化”或“行政化”等，原因是多方面的，既有历史的原因，也有现实的因素，而民间组织资金来源渠道狭窄、资源短缺，对资源供给者过度依赖是重要原因。

（一）民间组织与资源供给者分离

受资源供给者影响，民间组织在资源分配、使用与管理方面也会出现失灵。比如，慈善组织的家长作风。由于对捐赠资源的依赖，民间组织自身容易受捐赠人意志的影响和支配，实际上，那些掌握慈善组织经济命脉的人对如何使用资源有很大的发言权，这与民间组织的自主性本质特性背道而驰。

对民间组织而言，自主性不仅是民间组织合法生存的基本要求，还是民间组织其他特性得以实现的基本前提，所以，只有当民间组织具有自主性时，才能称为独立于政府、企业外的第三部门，才能不受资源供给者的约束。然而，民间组织缺乏自主性收入或营利性行为收入，对资源供给者的依赖以及民间组织外在制度环境的不健全等因素，使民间组织自主性开始弱化。

美国有一项调查，在大学研究人员得到烟草公司资助的研究项目中，94%的研究结果发现，被动吸烟不会影响人的身体健康，而在大学教师独立开展的研究中，得到这一结论的比例仅为13%。[①] 在生命

① 阎凤桥：《非营利性大学的营利行为及约束机制》，《北京大学教育评论》2005年第2期。

科学的学术领域中，美国大学也出现了比较普遍的市场主义现象。由于美国在后冷战时期的联邦科技政策是以“竞争性”为取向的，因此，大学内有关生命科学的院系大多向药物学、制药学与生物科技等具有竞争潜力的领域发展，这不可避免地使大学与营利性企业发生相互竞争或合谋等现象。[①] 2013 年，中国上海黄金饰品行业协会组织部分金店垄断黄金、铂金饰品价格，其通过相关行业文件，约定黄金、铂金饰品零售价的测算方式、测算公式和定价浮动幅度，最终被国家发改委处以 50 万元罚款。[②] 行业协会的软肋是要靠所属企业的会费生存和发展，这就使行业协会的决策不得不考虑协会会员的利益。这就要求非营利组织开展营利性活动时必须采取措施来提高参与人员的独立精神。当资源依赖于服务对象的资助或会费时，独立精神与人格就令人担忧，甚至可能被资源供给者操控，使民间组织的独立性荡然无存，资金被营利组织占用甚至蚕食。

资源依赖理论告诉我们，组织可以能动地适应外部环境的变化，即可以采取各种战略行动以减少其对外部环境的依赖和来自外部环境的制约，这充分体现了组织与环境关系中的积极性和主动性。[③] 营利性行为所选择的战略也就成为最小化本组织对资源供给者（包括政府）的依赖程度，或增加其他组织对本组织信赖程度的重要手段。

（二）民间组织与政府脱钩

资金是民间组织实现其服务于公共利益的使命必需的物质条件，而资金的来源除企业捐赠之外，政府部门是其重要的来源。政府能够掌握的民间组织资源的总量、种类（主要包括人力资源、物力资源、财力资源和制度资源）、渠道（政府官员、民意代表、传播媒介、区域性联盟与中介组织）、方式（减免税制度、补助制度、购买服务、

---

① 叶常林、许克祥、虞维华等：《非政府组织前沿问题研究》，中国科学技术大学出版社 2009 年版，第 156 页。

② 包颖：《从中华医学会 8.2 亿赞助费看社会组织市场化运作》，《中国社会组织》2014 年第 17 期。

③ Aldrick, Pfeffer, “Environments of Organizations”, *Annual Review of Sociology*, No. 2, 1976, pp. 79 – 105.

项目合作）等，政府还通过多种管制、税收和补贴来改变非营利机构的行为。民间组织自身所掌握的资源，包括公信力、服务收入、获得资源的能力、公共服务的供应与输送、信息传递与沟通、专业知识、公众支持、正当性的维护等。政府与非政府组织各自所掌握的资源往往会影响两者的互动关系，例如，政府注入的资金越多，对提升民间组织的活动能力及其功能的发挥就越有利，但过多地接受政府机构的委托业务往往会降低民间组织的自主性并导致后者的行政化、官僚化，公信力越好的民间组织，越容易得到大力支持，等等。

“官民二重性”是中国绝大多数非营利组织在实际运作中所呈现的基本特性，在政府权威的不适当干预下，民间组织缺乏独立性，更不用说成为政府和市场以外的第三方力量。例如，我国的行业协会代表的是企业的利益，却要依靠政府的权威，这体现了中国特色的半官半民的非营利组织特性。这种依靠政府的组织形式，固然可以加强政府对非营利组织的管理，但是，也使非营利组织在管理和资金来源方面更依赖政府部门，结果自身的运作效率和经营能力欠缺，一旦政府削减对其的拨款，组织立即陷入无法运转的困境。

尽管各级政府不断地采取措施，实现政府与民间组织脱钩，如河南省发改委、河南省民政厅联合印发《河南省 2017 年全省性行业协会商会与行政机关脱钩工作方案》，2017 年年底前，将完成 215 家全省性行业协会商会与行政机关脱钩改革任务，但如果没有独立性收入，民间组织与政府脱钩就是一句空话。所谓官民二重性，是指非营利组织的行为受到“政府机制”和“自治机制”的双重支配。这就意味着中国的大部分非营利组织常常通过“官方”和“民间”的途径获得社会资源，当然，也必须满足社会和政府的双重需求。于是，在运作中不得不面对政策约束和成本压力，这使非营利组织在运营中遇到“两难”，既不能什么都免费提供，不顾成本，又不能像营利组织一样为了追求利润最大化而不顾其他影响。

非营利组织主要以项目形式每年向政府或基金会申请资助，不仅缺乏稳定性，还会受到各种限制。首先，从数量上看，美国的非政府组织有 40% 左右的资金来源于政府资助，我国的非政府组织有超过一半的资金来自政府，荷兰的非政府组织近90%的资金来源于政府，西欧其他国家的非政府组织有40%的资金来自政府。其次，从结构上看，某些领域中（如卫生保健、社会服务、国际性活动等）非政府组织的绝大部分资金都是来自政府。如果依据联合国制定的比例标准①，全世界的发展中国家甚至发达国家——会有许多非政府组织被认为是不合格的。因此，这个标准并没有得到广泛的认可。②

过度依赖政府资源还存在三种对非营利组织的威胁或“资金挟持”即官僚化、不适当控制、自主性危机。③ 耐普（M. Knapp）等总结为以下三个方面的内容④：

（1）官僚化。例如，财务管理和会计、公文流程、例行性的控制等，这些发展其实与民间组织当初的志愿主义以及互助精神等是相违背的。非政府组织至今仍未能开拓其他替代政府的资金来源，以消除因接受政府补助所造成的额外成本。

（2）不当管制。政府的某些行政业务已经成为非营利组织获得补助的要件之一。例如，政府会审核非营利组织的收支、资源的投入与产出等。这样的管理限制会对非政府组织的运作造成干扰，特别是当一个非政府组织接受一个以上的政府部门补助时，情况将更加严重。

（3）自主性威胁。非政府组织一旦介入政府的公共服务业务中，有可能会被政治力量所左右，从而沦为政府的一个政策执行机构，会影响其独立性、自主性，甚至有可能脱离组织的使命，难以充分发挥政策倡导的功能，更无法满足其服务对象的需求。即使像联合国这样的国际非营利组织也经常受到美国政府的干涉，甚至威胁或直接大幅

---

① 按照联合国制定的标准，如果一个组织一半以上的收入不是来自以市场价格出售的商品和服务，而是来自其成员缴纳的会费和支持者（由于NGO或NPO的非政府性，因此，其支持者就不包括政府在内）的捐赠，就是非政府（非营利）组织。

② 叶常林等：《非政府组织前沿问题研究》，中国科学技术大学出版社2009年版，第25—26页。

③ 谢蕾：《西方非营利组织理论研究的新进展》，《国家行政学院学报》2002年第1期。

④ Knapp，M.，Robertson，Thomason C.，“Public Money，Voluntary Action：Whose Welfare?” In Helmut K. Anheier，Wolfgang Seibel，*The Third Sector：Comparative Studies of Nonprofit Organizations*，Berlin：Berlin de Gruyter，1990，pp. 183 - 218.

度削减联合国经费。①

只有收入稳定，组织才能实现良性循环，更好地走可持续发展之路，其服务大众、支持公益的良好组织形象才可能长期存在。营利性行为获取的财务资源可能比政府拨款和社会捐赠更可靠，且组织目标不会受到资源供给者的影响。如果只依靠政府和社会“施舍”来维持运转，就无法摆脱财务上的资源依赖心理，可能会丧失许多改善资金状况的机会。

三 崇尚自助

“授人以鱼，不如授人以渔”，这个古老的智慧用于公益慈善的救助对象乃是至理名言。公益机构从简单的捐钱、捐物，转型到帮助受助者获得经济自立的技能，是慈善的更高境界。

向受益人收取部分费用可能是营利性行为最具争议的问题之一，然而，慈善家的理念正在使人们的施舍观念得到变化。中国传统文化中早就有“授人以鱼，不如授人以渔”“助人自助，自助者天助”的思想；美国慈善家卡耐基在《财富的福音》中给富人的忠告是：“与其给一个人施舍，不如帮他攀上通往生活之峰的梯子”；洛克菲勒则认为，“从财富中获得快乐恐怕就是源自帮助他人的能力”。也就是说，营利性行为收取受益人的部分成本费用的目的是让人有机会自力更生、依靠自己的力量站起来，不使受益人产生依赖心理。

杰奎琳·诺沃拉茨兹于2001年发起创立了公益创投基金“聪明人基金”，其宗旨是“利用市场导向的手法，建立解除贫困的蓝图”。他们的投资对象包括印度的深层灌溉系统、坦桑尼亚的防疟疾床罩，以及巴基斯坦的低利率房贷。与传统慈善机构不同之处在于“聪明人基金”更像一家创投公司，专门寻找能解决贫困问题的小型企业，注入一笔资金，并提供专业的组织管理和基础建设咨询。“格莱珉达能”这个项目以商业公司的模式构建和运行。当地穷人从格莱珉银行贷款养奶牛，然后将牛奶卖给在同一地区的达能工厂。工厂将以当地穷人能够承受的价格出售产品给穷人，而这些穷人中的大多数，还会被工

---

① 《美要大幅度削减联合国经费》，《参考消息》2017年12月28日第3版。

厂雇用，其中，还包括残疾人，从而在供应、销售和就业三个核心环节上最大限度地帮助穷人。“格莱珉达能”将企业利润率控制在0%—15%，并将99%的利润用于再投资，以帮助更多的人，股东只保留1%的利润。[①] 无论“聪明人基金”还是“格莱珉达能”都强调“尊严”的重要性，让人有机会自力更生、依靠自己的力量站起来，而不只是单纯接受施舍。这种创新的做法强烈地触动了传统公益界和金融投资界，让人们发现：“原来公益事业可以这样做。”[②]

---

① 张兵武：《公益之痒：商业社会中如何做公益》，北京大学出版社2011年版，第48页。

② 同上书，第56页。

第五章　民间非营利组织营利方式与营利强度

第一节　营利方式

营利方式是指民间组织的营利手段或营利路径。财政部于2004年发布的《民间非营利组织会计制度》对民间组织的收入界定是："民间非营利组织开展业务活动取得的、导致本期资产增加的经济利益或者服务潜力的流入。"收入分为捐赠收入、政府补助收入、会费收入、提供服务收入、投资收益、商品销售收入等主要业务收入和其他收入等。其中，捐赠收入、政府补助收入和会费收入称为民间组织的传统收入，一般都是免税收入，如我国规定，"自2016年5月1日起，社会团体收取的会费，免征增值税"。[①] 而"提供服务收入、投资收益、商品销售收入和其他收入"乃是民间组织的非传统收入或营利性收入，与营利性收入相对应，形成服务收费、资本市场投资、商品销售等几种典型的营利方式。民间组织的不同营利性行为方式产生的社会效应与经济效应也不完全相同。综合国内外已有实践，民间组织的营利方式除《民间非营利组织会计制度》提到的几种典型营利方式外，还包括其他一系列营利方式。

一　自营利

自营利是民间组织依托公益项目开展营利性活动，并独立获取收

---

① 财政部、国家税务总局：《关于租入固定资产进项税额抵扣等增值税政策的通知》（财税〔2017〕90号），2017年12月25日。

益的行为。其营利方式主要包括以下六种：

（一）公益服务收费

有人认为，民间组织不以营利为目的，其向社会提供服务应该是免费的，或是仅收取一小部分不足以补偿成本的服务费用。如在中医盛行的晚清，中医看病挂号费从几十元到几百元不等，但当时的雅礼医院（今天“湘雅医学院”的前身）的挂号费是50文（只相当于美国的两美分）。因为来雅礼医院就医的，大多是试过各种中医药方无效的病人，或者是收入较低的民众。但是，民间组织提供业务领域内的服务与商品需要投入一定的人力、物力，这种活动也有价值补偿问题，从这个意义上说，也是一种市场交易行为。

民间组织在向社会提供服务时，适当收取超过成本的费用，来维持运作或发展是其更好地、持续地为社会公益提供服务的有效途径，否则，民间组织将难以为继。中国台湾“爱心面馆”倒闭就是最好的证明。据中国台湾媒体《自由电子报》2017年12月26日报道，中国台湾省屏东市里长（相当于大陆城中村村委会主任）林群雄与亲友集资250万元新台币开设的“春风满面”，宗旨不是为了赚钱，而是为了传递爱心。一碗面卖50元新台币（约为人民币11元），若有弱势人士需食则不收取费用，提供贫困人士一餐温饱。不料，爱心竟被民众滥用。有人天天上面馆食用不付钱，还有人要求打包回家。才开张一年竟被吃倒了，没能撑到原先预定的两年。[①]

因此，服务收费已成为民间组织主要和稳定的资金来源，民办非企业单位更是如此。服务收费甚至有少量盈利都是必要的，每个民间组织一定要在规划中安排一些活动来创造利润。这些活动包括受益人付款的项目，但项目价格在维持一定利润空间的同时还要顾及受益人的承受力。民办非企业单位所从事的大量社会服务活动是以等价有偿为特征的。非营利民办学校、私营医疗机构、健身场所、劳动技能培训中心等，它们向社会提供服务并收取费用，服务收费不仅对单个的民间组织，而且对整个非营利组织群体而言都非常重要。民间组织服

---

① 转引自凤凰网，http：//news. ifeng. com/a/20171226/54537157_ 0. shtml。

务收费，主要包括两个方面：一是经营性质的社会服务收费，如民办医院收费；二是会费，如行业协会会费。民间组织的服务具有市场价值就可以收费。大量的理论和实践证明，社会组织采用服务收费的营利方式能够有效地缓解资金不足，并更好地达成组织的宗旨。

服务收费的原因主要有以下四个方面：

1. 提升产品质量可信度

如果一个民间组织想争取到尽可能多的受益对象，它的服务收费就要低廉一些甚至提供免费服务。但是，潜在的受益对象也许会把低价格看作服务质量差的体现。如果受益对象无法判断民间组织产品或服务的质量，则常常将价格作为衡量产品质量高低的标准。低价格给人一种产品或服务质量差的印象，而高价格则使顾客认为产品质量或声誉很高。如果是免费的，顾客对产品可能并不在意，甚至对免费服务能否达到预期效果也常常表示怀疑。人们的依据是："因为是免费的，所以质量不好。"免费的产品可能一直被放在橱柜里甚至扔掉，而那些付费产品反而有可能被消费掉。有人在拜访非洲贫困国家的一户穷困家庭中，发现这户家庭的后房里放着几个床网，这些床网被认为"可能质量不太好，因为它们是免费的"。①

2. 减少外部性

在市场经济条件下，价格是影响消费者购买行为的重要因素。因此，价格高低必须适中，民间组织的收费更是如此。如果价格定得太低，消费者会产生一种"免费午餐"的感觉，一方面，会产生无节制的需求，从而造成社会资源的大量浪费；另一方面，又会造成服务供给的严重不足，影响社会经济的可持续发展。当个人无须对自己的行动的全部结果支付费用时，外部性就会产生。外部性常常可以通过产权的适当安排得到解决。产权能够赋予特定的个人控制某些资产，从而得到财产使用的权利。只要个人或企业从事的行动对另一个人或企业有影响，后者并没有因此付费或收费，那么我们就说外部性存在。受外部性影响的市场结果是低效率的资源配置。很多民间组织寻求一

① Jeffrey Sachs, *The End of Poverty*, London, England: Penguin Books, 2005, p. 276.

个能够帮助它们“合理”回收部分成本的价格，并期望纳税人、捐赠人能够承担剩余的成本。

3. 增加受益对象数量

很多民间组织提供的服务是有理由收费却总是不收费或象征性收费，隐含的意思是不必让受益者承担责任，表现为一种父爱主义，似乎提供服务收费违背了民间组织利他主义（免费）的公共服务角色。其实，能够收费也代表着一种公益价值的提升，说明受益者觉得服务是值得购买的，向受益人收费还可以维护受益人的自尊心，防止受益人的长期依赖。同时，至少原则上存在某种形式的市场干预能使有的人境况变好而不会使任何人境况变差，即能实现帕累托改进。更重要的是，民间组织服务收费的本质并没有很好地从战略角度被理解，很多人在价格层面做了研究工作，但并没有看到服务收费作为一个整体战略可以使影响力和财务可行性最大化。以公立高校为例，虽然很多知名高校如今仍在积极地吸纳民间捐赠，但对于大部分中国高校来说，政府的资金支持都成为其发展的主要资金来源。如今已经不再仅提供精英教育的中国高校，迅速扩招所需的资金不得不由获得教育的学生自己来支付一部分。没有高校收费制度，我们很难想象今天中国高校大众化的实现。

4. 促进社会公平

在一项“谁为图书馆服务付费”的研究中，韦弗指出：“公共图书馆实际上是将穷人的收入分配给社会中比较富裕的人。”[①] 该结论的理由是穷人很少利用图书馆，并且图书馆的运营费用一般来自税收。穷人为不穷的人缴纳了图书馆的费用。当然不能否认，也有相反的情况，例如，城市公园和福利事业就是富人为穷人缴税。我们所提倡的社会公平概念是这样的：无论在什么情况下，公共（延伸为非营利）服务不应该将穷人的财富转移给富人。公共图书馆的例子中，达到社会公平的方法是向图书馆使用者收取费用，比如，提高较高收入阶层

---

① Frederick S. Weaver and Serena A. Weaver, “For Public Libraries the Poor Pay More”, *Library Journal*, February 1, 1979, pp. 325 – 355.

常常使用的服务项目的收费。因此，对一些中高收入收取一些图书馆费用是应当的。

（二）差异化收费

很多民间组织都赞同增强公民社会地位平等的政策。具体来说，为了实现社会平等，它们常常主张富人多出钱，穷人少出钱。因此，可以根据目标受众的收入情况，制定不同的收费策略，获得不同的营利强度，即差异化收费。所谓差异化收费，是根据受益人经济收入确定收费标准的收费方式。如印度的亚拉文眼科关爱中心，通过赚取富人的医疗费来补贴穷人的医疗费，并维持医院自身的运营。我国《关于进一步规范行业协会商会收费管理的意见》也允许设置不同会费档次，“一般不超过 4 级，对同一会费档次不得再细分不同收费标准”。[①] 这种模式既能让公益事业得到源源不断的资金，又能不断扩大组织规模，造福更多穷人和收益不高的行业会员。如果只是单一地依靠捐赠，受益人数有限，民间组织也很难持续地运转下去。差异化收费模式运营较好的组织通常都对它所服务的市场（对潜在付费人群的需求以及区域竞争者的本质）有较好的了解。这里要说明的是，国内相当多的民办学校按考生入学成绩而不是家庭经济收入确定收费标准，医院根据医生医疗水平确定挂号费，并没有造福低收入人群，与本书差异化收费的公益宗旨背道而驰，因而排除在本书的差异化收费之外。

当然，一定要有项目是盈利的，这样，既可以资助有亏损的项目继续运行，又还可以建立现金储备和营运资金。实际上，民间组织业务模式的本质就是一些活动会产生利润而另一些则会赔钱。[②] 很多情况下，较低的收费价格可以刺激较高的使用率和带来更多的长期收入。温伯格提倡剧院降低票价，因为这样可以有更多的观众，最终会

---

① 国家发展改革委、民政部、财政部、国资委：《关于进一步规范行业协会商会收费管理的意见》（发改经体〔2017〕1999 号），2017 年 11 月 21 日。

② ［美］珍妮·贝尔、简·正冈、史蒂夫·齐默尔曼：《非营利组织可持续发展：基于矩阵模型的财务战略决策》，刘红波、张文曦译，华南理工大学出版社 2016 年版，第 21 页。

有许多观众成为剧院的捐赠者，这部分资金可以充分弥补低票价的差额。[①] 从财务视角看，温伯格的建议还可以降低单个观众的固定成本（如剧院建筑物和设备的折旧、员工的固定工资），从而提升剧院的利润或减少亏损。差异化收费正是这一设想的具体实践。

政府把资源从一个群体（比如富人）转移给另一个群体（比如穷人）的做法是对富人课税，对穷人补贴，这样做，通常干预了经济效率。在这种情况下，富人可能不太努力工作，因为他们的努力所获得的回报不大；与此同时，穷人也不太努力工作，因为努力工作有可能使他们失去受益资格。[②] 但将这一理论应用于民间组织差异化收费可能并不如此。从边际效应递减原理看，多收富人 1 元失去的效用小于穷人得到 1 元增加的效用，从而使受益人总效用增加；从价格敏感性来看，富人是对价格不敏感的消费者，需求弹性较小；穷人是对价格敏感的消费者，需求弹性大。哈佛大学哲学教授约翰·罗尔斯（John Rawls）认为，社会福利只取决于境况最差的人的福利。在他看来，社会福利反映的只是境况最差的社会成员的效用，不存在权衡取舍。如果穷人比富人的境况差，那么只要能增加穷人的福利，就会增加社会福利，这就是罗尔斯主义。

除关注差异化收费的经济效果和效用以外，人们还关心差异化收费的公益效果。帕累托原则指出，我们应该选择那些至少可以使一些人境况得到改善而没有人境况变差的资源配置。帕累托原则指出，如果一些人的效用增加，而其他人的效用没有下降，那么社会福利增加。社会愿意以一个群体的效用减少换取另一群体的效用增加。

差异化收费存在的风险，一是容易将项目服务的对象转变为高收入人群，而这些人并非组织宗旨和使命指向的受益人；二是高收入人群流出让民间组织财力入不敷出。下述假设案例也许能够帮助我们理解差异化收费项目中风险和收益的相互关系。设想一个民营医院的体

---

① Charles Weinberg, "Marketing Mix Decision Rules for Nonprofit Organizations", in Jagdish Sheth (ed.), *Research in Marketing*, Vol. 3, Greenwich, CT: JAI Press, 1980, pp. 191 – 234.

② ［美］约瑟夫·E. 斯蒂格利茨：《公共部门经济学》（上），郭庆旺等译，中国人民大学出版社 2015 年版，第 84 页。

检中心，在统一检查项目的前提下，根据客户的支付能力设定差异化收费价格：低收入客户每次体检支付100元，而那些高收入人群则需要支付500元。让我们先假定体检中心接受体检的成本是每人每次300元。如果每年体检的低收入客户和高收入客户人次相等，在不分摊管理费用、营销费用、财务费用等期间费用的前提下，体检中心收入与变动成本相等，即边际利润为零。如果体检中心每年体检的客户总人次不变，若低收入人群体检人次比例高于高收入人群体检人次，体检中心每年必须向低收入客户提供经济补助，且低收入人群体检人次比例高于高收入人群越多，体检中心边际亏损就越大。如果营利组织（如以营利为目的的体检中心），开始以更高的价格提供高端服务，会将体检中心处于浮动价格高端的人群吸引过去。这样一来，体检中心要提供的补助资金就更多了。相反，如果体检中心只关注那些高消费人群，而体检中心的使命又是为低收入人群服务，那么体检中心的公益性就会减弱。因此，差异化收费价格必须努力寻求价格平衡点。

（三）承接政府购买服务

政府购买公共服务是指政府将原来直接提供的一些公共服务项目，通过直接拨款或公开招标的方式，交给有资质的社会服务机构完成，根据择定者或者中标者所提供的公共服务的数量和质量（绩效）来支付费用。①

20世纪80年代以前，西方国家包办卫生保健和社会服务，称为“福利国家模式”，政府是社会公共服务及公共产品的直接生产者，而20世纪80年代之后，人们发现，政府直接提供社会公共服务存在许多弊端，如官僚主义、低效率、缺乏回应性和人性关怀等，英国、美国等西方发达国家将竞争引入公共服务领域，将公共服务生产委托给民间组织，根据“费随事转”的原则，通过契约、合同等方式，把公共服务职能转让给民间组织，由此导致了民间组织经费模式的变化。因此，随着公共服务市场化改革的深入，原来由政府承担的社会福利

① 王浦劬：《政府向社会组织购买公共服务研究》，北京大学出版社2010年版，第4页。

职能和提供的公共服务转移给民间组织。

萨拉蒙曾提出了委托政府的理论，即政府为实现自己的社会目标而将提供公益服务的职能委托给非政府组织来执行，民间组织的行为“总是自觉或不自觉地以政府为基础，在提供公共服务的问题上也倾向于以政府的名义或以政府委托的名义进行”。[①] 政府与民间组织之间存在一种依据各自比较优势的分工，以使双方各自发挥自己的优势，扬长避短，达到“1+1>2”的效果，即政府负责资源动员，非营利组织负责提供服务，政府希望利用民间组织的专业技术和人力资源优势，有效地提供公共服务。实践证明，政府购买民间组织服务的模式能够有效地提高公共服务效率和效果，也为民间组织提供了发展的平台，并且促进了政府职能的转变，降低了行政成本。

中国的事业单位接受政府资助并提供服务实际上也是一种政府购买非营利组织服务的行为，但事业单位受政府控制比较严，理论上与政府是平等的，但事实并非如此，且购买服务的资助方式按时间进度进行，与具体公益项目及其绩效无关。相比较而言，承接政府公益项目的民间组织虽然也与政府关系密切，但那是一种平等的合作伙伴关系。在这种关系下，民间组织并不动用政府的权力体系，而是依靠自身的能力获取资源并赚取利润，在公益服务过程中，政府不会过多干预，但民间组织需强化自身的战略管理能力和提高运作效率。

自20世纪80年代末以来，新公共管理浪潮在世界范围内兴起，奥斯本和盖布勒还提出了企业家政府概念，认为政府的职能是掌舵而不是划桨，应该让公民参与政府对公共服务的提供。[②] 民间组织参与竞争政府购买公共服务不仅是组织营利性行为的方式之一，也是公民参与政府对公共服务的提供方式之一。

中国政府向民间组织购买公共服务还处于初级阶段，购买方式主要分为三种：一是合同制。由政府与民间组织签订合同，根据合同约

---

① 郭道久：《第三部门公共服务供给的“二重性”及发展方向》，《中国人民大学学报》2009年第2期。

② 戴维·奥斯本、特德·盖布勒：《改革政府：企业家精神如何改革公共部门》，上海译文出版社2006年版，第89页。

定，政府向民间组织支付费用，由民间组织承接合同规定的特定公共服务项目。二是直接资助制。政府对于承接公共服务职能的民间组织给予一定的资金、物质、政策支持。三是项目申请制。政府设计特定目标项目，面向社会招标，中标者根据项目要求提供服务，或者由社会组织根据需求，主动向政府有关部门提出申请立项，通过评审后，以项目方式予以资金支持。如为了进一步保障留守儿童权益，江苏省经过严格的招标程序，最后从全省123家投标的民间组织中，筛选出了47家，并与其签订了服务协议。项目由省财政安排1500万元专项资金，用于向民间组织购买服务。具体包括五个方面：负责开展落实家庭监护主体责任；开展生活照料、学习教育帮扶；开展加强心理关爱服务；开展安全、法治教育服务；加强对“女童保护”的教育宣传等。①

2013年9月26日出台的《国务院办公厅关于政府向社会力量购买服务的指导意见》在“改革创新，完善机制”基本原则中提及“坚持与事业单位改革相衔接，推进政事分开、政社分开，放开市场准入，释放改革红利，凡社会能办好的，尽可能交给社会力量承担”。正因为如此，向民间组织购买公共服务已成为中国政府的一种普遍做法，但在实践过程中也存在诸多问题：各种资质的认定，导致购买行为的“体制内循环”，民间组织成为政府的延伸；对服务承接的渴求，使民间组织缺乏足够的话语权，购买行为多表现为单向合作；购买的标准和内容不清晰，政府责任较为模糊，双方地位不平等；购买程序规范程度较低，合作过程随意性较大，甚至存在腐败行为；服务绩效评价和监管体系缺失，服务成本难以控制，服务质量难以保证；缺乏公众信任，购买过程形成额外成本②，甚至有少数民间组织利用政府监管不力的漏洞，骗取国家财政资金。如违背“非分配约束”原则，向出资人分配红利；没有利润表和利润分配表，政府和社会公众不知道其盈利程度，也不知道其盈利用途，加上部分政府和非营利机构无

---

① 项凤华：《江苏投入1500万购买服务关爱22万农村留守儿童》，《现代快报》2017年11月11日。

② 王浦劬：《政府向社会组织购买公共服务研究》，北京大学出版社2010年版，第25—30页。

原则地保守所谓的运营秘密，导致社会公众无法知晓和监督民间组织的营利性行为。当然，政府购买民间组织公益服务价格必须是含利价格，服务定价的原则是采用成本加成法，即在保证质量的成本基础上，加上一定的毛利，以保证民间组织"有利可图"，否则，扩大承接政府服务数量，提高承接服务质量就难以实现。

（四）商业化投资

微软公司创办人比尔·盖茨宣布退休后在《时代》杂志发表专文《让资本主义更有创意》，文章指出："资本主义改善数十亿人的生活，却把更多人遗留在贫穷中。协助穷人，政府和非营利组织的地位无可取代，但单靠它们需要太长时间。能利用创新科技帮助穷人的，主要是企业，而要充分利用企业的能力，需要一种更有创意的资本主义，将市场力量延伸，使企业既能帮助穷人，又能获利。"郑国安等也指出："由于争夺资金的激烈，非营利组织接受赞助、捐赠等合理收入的难度变得越来越大，所以，从事商业活动是必不可少的。也就是说，非营利组织既要把公益服务作为自己的总目标，也要把从事商业活动求得生存作为自己的目标。"① 徐永光是国内公益市场化最早的倡导者之一。他呼吁用市场化的思维和原则来运营公益事业，反对用"无私奉献"的传统道德观念绑架公益的模式，也反对慈善成为行政功能的一个分支。但"民间组织必须摆脱单纯依赖慈善捐助的运行方式，转向采用私营部门中常见的商业运作方式"。② 面对成本增加，捐赠和资助减少，以及越来越多的营利性组织逐渐进入社会服务领域等严峻形势，民间组织的商业化逐渐成为一种矛盾却又必然的趋势，世界各国的民间组织都在积极寻求通过商业化的渠道筹资，以维持组织的运作和使命的达成。

企业的商业投资是为了创造利润，民间组织进行商业化投资主要是为了创造收入以便支撑组织持续开展公益事业。如美国非政府组织

---

① 郑国安等：《国外非营利组织的经营战略及相关财务管理》，机械工业出版社 2001 年版，第 19 页。

② ［美］J. 格雷戈里·迪斯等：《企业型非营利组织》，北京大学出版社 2008 年版，第 1 页。

的资金，平均有50%来自经营收入，有的甚至有高额盈利。[①] 民间组织在其实现社会使命的业务活动之外开展商业性的经营活动取得的收入，可以成为其重要的资金来源。目前，民间组织对许多商业性投资的收益日益依赖，这使萨拉蒙得出以下结论：非营利组织不仅发生了结构性的变化，而且根本性地企业化了。[②] 大量理论与实践都证明，将企业化管理模式移植到民间组织的管理上能够促进民间组织的持续运作。

商业化投资的方式主要有以下两种：

（1）民间组织建立工商企业。有些民间组织的创始人认为，只靠社会捐赠是不够的，还要形成自我“造血”机制，其主要方式之一就是创办自己的企业，通过经营企业为非营利事业赚钱。在很多情况下，商业化投资由民间组织或创始人进行控股，以确保民间组织使命不变。例如，黄华在2008年1月成立了贵州一生一世慈善互助会，为了给慈善互助会提供持续不断的资金来源，以解决社会捐赠不稳定问题，他又成立了刘大姐食品公司。慈善互助会的运营经费由公司的利润支付，并提出不再接受社会捐赠。采取类似模式的社会企业也有不少，如郑州的若木书院是一家纯公益的图书馆，为了获取持续的收入，其创始人又创办了一家眼镜商店，其利润用于支持图书馆的发展。

（2）工商企业建立非营利组织。商业企业将自己的利润用于支持公益，如残友集团成立了郑卫宁慈善基金会，郑卫宁在向基金会捐赠个人股权之后，实现了郑卫宁慈善基金会控股残友集团；再如我国台湾的喜憨儿烘焙坊也是如此。据清华大学慈善研究院副院长邓国胜介绍，喜憨儿烘焙坊已经有30多家连锁店、年收入近5亿台币，并且带动了大量喜憨儿就业问题，这些都是一种可复制的模式。

尽管国外已经开始倡导公益组织自身的发展不能完全依赖于外界

---

① 郭剑平：《非政府组织参与社会救助的理论与实证分析》，山东人民出版社2013年版，第161页。

② ［美］萨拉蒙、索科沃夫斯基等：《全球公民社会》，库马力安出版社2009年版，第110页。

捐赠，要通过一些方式让自身运转起来，能够自给自足，要实现自己“造血”，因为单靠外界捐赠是不稳定的、不可持续的，也是有限的，不能扩大组织规模。所以，国外已经有更多人开始赞同公益要自己运转起来。[①] 但是，国内一谈到公益慈善就不能与商业有关联、不能有盈余等，因此，国内民间组织在追求商业化的过程中，要面对经营和文化两方面的挑战。强烈的社会文化要求民间组织改善它们的服务理念，防止演变成社会大众头脑中的“企业”。正因为如此，民间组织采取更加商业化的经营手段时，都会表现得瞻前顾后、犹豫不决。在最坏的情况下，商业化投资可能会使民间组织参与的项目运作背离其社会使命，违背公共价值观。民间组织必须坚持其非营利的社会使命，项目运作是为公益事业或为组织生存服务的，商业化投资不能以利润作为其最终的目标。彼得·德鲁克认为，非营利组织在运作管理上堪称企业的楷模，因为它们不靠“利润驱动”，而凭借“宗旨”凝聚和引导，使运作管理具有更加实质性的内容，同时也向管理者提出了更高的要求。

因此，民间组织的思想和理念必须解放，将商业化投资作为重要的营利方式。

当然，民间组织商业化投资必须注意控制风险。对一个营利性公司来说，由于它们可以通过多元化经营分散风险，所以，提供服务的成本相对较低，因而它可能会以低于民间组织的价格提供服务。针对这一情况，民间组织需要将注意力放在成本和保证服务供给上转变为放在成本和保证服务质量上。

非营利组织的宗旨是为社会公益服务，而不是赚取高额利润。民间组织的活动领域一般都涉及社会大多数人或某一部分人的共同利益，所以，民间组织在进行商业化投资时，应保障其资产的安全性。李本公认为，非营利组织的资金运作应力求安全、无风险，非营利组

---

① 邓国胜：《社会创新的三点趋势、三点不足》，《公益时报》2014 年 2 月 11 日。

织的经营活动领域应该是风险比较低的领域。[①] 其实，任何一个经营领域都存在风险，我们不能绝对地说，经营饭店就比经营高科技企业所冒的风险要小，关键在于风险责任的承担。如果投资者将投资的数额限定在一定数量之内，并且对该投资的风险承担有限责任，那么，法律就不应该对投资的领域加以过多限制；如果投资者对其投资承担的是无限责任，就应该对投资领域进行严格限制。因此，有限责任公司应当是民间组织商业化投资的企业组织形式。

（五）销售商品

民间组织在使命范围内销售产品的同时获得收入，以弥补公益资金不足。例如，我国有不少民间组织在网上开店和出售实物产品，还有些在网上销售虚拟物品，如中国扶贫基金会的“白雪可乐”、动物保护组织的虚拟粮食等。

非营利组织在使命范围外销售产品只要不违背其非营利宗旨，同样是可行的。如劳伦·布什（Lauren Bush，美国前总统老布什的孙女）创建了营利组织 Feed，她在 2013 年一次访谈中说，“傻瓜才会做没有回报的慈善。买个时尚的包包一样可以让世界变得更好”。Feed 销售简单环保的手提袋，将所得利润用于帮助卢旺达的贫困孩子买学校餐点。当被问及为什么 Feed 被认为是一个把利润用于捐赠的企业，而不是一个传统的慈善组织的时候，劳伦·布什说：“与其到处追着别人求他们捐钱，不如通过销售产品来筹款……仅仅靠煽情是不够的，人们还需要买到实际的产品。”对那些既需要包包又想要做慈善的人来说，Feed 同时满足了他们精神上和物质上的两个需求。国际发展机构“救救孩子”也出售一系列男士领饰，通过商品销售减少其对捐款的依赖。

（六）参与市场竞争

在 20 世纪 70 年代，只有政府和企业才被视为市场经济的一部分，但是，到了 20 世纪 80 年代初，经济学家就开始将非营利组织视

---

① 参见李本公《就〈基金会管理条例〉相关政策和问题解答》，《长城在线》2004 年 3 月 20 日。

为市场经济的一个主要组成部分之一。① 主要原因是随着社会责任观念的深入，企业也参与非营利活动，这就使民间组织与营利组织在非营利领域的竞争公开化、正常化。美国经济学家伯顿·韦斯布罗德（1974）指出，现代经济社会的非营利组织越来越倾向于商业化发展模式，更多地参与到企业的竞争中去。② 据 C. 克莱尔和 C. 伊斯特（C. Clare and C. Estes）测算，尽管非营利组织在健康照顾领域仍然保留大约 2/3 的市场份额，但美国在 1977—1996 年，在医疗和健康领域，几乎所有的增长部分却都被营利性公司所占有，与此同时，营利性公司还在幼儿福利、日常照顾、医药救助等社会服务领域大大拓展了其市场份额。③

市场法则对于民间组织来说是陌生的，在其传统的价值导向与市场经济的利润导向之间也存在着矛盾，因此，民间组织在竞争中显然不具有优势。成为一个竞争性的市场主体，意味着民间组织必须遵守市场法则的刚性约束、在市场竞争中求生存。非营利组织以业余志愿者为主体的人员构成，显然不足以应对市场竞争的需要。在市场化条件下，非营利组织必须进行组织结构、人员构成、目标导向甚至意识形态等方面的变革，否则就难以在竞争激烈的市场经济中生存和发展。现实告诉民间组织，参与市场竞争是不可避免的。如《国家发展和改革委员会所属行业协会收费公示表》④ 显示，国家发展和改革委员会所属行业协会的咨询费、培训费、广告费、展览费、咨询课题费、交流考察费、资料费、服务费等已实行市场定价，参与市场竞争。采用市场化运作模

---

① Hammack, D., Young, D., *Nonprofit Organizations in a Market Economy*, Jossey - Bass: San Francisco, California, 1993, p. 399.

② Weisbrod, Burton, *Toward a Theory of the Voluntary Nonprofit Sector in Three—Sector Economy*. In E. Phelps eds. , *Altruism Morality and Economic Theory*, New York: Russel Sage, 1974.

③ Clare, C., Estes, C., "Sociological and Economic Theories of Markets and Nonprofits: Evidence from Home Health Organizations", in *American Journal of Sociology*, No. 97, 1992, pp. 945 - 969. 以及 Geen, R., Pollak, E., *The Changing Role of the Nonprofit Sector in Providing Child Welfare Services in Maryland*: *The Potential Impact of Managed Care* in Crossing the Borders, *Working Paper*, Independent Sector, Spring Research Forum, Independent Sector, 1999, pp. 229 - 248.

④ 中华人民共和国国家发展和改革委员会公告（2017 年第 12 号）。

式对于提高民间组织的效率已经为理论和实践所认可和证实，因此，民间组织的市场化运行是我国公共服务市场化的客观需求。

（七）其他自营利方式

其他自营利方式是指除上述主要营利方式以外的其他增加民间组织财务资源的方式，如确实无法支付的应付款项、存货盘盈、固定资产盘盈、固定资产处置净收入、无形资产处置净收入等。

二 共营利

共营利是民间组织与利益相关者依托非营利平台或公益项目共同获取收益的行为。具体包括以下六种方式：

（一）与营利组织合作

一些学者从资源依赖视角分析组织之间的联盟与合作，结论普遍认为，资源依赖是跨部门合作的重要原因。汤普森（Thompson）将资源依赖性分为外生依赖和内生依赖，前者来源于对方资源的稀缺性，后者来源于双方资源的内在关联性。[①] 正如 Das 和 Teng 所指出的，组织合作的基本原理是组织资源创造价值的潜力；组织资源的某些特征促进了合作的形成和良好绩效的产生。[②] 在合作关系中，合作双方越需要对方的资源，就越有利于双方发展为亲密的、互益的、长期的伙伴关系。[③]

面对竞争激烈的市场，营利组织寻求与民间组织合作已逐渐成为履行社会责任的新战略。[④] 例如，生产商可能与一个民间组织联合促销一种新产品，生产商提升了自己的社会责任形象，让消费有值得依赖的印象，从而促进产品销售；而民间组织则获得了销售收入的部分

---

① Thompson, J. D., *Organizations in Action Social Science Bases of Administration*, New York: McGraw Hill, 1967.

② Dastk, T. K., Teng, B. S., "A Resource - Based Theory of Strategic Alliances", *Journal of Management*, Vol. 26, No. 1, 2000, pp. 31 - 61.

③ Holmess, Smart P., "Exploring Open Innovation Practice in Firm - Nonprofit Engagements: A Corporate Social Responsibility Perspective", *R&D Management*, Vol. 39, No. 4, 2009, pp. 394 - 409.

④ Seitanidi, M. M., Crane, A., "Implementing CSR through Partnerships: Understanding the Selection, Design and Institutionalisation of Nonprofit - Business Partnerships", *Journal of Business Ethics*, Vol. 85, No. 2, 2009, pp. 413 - 429.

收益。一家名为“Product（Red）”的企业是一个市场营销型合伙企业，它与全球知名品牌Gap、苹果和星巴克合作，推出相关产品，然后将部分销售利润捐给旨在帮助非洲防治艾滋病、疟疾和肺结核的全球基金。Product（Red）董事长塔姆辛·史密斯（Tamsin Smith）说：“我们不是慈善，而是一种商业模式。”[①] 事实表明，并不是所有的营利组织都是唯利是图的。它们在赚取利润的同时也在履行自己的社会责任，并依靠社会责任的履行提升企业形象，从而促进利润增长。美国最大的银行——富国银行在美国总统特朗普签署减税法案后，宣布向20万名雇员分别支付1000美元的奖金，并将最低工资提升至每小时15美元，较之前的13.5美元提升11%，2017年还将向社区和非营利组织捐款4亿美元，并从2019年开始，将其税后净利润的2%用于慈善事业。

由于企业应当承担的社会责任与民间组织的宗旨和使命存在交叉及重叠，使民间组织与营利组织合作有了契合点或交点。正因如此，企业越来越希望通过与民间组织的合作，支持公益事业，以建立良好的公众形象，从而扩大知名度，提升企业的竞争力；而民间组织也希望通过与企业的合作，作为政府的补充或替代[②]，获得公益资金，最终实现组织的公益目标。

民间组织要长期生存并获得发展，必须了解组织自身的特征、知名度、影响客体、社会形象、商业价值等，主动出击，与营利组织发展合作关系，建立以公益事业为目的的营销联盟。同时，民间组织要了解企业组织的产品、市场占有率、存在问题和所关心的事务，在自己的兴趣和营利组织的兴趣之间找到共同点，采取一系列的行动，使合作的双方受益。民间组织完全能够与营利组织合作实现“双赢”，不仅有利于企业履行社会责任，也能够实现民间组织公益资源的增加。但必须保持独立性，如××民间组织与企业签订合作协议书，本

---

① 李琪：《反思慈善市场化：非营利的未来是营利》，《公益时报》2015年9月15日。

② Viravaidya, M., Hayssen, J., *Strategies to Strengthen NGO Capacity in Resource Mobilization through Business Activities*, Geneva: Unaids, 2001.

无可厚非，但将所属5个分支机构及2个内设机构交由不同企业承办运营，向企业收取管理费，独立性已荡然无存，这种合作的性质由营利性行为变为“以营利为目的”的行为了，当然会受到政府的惩处。

民间组织与企业合作从事公益事业的具体形式：一是与民间组织关联的公益推广活动，如禁止吸烟、保护环境等宣传活动。二是共同联合进行主题营销。如民间组织与企业合作，通过分发企业的产品和宣传资料及做广告等方式，共同解决某个社会问题。三是核发许可证。民间组织在提取部分收入的条件下允许企业使用民间组织的名称和商标等。事实上，民间组织与企业之间有着非常大的合作空间和潜力，两者互相合作会取得“双赢”的效果。

实践中，越来越多的民间组织与企业通过跨部门合作或组建联盟来寻求社会问题的共同解决方案。[①] 如2012年美国纽约市政府与投资银行高盛集团合作，发行960万美元的社会效益债券，投资一项为期四年、旨在降低纽约市青少年重复入狱率的方案。高盛提供的资金交由一家专门为贫民服务的民间组织MDRC运用，为受刑人提供训练与辅导，如果MDRC在四年期间能有效地执行计划并将重复入狱率降低10%以上，那么纽约市政府除偿付本金之外还将给予高盛最高回报额210万美元，但若无法达成10%的目标，则高盛将遭受无法追回本金的损失。这是一个政府、企业与民间组织跨部门合作的案例，政府在社会目标实现的情况下做了资金付出，提高了政府资助的效率和效果；营利组织在实现社会目标的前提下，获得了收益，否则将会造成损失，这必然会提高企业对民间组织监管的力度；民间组织获得了稳定的资金来源，并能够最大限度地实现公益目标。

与营利组织合作存在的最大风险是契约风险，如没有书面合作协议，仅有口头协议；或合作协议不规范，存在不利于民间组织甚至违法的条款；或有协议但没能得到严格遵守等。民间组织在与营利组织

---

① Holms, S., Smart, P., “Exploring Open Innovation Practice in Firm – Nonprofit Engagements: A Corporate Social Responsibility Perspective”, *R&D Management*, Vol. 39, No. 4, 2009, pp. 394 – 409.

合作中，除可以依照法规和合作协议分配利润外，必须明确禁止营利组织参与甚至控制民间组织运营，以保持民间组织的独立性；禁止营利组织占用民间组织人力、财力、物力行为，即使是临时占用也不能被允许。

（二）资本市场投资

作为政府公共职能的必要补充，民间组织的使命是为社会提供公益服务，具有和政府一样的社会公益性目标。但资金短缺问题要求民间组织加强对资本市场投资，把获取适当的盈利作为实现组织的整体公益目标而采取的一种有效手段，即民间组织投资的性质具有二重性，以社会公益性为主，兼顾盈利。所谓资本市场投资，是将暂时闲置的、符合政府规定比例的一部分财力投放于资本市场，以期在未来获取收益的经济行为。例如，南京大学教育发展基金会 2014 年投资收益为 5463.8 万元，2015 年年报显示，其当年股票基金投资收益达到 9983.88 万元。

通常情况下，企业在进行资本市场投资时往往充当风险爱好者的角色，即选择较高风险的投资组合，因为高风险意味着高收益，也就是风险与收益变化的方向相同，这也与风险偏好型企业利润最大化的目标相一致。但民间组织不同于企业组织，它的最终目标不是利润最大化，而是要在保值的基础上实现增值，以此完成组织特定的社会使命。因此，民间组织投资管理有三个基本原则：一是低风险；二是有一定的投资报酬率；三是保证基金的增值。这些原则要求民间组织在投资时首先要考虑那些风险较低的投资组合，如可以选择那些投资收入比较稳定且流动性好的政府债券组合或大型企业债券进行投资。比如，美国允许基金会投资于股票和债券，但必须遵循《一般谨慎投资者法》，约束民间组织的投机行为，使其投资行为更加稳健。为减少风险，美国许多大的基金会通常将其资金的 60% 投资于股票，30% 投资于债券，10% 作为存款。如盖茨基金会除股票之外，还大量投资于短期投资项目，包括美国政府债券、高等级商业票据及短期贴现债券，还有国内国际共同基金投资、高收益企业证券及国际企业证券和政府证券等。

此外，民间组织也可以尝试将资本交由基金管理公司进行托管。因为基金管理公司专门有研究投资、分析行情的专家来操作资金，并且会把一定量的资金按不同的比例投资到不同时期、不同种类的有价证券，分散投资的非系统风险，从总体上把非系统风险减少到最低限度。这基本符合民间组织资金管理的首要原则，即先保值，再增值，低风险，求稳健。当然，任何投资都要承担一定的风险。因此，民间组织在投资时，必须谨慎地进行投资项目评估。如果判断错误，这种后果并非像企业破产一样简单，它不仅要愧对受益者和志愿工作者等利益相关者，使该组织名誉扫地，无法得到社会的支持与谅解，而且有可能会影响其他相似团体的活动，使民间组织整体失去社会的信任，形成系统性风险，后果将十分严重。

（三）公益创投筹资

公益创投是指当政府补助和社会捐赠不足时，民间组织采取类似企业组织风险投资的途径以争取财源。民间组织公益创投最早由美国慈善家约翰·洛克菲勒三世于1969年提出，他认为，公益创投是一种用于解决特殊社会痼疾的具有一定风险的投资形式，是近年来国际流行的推动公益事业发展的新形式，是一个培育和发展民间组织的创新性模式。20世纪90年代以后，公益创投在欧美国家得到了飞速发展，2006年，中国大陆出现了最早的公益创投典型代表——“新公益伙伴”。

公益创投通过对处于初创期民间组织的投入、赋予它们从事公益事业的综合能力来达到公益慈善目的。正如企业风险投资的本质是追求经济效益一样，公益创投追求的是一定的社会效益。投资方与被资助的民间组织建立长期的、持久的合作伙伴关系，对被资助方的民间组织所给予的帮助也并不局限于资金的投入，还包括能力建设、战略规划、管理技术等多方面，并在具体的项目实践过程中，加以辅助和绩效评估。罗伯特·约翰总结了公益创投的6个主要特征：高度的参与性、量体裁衣的金融安排、长期的资金、非资金支持、组织能力建设和绩效评估。

通过与被投资者建立长期的合作伙伴关系，达到促进能力建设和模式创新的目的。可见，公益创投是公益领域的创业投资。它的投资主体为创业过程中的公益组织注资，帮助其成功创业，并通过投资间接地帮助解决社会问题。公益创投与商业投资的本质区别在于其投资目标的非营利性：公益创投不要求经济回报，或者将投资回报继续用于公益事业。因此，公益创投筹资方式也能够让民间组织获取较大收益，它是双方或多方共赢的营利性行为模式，因而容易得到社会的理解和支持。

（四）净资产积累

尽管民间组织遵循“非分配约束”原则，但净资产积累同样是一种既为组织增加收益，又可以为管理者和员工增加就业机会，实现职业稳定的共营利行为。积累过多还可能违背代际公平原则。所谓代际公平，是指当代人和后代人在利用自然资源、满足自身利益、谋求生存与发展上权利均等。即当代人必须留给后代人生存和发展的必要环境资源及自然资源。这一理论最早由美国国际法学者爱迪·维丝提出。代际公平中有一个重要的“托管”概念，认为人类每一代人都是后代人类的受托人，在后代人的委托之下，当代人有责任保护地球环境并将它完好地交给后代人。

2015 年年末，全国基金会 6403 家，净资产达 1204 亿元，超过青海、甘肃两省 2016 年一般预算收入的总和（含省级和地方）①，每家基金会净资产平均值约 2400 万元，原始基金 325.87 亿元，净增加 864.58 亿元。净资产适度积累有利于民间组织可持续发展，保证非营利事业的连续性和稳定性，符合代际公平原则，但过度积累则损害了当代人利益，同样也违背代际公平原则。民政部登记管理的基金会 2014 年度工作报告显示，非限定性净资产年增长率超过 100% 的有 9 家，非公募基金会占社会福利基金会 2015 年度公益事业支出比例甚至只有 5.49%，违反了《基金会管理条例》第二十九条的规定，民

① 2016 年，甘肃全省一般公共预算收入 786.8 亿元，青海全省一般公共预算收入 311.7 亿元。

政部决定对该基金会作出警告的行政处罚。[①] 显然，这些基金会的钱不是真的用不完，而是这些基金会没有主动寻找潜在受益人。如 2015 年度全国基金会公益支出 313 亿元，只占净资产的 26.3%；2016 年广东项目支出排名前 10 的基金会有 6 家项目支出小于净资产[②]；2013 年某儿童大病救助基金年末“还有 2000 万沉淀在账上”，难道钱真的用不完吗？抽样调查表明，2011—2015 年基金会固定资产占净资产的比重约为 4.27%，依此推算，全国基金会固定资产净值为 50.83 亿元，另外 1139.62 亿元的净资产对应的资产主要是长期投资、受托代理资产和流动资产等，其中，流动资产所占比重最大，因此，基金会有足够的现金流增加公益支出但却没有增加，存在过度积累现象，通过净资产积累为组织自身营利且强度较大，应当引起全社会关注。

（五）出资人回报

民间组织资源供给者提供公益性或互益性资源的动机有两种：一种是利他的动机。出于志愿行为建立在信仰、宗教情怀的基础上，将慈善事业和公益事业视为公民的责任与使命，没有任何获取回报的期望；另一种是利己的动机。Lionel Prouteau 认为，利己志愿者可以从三个方面获得回报：一是作为一种生产性效用（间接效用）；二是一种个人的满足（直接效用）；三是人力资本和社会资本的投资收益。[③] 无论出于何种动机，其表现出来的志愿行为都会达到动员社会资源的效果。经济学的“理性人”理论告诉我们，追求个人私利是人类的本能。只有设法建立起一个基于人类这一本能的、使个人利益与社会利益协调发展的制度框架，才是更有效的做法。因此，资源供给者获取人力资本和社会资本的投资收益并无不妥之处。对民间组织主要是民办非企业单位出资者，确定一个不高于无风险收益的回报制度，使“看得见的手”和“看不见的手”对个人利益和社会公益进行自动调

---

① http://www.chinanpo.gov.cn/2351/106462/index.html.

② 基金会中心网，截止日期：2018 年 1 月 15 日。

③ Lionel Prouteau, “The Economics of Voluntary Behavior: Theoretical and Empirical Analysis”, *International Journal of Voluntary and Nonprofit Organizations*, Vol. 11, No. 4, 2000, pp. 15 - 21.

节，公益性和营利性能够达到和谐一致。

企业所有者是企业股权资本的提供者，其应得的投资收益通过企业的利润分配来实现，而获得投资收益的多少取决于企业盈利状况及利润分配政策等。通过收益分配，投资者能实现预期的收益，提高企业的信誉程度，有利于企业增强未来融通资金的能力。民间组织是否可以引进股权制度，人们的争议仍然较大。在公众意识当中，民间组织资本的寻利性与公益性是一对矛盾，公益是不应该与“资本”“盈利”联系在一起的。一旦被定义为非营利机构，别说投资，连收费都会受到质疑和挑战。让投资资本直接进入一家具有公益性质的机构更是障碍重重。但作为学者，我们应当认识到，“股份经济的特点是资本的寻利性，如果民间组织不给投资人以任何经济回报，不给予经济激励，则难以达到集中资金、扩展非营利组织的目标”，“可在保证组织正常运转和发展所需的经费后，将适当的盈利分配给投资者使非营利组织的公益性和资本的寻利性都得到了满足”。[①] 尤其是为了发展教育、医疗卫生、科学技术、社会福利等事业，解决资金“瓶颈”问题，可以大胆地将营利组织的股份制引进民间组织中，吸收社会各种资金，促进非营利组织的发展。[②]

2017 年 9 月 1 日起施行的《全国人民代表大会常务委员会关于修改〈中华人民共和国民办教育促进法〉的决定》，将民办学校分为“营利性”和“非营利性”两类，这种非左即右、泾渭分明的分类方法，与非营利组织与营利组织“边界模糊”的趋势相悖，可能导致非义务教育的民办学校大多选择营利性民办学校。人大常委会修改决定明确，“营利性民办学校的举办者可以取得办学收益，学校的办学结余依照公司法等有关法律、行政法规的规定处理”。且不得设立实施义务教育的营利性民办学校。也就是说，非义务教育的营利性民办学校可以按照公司法规范分配股利，但在教育资源供给短缺、教育市场自然垄断的情况下，还应当由国务院及有关部门制定具体的实施细

---

① 成志刚、周批改：《非营利组织管理研究》，湖南人民出版社 2005 年版，第 160 页。

② 张彪：《非营利组织发展面临的财务困境及其对策》，《湖湘论坛》2002 年第 6 期。

则，规范民办学校会计制度，以限制民办学校举办者的“任意盈余分配”。浙江省台州市椒江区“教育股份制”的实践值得借鉴。“椒江模式”从有助于学校建立稳定的内部管理环境出发，在收益处置上参照银行一年期基准利率，采用债权化股权的制度设计锁定学校资金流出比率，成为在当时法律框架内筹集教育投资的可行性方案①，并取得了成功。而非营利性民办学校不得分配利润的规定，可能不利于非营利性民办学校的发展，无法满足社会对义务教育的需求，建议在适当的时候，根据现行法律实施效果，修改“非营利性民办学校的举办者不得取得办学收益”的规定，兼顾资本的寻利性和学校的非营利性宗旨，参照“银行一年期基准利率”给出资人以适度补偿，这可能是非营利民办学校可行的选择。

（六）薪酬市场化

无论企业、政府还是民间组织，薪酬管理对于吸引员工、留住员工、激励员工都是十分重要的。但现实却是民间组织的薪酬分配存在两种倾向：

一是不遵守亨利·豪斯曼（1980）“非分配约束”原则。民间组织员工薪酬包括两个主要部分，即直接经济报酬和间接经济报酬，前者是以工资、奖金、少数红利等支付的薪酬，后者是保险、带薪休假等形式的福利。但少数民间组织不遵守“非分配约束”原则，发放过高薪酬，变相为个人营利，如 2014 年国内有慈善组织理事长、秘书长等每人从工作的基金会领取超过 30 万元的年薪，不仅违背政府相关规定，也超出公众的心理预期，如果不能作出合理解释，社会公众有理由怀疑该慈善组织为个人谋利。这也印证了犬儒主义的解释，即这些组织名义上不以营利为目的，实际上它们的负责人能够通过各种合法和非法的途径获取利益。合法的途径包括付给自己高于市场价格的工资，为自己提供免费住房、免费轿车，为自己开设随意支付的账户等。非法的途径就不胜枚举了，如民办学校负责人在接受新生过程

① 黄新茂等：《开发民间教育投资潜力的新探索——椒江“教育股份制”研究报告》，《教育研究》1999 年第 3 期。

中收取礼品和其他形式的贿赂。许多人相信，很多民间组织实际上是“挂羊头卖狗肉”的。

二是误解非营利本质。犬儒主义的解释很容易使社会公众对民间组织薪酬有抑制倾向，相当多的人一厢情愿地把公益事业看作一种类似宗教的“行善”，认为民间组织全靠那些不拿一分钱的志愿者去运作，员工不领报酬或领取最低生活费。这种观念对非营利事业发展同样是十分有害的。突出表现在现阶段公益从业者仍存在付酬被道德化和妖魔化倾向。深圳市血液中心“天价薪酬”事件，尽管根据深圳市卫计委负责人的解释，是预算表填报不规范而引起媒体“误解”和公众的哗然。但从此事件中不难看出，民间组织稍不小心就可能被抓住“把柄”或露出“马脚”，酿成一场严重的信任危机，甚至使民间组织的公益性和公信力遭受毁灭性重创。

这也印证了犬儒主义的另一种解释，犬儒主义强调参与非营利活动的人可以从中牟取私利，但这种私利是无形的，不是金钱，只能是荣誉、社会地位和权力。在美国，20 世纪末，当民间组织刚刚问世时，它们就与上流社会挂在一起。今天，民间组织仍然控制在社会精英，至少是中产阶层手中，参与民间组织活动往往被看作社会地位的象征，因为将自己的名字挂在民间组织，尤其是大型、知名的民间组织里是很荣耀的事。正如有人所形容的，民间组织出资人的聚会往往名流云集，能在这种场合抛头露面无疑是件很出风头的事。用个人的名义命名一所学校或医院更可光宗耀祖。在印度、肯尼亚、日本等很多国家，参与非营利活动还可能带来另一种无形收益，即政治影响力。学校和医院的创办者往往会赢得当地居民的感恩戴德，从而加强他们的政治影响力和竞争力。在这些国家，人们通常用政治野心来解释社会组织创始人的动机。而在平等思想占主流的瑞典，私人慈善事业却遭到冷落，正是瑞典人对民间组织隐含的社会地位不平等感到厌恶。①

尽管民间组织及其出资人不以获取利润（金钱）为运营目标，组

---

① 刘春湘：《社会组织运营与管理》，经济管理出版社 2016 年版，第 8 页。

织对员工的社会责任感、道德修养的要求也较高，但作为独立法人的民间组织与作为自然人的员工应当区别开来，两者追求的理想或目标并不完全相同。员工需要通过非营利活动，获取合理报酬体现个人劳动的价值，保障并改善个人及家庭的生活质量，这实质上是员工依托民间组织谋求个人利益。不可否认，中国的民间组织聚集了一批有理想、有热情的管理人员、普通员工和志愿者，还有不太计较报酬的社会人士。他们长期为民间组织工作，社会和资金环境的压力、团队管理、项目前景、个人成长挫折等，都使他们不断陷入迷茫。许多组织多次裂变，发展项目执行不连贯，团队人员来来去去，对组织产生了信誉危机，制约了民间组织拓展社会空间的进度，其中的重要原因是组织对员工的个人利益关注不够。

非营利组织不以营利为目标，以社会公益为宗旨，帮助弱势群体发展、促进社会公平，而员工的目标是在实现社会公益目标的同时，获得相应的个人报酬。如果不关注报酬，把非营利组织的员工也变成弱势群体，就应当考虑这个组织是否配做公益，是能力不济，还是观念落后，抑或两者兼备？也就是说，公益劳动力市场的人力资源政策同样要接受市场机制的检验，我们不能把组织的非营利目标强加给民间组织的劳动者。对于那些认为要严格控制员工福利薪酬，以努力降低管理成本的民间组织管理者来说，需要重新思考管理支出的重要性。就我国民间组织而言，只要符合我国非营利部门管理支出不超过10%的有关规定，适当改善员工的福利待遇，不仅不会降低社会信任度，反而会调动员工参与慈善事业的积极性，提高民间组织工作绩效，对解决我国非营利领域从业人员不足和流失问题有一定的现实意义。

第二节　营利强度

一　营利强度的本质及衡量指标

营利强度是指民间组织的营利力度，也可反映民间组织偏离纯粹公益性的程度。纯粹公益行为是指为受益人提供公益产品或服务的总利润和边际利润均为零，其营利强度为零，而纯粹商业行为是指随着商品或服务供给的增加，总利润由小到大，最终实现利润最大化目标，其营利强度也达到最大。因此，纯粹公益行为和纯粹商业行为构成营利强度的两极，若公益在左极，商业就在右极。左极花钱，右极赚钱；左极偏重于社会效益，右极偏重于经济效益。在营利强度的两极之间，民间组织行为动机复杂，追求社会和经济的双重价值，收费价格为折扣价或者介于免费和付全价之间，从资金提供方获取低于市场价的资金或零利率与市场利率之间；劳动力的薪酬低于市场或志愿者与专职人员结合等。在纯粹公益行为向纯粹商业行为变动过程中，营利强度逐步加大。因此，营利强度的大小不是外部市场需求的函数，而是民间组织内部决策的函数。

营利强度可以从民间组织整体和具体的营利方式两个层次研究其计量方法。

（一）民间组织营利强度的计量方法

民间组织作为一个整体，其营利强度主要从产出和投入两个方面进行评价。民间组织的产出一般表示为组织的收入或净收益，那么，其营利强度就可用取得的营利性收入或净收益占全部收入的比重大小进行计量，也就是说，营利性收入或净收益占比越大，表明组织的营利强度越大；反之则越小，例如，从收入占比来看，社会服务机构的营利强度总体上大于基金会和社会团体，而民间组织的投入一般表示为人力资源、财力资源等投入，因此，可用民间组织投入营利性行为的财力资源或人力资源的多寡衡量其营利强度，投入资源占总资源的比重越高，营利强度越大；反之则越小。当然，因研究目标不同，衡量民间组织的营利强度的方法也不同。

（二）不同营利方式的营利强度计量方法

具体的营利方式可用其会计收益率或报酬率计量其营利强度，也就是说，会计收益率越高，其营利强度越大；反之则越小。具体计量方法如下：

1. 自营利

（1）服务收费营利强度。其计算公式为：

收费边际贡献率 =（收费总额 - 变动成本总额）/收费总额 ×100%

式中，变动成本是指那些成本的总发生额在相关范围内随着业务量的变动而呈线性变动的成本。直接人工、直接材料都是典型的变动成本，在一定期间内它们的发生总额随着业务量的增减而成正比例变动，但单位产品的耗费则保持不变。以边际贡献率作为民间组织提供服务收费营利强度的评价标准，不考虑固定成本影响，因而具有科学性。若边际贡献率为负，表明单价低于单位变动成本，在没有其他资金来源的情况下，服务量越大，组织亏损就越多；反之，若边际贡献率为正，表明单价高于单位变动成本，但并不等于组织盈利，边际贡献补偿固定成本后才能形成利润，也就是说，边际贡献率为正，服务量越大，组织亏损就越少或盈利就越多。但收费价格应当低于市场价格，不仅使受益人获益，也使营利组织无法在价格上获得竞争优势。

（2）差异化收费营利强度。其计算公式为：

标准离差：$\delta = \frac{1}{n}\sqrt{\sum_{i=1}^{n}(R_i - \overline{R})^2}$

式中，δ 为差异化收费的标准离差；R_i 为第 i 个受益人所付的费用；$\overline{R}$ 为平均付费额；n 为付费人数。

标准离差率（变异系数）：$V = \frac{\delta}{\overline{R}}$

标准离差率为收费标准离差偏离平均付费额的程度。标准离差率越小，收费均衡化程度越高，表明民间组织收取富人的钱补贴穷人偏少，其慈善宗旨实现程度偏低；反之，标准离差率越大，收费不均衡程度越高，表明民间组织收取富人的钱补贴穷人较多，慈善宗旨实现程度较高，但也产生了风险，营利组织更可能利用优质服务吸引处于浮动价格高端的人群从而使高端受益人流失，减少组织的财务资源。这就要求我们努力寻求差异化收费价格的收支平衡点。

（3）承接政府购买服务营利强度。其计算公式为：

承接政府购买服务收入比 = 承接政府公益服务收入/民间组织总收入 ×100%

这一比率越大，表明民间组织对政府财政依赖性越强，也表明民间组织得到政府的认可度越高，社会服务效果越好，但其自主性可能受到政府干涉，独立性较差，财源单一，财务风险较大。

（4）商业化投资营利强度。一些国家严格限制民间组织从事商业活动。为履行其法定功能而筹措资金，只能建立有限责任公司。合伙公司是一种承担无限责任的公司，因而不应当被允许，而根据我国法律，有限责任公司是由两个以上、五十个以下的股东共同出资，每个股东以其所认缴的出资额对公司承担有限责任，公司以其全部资产对其债务承担责任的经济组织。我国的有限责任公司包括国有独资公司以及其他有限责任公司。只要严格控制商业化投资比例，采用有限责任公司形式的投资，就能够将民间组织的财务风险控制在一定范围内。因此，民间组织商业化投资的营利强度评价指标可与营利组织相同，核心指标是净资产收益率。其计算公式为：

净资产收益率 = 净收益/平均净资产 ×100%

在遵守“非分配约束”原则的前提下，不论其营利性行为与组织使命是否相关，只要商业化投资按照市场经济规则运行（与营利组织平等竞争），净资产收益率越高越好，除依法纳税外，不应当受到外部因素非法干涉。

（5）销售商品营利强度。其计算公式为：

销售毛利率 = （销售收入 - 进货成本）/销售收入 ×100%

销售毛利率越高，表明商品竞争力超强，也表明营利强度越大；反之，营利强度就越小。

（6）参与市场竞争营利强度。与营利组织相同。

（7）其他营利方式。其计算公式为：

其他收入占比 = 其他收入/总收入 ×100%

2. 共营利

（1）与营利组织合作营利强度。其计算公式为：

投入产出率 = 现金净流入/投入 ×100%

式中，现金净流入包括现金以及现金等价物资产的净流入。之所以采用“现金净流入”代表“产出”，是因为“现金净流入”才能形成公益服务的现实能力，式中的“投入”不仅包括民间组织资金投入，还包括人力资源投入和民间组织品牌等无形资产投入。投入产出比越大，表明民间组织的投资决策水平越高，营利能力越强，社会服务所需资源满足程度就越好。

（2）资本市场投资营利强度。其计算公式为：

投资现金报酬率 = 现金收益流入量/平均投资额 × 100%

资本市场投资收益核算方法有成本法和权益法。其中，权益法下民间组织要按照其在被投资企业拥有的权益比例和被投资企业净资产的变化来调整"长期股权投资"账户的账面价值。使用权益法时，民间组织应将被投资企业每年获得的净损益按投资权益比例列为自身的投资损益，并表示为投资的增减。如果收到被投资企业发放的股利（不包括股票股利），民间组织要冲减投资账户的账面价值。因此，投资收益并不代表民间组织公益支出的现时价值，只有净流入的现金，才能形成公益服务的能力。

（3）公益创投营利强度。其计算公式为：

公益资本投入比 = 公益资本投入额/总资产 × 100%

公益创投主要为初创期和中小型公益组织提供"种子资金"。投资主体通过与被投资者建立长期的合作伙伴关系，达到促进能力建设和模式创新的目的。可见，公益创投是公益领域的创业投资。它的投资主体为创业过程中的公益组织注资，帮助其成功创业，并通过投资间接地帮助解决社会问题。公益创投在运作方式上类似商业投资行为，它与商业投资本质的区别在于其投资目标的非营利性：公益创投不要求回报，或者将投资回报继续用于公益事业。民间组织应接受公益创投，但必须签订合同，明确投入资金的公益性，同时投入资金比重（营利强度）应当控制在50%以内，以避免民间组织的独立性受损。

（4）净资产积累营利强度。其计算公式为：

非限定净资产保留强度 = 上年末非限定净资产额/本年公益支出 × 100%

该比率越大，表明本年公益支出占上年非限定净资产的比重越低，民间组织的营利强度越大；反之，营利强度就越小。当民间组织净资产积累达到当年公益支出的两倍时不得增加净资产保留，必须用于非营利事业，以防止为组织自己和员工营利的行为。

（5）出资人回报营利强度。其计算公式为：

出资人回报比 = 出资人报酬率/市场平均报酬率 × 100%

资本资产定价模型主要研究证券市场中资产的必要报酬率与风险资产之间的关系，以及均衡价格是如何形成的。出资人报酬率可由资本资产定价模型（Capital Asset Pricing Model，CAPM）确定：

$$R_i = R_f + \beta_i(R_m - R_f)$$

式中，R_i 为出资人报酬率；R_f 为无风险报酬率；β_i 为出资人投资或投资组合的 β 系数；R_m 为市场平均报酬率。因此，（$R_m - R_f$）为市场平均风险报酬率。

无风险利率是指将资金投资于没有任何风险的投资对象而能得到的利息率，这是一种理想的投资收益，一般用国库券利率代替，β 系数能够衡量出某种投资或投资组合相对于整个市场的风险的变动程度，它代表了一种投资或投资组合对市场风险的相对大小。

β 系数的定义式如下：

$$\beta_i = \frac{COV(R_i R_m)}{\delta_m^2} = \frac{r_{i,m}^2 \delta_i^2 \delta_m^2}{\delta_m^2} = r_{i,m}^2 \times \frac{\delta_i^2}{\delta_m^2}$$

式中，$r_{i,m}^2$ 表示第 i 项投资的收益率与市场收益率 m 的相关系数；δ_i 是该项投资收益率的标准差，反映该投资的风险大小；δ_m 是市场收益率的标准差，反映市场的风险；三个指标的乘积表示该投资收益率与市场收益率的协方差。根据上式，一种投资 β 值的大小取决于：①该投资与整个市场的相关性；②它自身的标准差；③整个市场的标准差。

如果某种投资的风险情况与整个市场的风险情况一致，则这种投资的 β 系数等于 1；如果某种投资的 β 系数大于 1，则说明其风险大于整个市场的风险；如果某种投资的 β 系数小于 1，则说明其风险小于整个市场的风险；如果某种投资的 β 系数等于 0，则说明其风险与整个市场无关（这是一种理论假设，客观上不存在这样的投资项目）。在实际操作中，β 系数的重要性在于它代表一种投资对于未来市场变化的敏感度，某种投资的 β 系数较大，说明该投资在市场发生变化时，其价格上下波动剧烈，也就是通常所说的风险较大。

为了分析方便，现代投资学将整个市场的风险定为 1，以此衡量某一投资对市场风险的敏感度。例如，悦达股份的 β 系数值为 1.43，表明市场指数收益率变动为 1% 时，悦达股份的收益率变动为 1.43%。β 系数越大，系统风险越大；β 系数越小，系统风险越小。如果投资者对收益有较高的期望，同时也有能力并愿意为之承担较大的风险，就可以在投资市场上选择那些有较大 β 系数的投资加到其投资组合中。反之，则可以选择市场上具有较小 β 系数的投资。β 系数一般不需投资者自己计算，而由一些投资服务机构定期计算并公布。

当民间组织没有营利性行为，其经费来源只有捐赠、政府资助和会费时，如果需求呈刚性，表明民间组织没有运营风险，同时没有负债也不存在财务风险，而当民间组织存在营利性行为时，如果需求不再呈刚性，且可能负债运营，此时，不仅存在运营风险，也存在财务风险，且随着营利强度的加大和营利方式边界的拓宽呈加大趋势，也就是说，营利性行为导致民间组织风险加大，投资人依据风险与收益的相关原理自然要求较高的收益率，因此，投资人要求的报酬率必然高于无风险报酬率，即投资人要求的报酬率 = 无风险报酬率 + 风险报酬率，但非营利宗旨又在约束投资人要求的风险报酬率。

这样，投资人要求的报酬率一般低于市场平均报酬率，出资人回报比当然小于 1，小于营利组织报酬比率。

（6）薪酬市场化营利强度。其计算公式为：

管理人员薪酬市场化比率 = 管理人员平均薪酬/民间组织所在地职工平均薪酬

当然，也可以用平均薪酬衡量营利强度。

薪酬市场化并不等于民间组织管理人员劳动力价值完全按市场价值衡量。首先，必须保证管理人员有尊严地生活；其次，非营利宗旨约束管理人员的薪酬，“不得超过上年度税务登记所在地人均工资水平两倍”的限制正体现了非营利宗旨和使命的要求。

上述营利强度指标均采用相对指标表示，但在时间序列下，同一民间组织绝对额指标也能够反映民间组织的营利强度，如服务收入、投资收益、员工平均薪酬等反映了服务收费、资本市场投资和员工薪酬市场化营利强度。

二　营利约束机制下的营利强度演化——基于 Logistic 模型[①]

民间组织可以有营利性行为，并不意味着民间组织可以以利润最大化作为财务管理目标。这不仅因为民间组织的营利性行为受到非营利宗旨的道德约束，还会受到利益相关者主体形成的逐利约束机制约束，也就是说，民间组织不应当也不可能实现利润最大化目标。本书主要基于博弈论思想，分别研究营利组织、社会捐赠者、政府和受益人等行为主体形成的逐利约束机制对民间组织收益的影响机理及其变动趋势，这对约束民间组织的营利性行为，促进民间组织市场化运作科学化有一定的借鉴作用。

（一）基本假设

本假设涉及受益人、营利组织、社会捐赠者、政府和民间组织五个行为主体。在基本模型构建之前，对不同行为主体的特征作出如下假设：

假设5－1：存在N个付费获取公益产品的受益人或目标群体，他们根据营利组织提供的商业产品或服务（以下简称“商业产品”）和民间组织提供的公益产品或服务（以下简称“公益产品”）带来的效用大小作出产品选择，并且对公益产品效用满足程度的期望值大于商业产品。

假设5－2：存在N个营利组织，他们提供与民间组织相同的产品和服务，并在同一体制下与民间组织争夺公益服务市场，解决社会问题。

假设5－3：存在N个民间组织，其公益资源除来自公众捐赠和政府资助外，还开展适度的营利性活动，获取的收益依法全部或主要用于社会公益事业和组织发展，不得用于利益相关者分配，即严格遵守

---

① 本节主要内容以《营利约束机制下的民间非营利组织收益演化》为题发表于《财经问题研究》2016 年第 4 期。

“非分配约束”原则。

假设5－4：存在N个社会捐赠者，包括会员、企业捐赠者和私人捐赠者，以促进民间组织公益价值最大化为目标提供资源。当发现民间组织存在过度的营利性行为甚至纯粹的营利行为时，即民间组织以营利为目的或其行为违背资源供给者意愿时，社会捐赠者将选择“用脚投票”的方法，即减少或停止捐款，甚至可按照捐赠约定要求全部或部分返还捐赠款物，以约束民间组织的营利性行为。

假设5－5：政府以监控民间组织遵守非营利宗旨并充分履行组织使命，实现社会效益最大化为目标，依靠政府经济工具资助民间组织的公益服务。同时，在市场约束机制失灵的情况下利用政府行政工具监督和控制民间组织的营利性行为。

（二）基本模型

1. 受益人效用模型

受益人使用商业产品和公益产品所得净效用模型分别表示为：

$$U_i = \theta_i q - S \tag{5.1}$$

$$u_i = \eta_i q - S \tag{5.2}$$

式中，U_i 为受益人 i（$i \in [1, N]$）使用公益产品所得净效用；u_i 为受益人 i 使用商业产品所得净效用；θ_i 表示受益人 i 对公益产品质量的偏好水平，η_i 表示受益人 i（$i \in [1, N]$）对商业产品质量的偏好水平，产品生产的技术、管理水平决定了 $\eta_i > \theta_i$；q 表示受益人对公益产品或商业产品的需求量，S 表示公益产品或商业产品的营利强度，以单位产品的目标价格或单位时间的目标收益表示，其数值越大，表示目标收益越大，但实际收益与目标收益可能存在差异。

2. 营利组织有效竞争下的民间组织营利性行为收益模型

符合条件的民间组织能够获得政府经济工具的支持和社会捐赠者的捐赠，可以极其低廉的价格或布施式慈善价格向受益人或目标群体提供公益产品，在此情况下，商业产品的竞争力几乎为零。当民间组织存在营利性行为且其营利强度增大到商业产品有利可图时，营利组织必然开始掠夺公益服务市场，营利组织的有效竞争必然约束民间组织的营利性行为。

因此，民间组织的营利性行为面对两个状态：一是存在“天敌”——营利组织的竞争，如我国营利与非营利性学校并存，必然导致双方为争夺生源在收费价格、服务质量等方面展开竞争；二是在非营利宗旨约束下，民间组织营利空间不充足或受到严格限制，存在一个环境最大容纳量。这两种状态与生态系统平衡状态十分相似。因此，民间组织与营利组织在同一社会经济系统中也存在相互依存、相互协调，又相互制约、相互竞争的共生体系，这就决定着民间组织与营利组织的营利过程和结果也会不断经历与生物种群类似的演化过程。所以，本书借用物种在生态系统中有天敌、食物空间等资源也不充足情况下的 Logistic 模型①，即常微分方程，来描述营利组织有效竞争下的民间组织营利收益变化过程的稳定性，其营利性收益的增长规律可表示为：

$$dR_1/dT = SR_1(M - R_1)/M = SR_1(1 - R_1/M) \tag{5.3}$$

式中，R_1 为民间组织在 t 时刻的营利收益；M 为民间组织与营利组织相互独立，各种要素禀赋（包括技术、资源、管理、投资和市场等）一定的情况下，民间组织营利性收益的最大值或营利边界；S 为民间组织在营利边界约束下的营利收益增长潜力或内禀增长率，它与民间组织的本质及其行业本身的固有特性有关，其数值大小由民间组织的营利空间决定，不同民间组织具有的收益增长潜力是不一样的，例如，在其他条件相同的情况下，优质民办中学的收益增长潜力一般大于普通民办中学；获得政府资助和公众捐赠较多的民间组织营利性收益增长潜力也高于政府资助和社会捐赠较少的民间组织。

这里，需要说明的是，营利强度与营利收益的内禀增长率并非完全是同等概念，民间组织营利收益的内禀增长率是由各种要素禀赋、营利空间等客观因素决定的，而营利强度是由民间组织管理者根据客观因素主观确定的，可以等于内禀增长率，也可大于或小于内禀增长率，但营利强度与内禀增长率表现形式是相同的，都表示单位时间的收益增长率，因此，抛开决定因素，营利强度与内禀增长率是等价的，本书也用 S 代表营利强度。

---

① 刘承平：《数学建模方法》，高等教育出版社 2002 年版，第 86—90 页。

R_1/M 表示民间组织的营利收益与营利边界值之比，称为营利增长饱和度；（$1-R_1/M$）为民间组织尚可实现的营利收益占营利边界的比例，即“剩余空间”或未利用的营利性收益增长机会，这表明在既定的约束条件下营利增长饱和度对营利收益的增长率有阻滞作用。

模型（5.3）反映了民间组织单位时间获取收益（边际收益）的变动过程，解常微分方程，可得营利性收益函数 R_1 为：

$$R_1 = \frac{MCe^{st}}{1 + Ce^{st}} \tag{5.4}$$

模型（5.4）反映了营利强度一定条件下，民间组织营利收益随着时间 t 变化的变动过程，或时间 t 一定的条件下，民间组织的营利收益随着营利强度变化的变动过程。其中，$R_1/M = \frac{Ce^{st}}{1 + Ce^{st}}$称为营利收益增长饱和度，C 为常数，代表民间组织收益的初始值或起点。

3. 社会捐赠者约束下的民间组织捐赠收益模型

营利组织完全遵循市场和资本逻辑，其趋利性和资本的逻辑贯穿其行为的始终，市场上利润较高的行业领域，逐利的营利组织都已经进入，并形成了规模化的经济体系。没有被营利组织关注到的领域主要是公益服务领域，受益人的经济实力无法支付全部费用或需求不足，这使提供公益产品的民间组织无法获得持续和可观的收入，利润率和收入水平较低，不得不依赖社会捐赠的方式进行补贴。社会捐赠者成为民间组织公益资源的重要供给者，其对营利性行为的认知直接影响着民间组织的捐赠收益。

社会捐赠关心的首要问题常常是捐赠款物的去向问题，即民间组织不得从公众捐赠款物中谋取任何私利，这是社会公众提供捐赠资源的底线；同时，民间组织的营利强度应当符合非营利宗旨，营利收益不得超过政府规制限定或社会公众认可的营利边界。否则，社会捐赠者的捐赠热情就会下降，甚至达到冰点，即停止捐赠。如 2011 年 6 月下旬“郭美美网上炫富”事件发生后，中华慈善信息中心公布的监测数据显示，仅过去一个月时间，社会捐款数便从 6 月的 10 亿元下降到 7 月的 5 亿元，环比下降 50%，慈善组织 6—8 月的捐赠额降幅则达到 86.6%。

根据以上分析，社会捐赠者约束下的民间组织捐赠收益模型可表示为：

$$R_2 = D + D/(M \cdot S \cdot t) = D[1 + 1/(M \cdot S \cdot t)] \quad (5.5)$$

式中，D 为营利收益达到营利边界点前的公众捐赠款项。在社会捐赠者认可的营利边界内，公众捐赠款项一般不随营利强度而发生较大变化，这是因为，民间组织资源募集活动主要是道德动员，或者某种社会关系的承诺。[①] 这种承诺使民间组织获得长期稳定的捐款来源，并培育稳定的公众基础。如香港乐施会“乐施之友”的固定捐赠、腾讯的月捐计划等，没有长期稳定的资金来源，民间组织的可持续发展是不可想象的。$D/(M \cdot S \cdot t)$ 表明超越营利边界的民间组织超额收益将随着营利强度 S 的加大和时间 t 的延长而下降。

4. 营利组织竞争失灵的民间组织政府工具收益模型

传统上，人们认为，民间组织与政府之间是相互独立的关系，而事实上，各国政府与民间组织之间在保持相对独立的同时一直存在合作关系，萨瓦斯和萨拉蒙等称之为“公私伙伴关系”（Public – Private Partnership，PPP），主要表现为政府利用合同、拨款、直接贷款、贷款担保、保险、税式支出等经济工具为民间组织提供公益资源。如美国政府自 20 世纪 60 年代中期以来，在传统的税收优惠等激励措施之外，还通过拨款、购买服务合同和凭单等经济工具为民间组织提供资金，而俄罗斯政府主要从联邦预算中划拨资金设立“总统津贴”支持公民社会制度框架下的民间组织，且划拨资金额度不断增大，2011 年为 10 亿卢布，2012 年超过 15 亿卢布。政府经济工具已成为各国民间组织的一个主要收入来源。但无论政府经济工具提供的资源多少，作为独立于政府之外的民间组织，同其他组织一样，都应纳入直接行政、社会规制和经济规制等政府行政工具的规制范畴，违背规制将受到经济和行政惩罚。

---

① 萧今：《非营利组织的管治与管理》，载康晓光、冯利《2013 中国第三部门观察报告》，社会科学文献出版社 2013 年版，第 125 页。

Logistic 模型告诉我们，在营利组织有效竞争下，$\frac{ce^{st}}{1+ce^{st}} \leqslant 1$，民间组织的营利性收益不会突破营利边界，这是一种理想化状态。事实上，市场不是万能的，营利组织的竞争有时是无效的，如民间组织处于“垄断”状态，没有或几乎没有同行业营利组织竞争①，或在利润驱动下管理者道德失控，采用不当手段使民间组织营利收益超越营利边界等，对这些违背规制的营利性行为政府必然会动用经济工具和行政工具约束过度或者纯粹的营利性行为。经济工具约束主要是终止财政补助，行政工具约束主要是补缴已减免的税款及其附加费用，情节严重的可能会受到经济处罚，并可能导致民间组织的身份认同出现危机，最终失去民间组织所具有的特殊地位和优惠待遇，造成整体收益得不偿失。

因此，政府工具约束下的民间组织经济收益表现为各种财政补助和税收激励政策，而经济损失则可概括为全部营利收益减免税收的补缴和政府的经济处罚。当营利性收益超过营利边界时，民间组织实际上已经逐步蜕化为营利组织，政府要求按营利收益全额（而不是超额）补缴已经减免的税收及附加费具有正当的法理基础；同时，民间组织营利收益过大，政府还可能进行经济罚款，但处罚对象不应是全部营利收益，而是大于营利边界的超额收益，处罚额度的大小由处罚力度决定。

依据上述分析，以 G 代表民间组织营利收益小于或等于规定的营利边界时的政府经济工具提供的资助，而超额收益如同挣脱地球引力的卫星，已经不再服从 Logistic 扩散规律，故用 M · S · t 表示，T 代表税率，λ 为政府处罚力度，超越营利边界的民间组织获取的政府工具收益基本模型可表示如下：

$$\begin{aligned} R_3 &= G-[M+M\cdot S\cdot t)]\cdot T-M\cdot S\cdot t\cdot\lambda \\ &= G-M\cdot T-M\cdot S\cdot t\cdot(T+\lambda) \end{aligned} \tag{5.6}$$

从短期或一个年度来看，式（5.6）中，G 相对稳定，因为政府经济工具必须按预算管理程序执行，而预算编制、批准时间均早于执

① 我国现有法规中有同一领域的民间组织不能再进行登记的规定，2014 年 4 月 1 日施行的《深圳经济特区行业办会条例》，规定只要名称不相同，同级行政区域内可设立相同行业协会不超过 3 家，这些规定限制了民间组织的登记与发展，造成了现有民间组织的垄断。

行期间，尽管在执行过程中可能会有所调整，但增减幅度不大；但从长于1年的周期来看，G会随民间组织营利性收益的增加而递减，主要原因有两个：一是政府评估后认为民间组织依靠社会捐赠和营利性行为获取的收益已能够满足公益事业发展的需要，可以减少甚至停止政府经济工具的支持；二是民间组织在获取足够的社会捐赠和营利性收益时，为减少对政府的依赖并摆脱政府的控制，可能会主动要求逐步减少或完全拒绝政府的经济支持。

5. 逐利约束机制下一定时期内的民间组织总收益

综上所述，民间组织的营利性行为不仅受非营利宗旨约束，还受到营利组织竞争、社会捐赠者认知和政府工具的管控。因此，逐利约束机制下的民间组织总收益基本模型可表示为：$R = R_1 + R_2 + R_3$，但由于营利性收益不同，又分为如下两种情形：

（1）当 $R_1 \leqslant M$ 时

$$R = \frac{Mce^{st}}{1 + Ce^{st}} + D + G \tag{5.7}$$

（2）当 $R_1 > M$ 时

$$R = M(1 + S \cdot t) + D[(1 + 1/(M \cdot S \cdot t)] + G - MT - M \cdot S \cdot t \cdot (T + \lambda) \tag{5.8}$$

（三）数值假设及数值模拟及其分析

根据式（5.2）和式（5.3），受益人的效用决策将约束民间组织的营利强度。当 $U_i > U_i$ 且 $U_i > 0$ 时，受益人选择商业产品；$U_i > U_i$ 且 $U_i > 0$ 时，受益人选择公益产品；当 $U_i = U_i > 0$ 时，受益人以相同概率随机挑选。受益人根据使用商业产品和公益产品所得净效用大小作出的选择，必然促进民间组织作出适度营利的决策，这是显而易见的。然而，式（5.4）至式（5.9）需要我们通过数值模拟运行，才能得出基本结论。

1. 数值假设

在数值模拟运行前，我们首先对式（5.4）至式（5.8）相关数据进行赋值。具体包括：

第一，民间组织营利收益边界M。联合国国民经济核算体系从资金来源上定义非营利组织时指出，大部分收入不是来自其产品销售或服务提供带来的盈余，而是依靠其会员的会费、政府资助和社会支持者的捐赠。联合国开发计划署认为，如果一个组织 50% 以上的收入来自市场，那么它就是企业组织；如果一个组织 50% 以上的收入来源于捐赠或会员缴纳的会费，那么它就是非营利组织。有鉴于此，我们可以得到民间组织的营利收益边界为年度总收益的 50%。假定民间组织年度预算收益为 20，其中社会捐赠为 5，政府资助为 5，营利收益边界即为 10。

第二，C 为民间组织营利与非营利收益之和的初始值。任何民间组织都不是纯粹的非营利组织，总存在或多或少的累积营利收益，本书假设 C 为 2，则民间组织营利收益的初始值应为 1。

第三，营利强度 S，从 0.1 变化至 0.5，步长为 0.2，并假定民间组织的营利强度一经确定，在一定时期内保持不变。

2. 数值模拟及其分析

(1) 营利组织有效竞争下的民间组织营利收益演化。

①营利边界约束下的不同营利强度的民间组织营利收益与时间变化之间的关系。根据赋值数据，式（5.4）可绘制图 5－1。

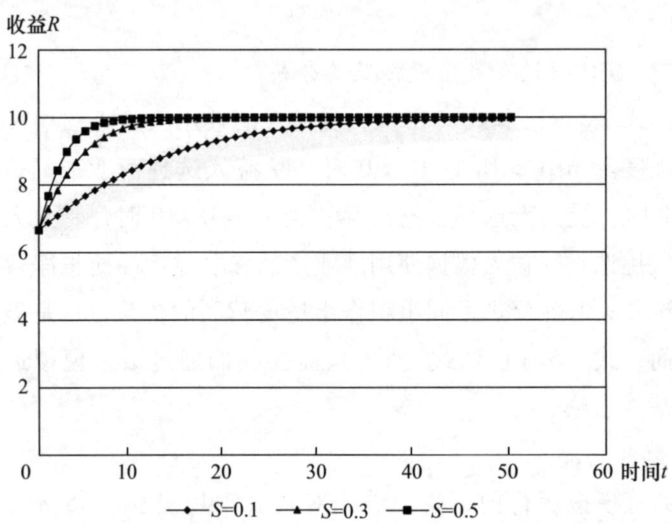

图 5－1　营利边界约束下的不同营利强度的民间组织营利收益与时间变化之间的关系

图5－1表明，在营利组织有效竞争下，民间组织营利性收益随着时间t的延长逐渐增加，但都不会超越营利边界，同时由于营利强度不同，其达到营利边界的时间也不同，营利强度越大，达到营利边界的时间越短，这从一个侧面告诉我们，民间组织可以有营利性行为，但适度甚至较低的营利强度才能使营利性行为“基业长青”，过高的营利强度将会使营利收益过早地走向营利与非营利的边界，引起营利组织的“强力竞争”和其他利益相关者的非议，甚至导致组织的衰落乃至消亡。

②营利边界约束下的公益产品边际收益演化。我们将式（5.4）代入式（5.3）可得到民间组织营利性边际收益变动与时间变化之间的关系：

$$\frac{dR_1}{dt}=\frac{SMCe^{st}}{1+Ce^{st}}\left(1-\frac{Ce^{st}}{1+Ce^{st}}\right) \tag{5.8}$$

根据式（5.9）可绘制图5－2。

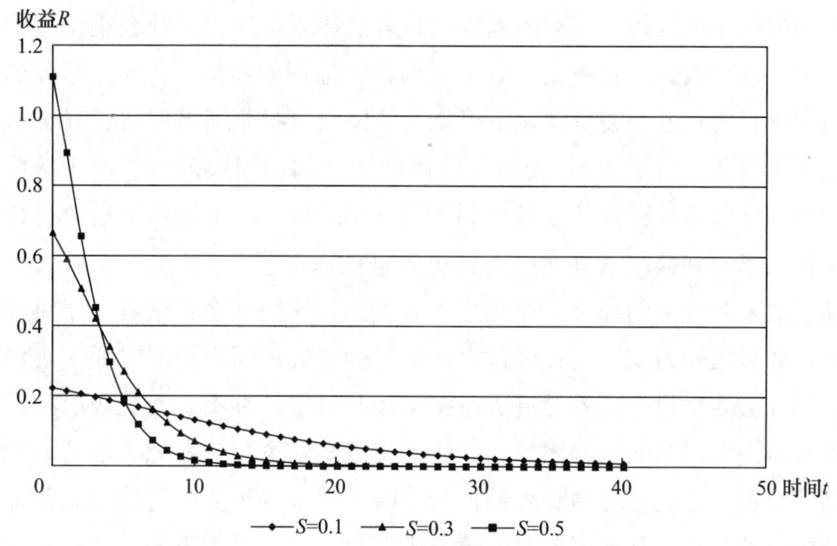

图5－2 公益产品边际收益与时间的变化关系

图5－2表明，虽然营利组织竞争力与民间组织的营利强度呈同

方向变动，但民间组织能够获得社会捐赠和政府补助以及各类优惠政策扶持等，在营利性行为的初始阶段，公益产品价格可以显著低于商业产品保本点而赢得市场，因此，民间组织在这一阶段竞争优势显著。但是，随着营利强度的增强和营利时间的进一步延长，公益产品收益不断上升，受益人效用下降，具有技术、质量和经营人才等优势的营利组织也获得竞争优势，且营利强度越大，受益人使用公益产品的效用下降越快，公益产品消费的数量越少，民间组织单位时间内获得的收益下降也越多。反之，营利强度越低，单位时间边际收益越稳定，获取营利性收益持续的时间越长，从而更有利于民间组织可持续发展。

（2）社会捐赠者认知约束下的民间组织收益演化。民间组织不能像营利组织那样以追求股东利益最大化而激发资本的自动流入，也不能像政府那样可通过强制手段获得税收，其生存和发展所需的经济资源依赖于政府资助、社会捐赠和民间组织的营利性行为，而政府资助和社会捐赠的力度取决于民间组织是否遵守非营利宗旨以及履行社会使命的效率和效果，营利强度也应符合法律规范并得到社会捐赠者的认可。这是因为，在遵循“非分配约束”原则的前提下，通过适度的营利性行为获取公益资源，不仅能够使民间组织业绩得到增长（如医院提供服务总量增加），受益人效用增加（如相同服务可能由于医院的营利性收益补贴而使受益人付费更少），而且由于技术手段改进使工作效率得到提高（如医院引进更先进的医疗设备），组织绩效（业绩、效率和效果的综合）总体呈上升状态，这是社会捐赠者乐于见到的；如果民间组织营利强度过大，不仅会造成民间组织同时要实现经济和社会两个目标，容易造成组织文化与目标的冲突，而且吸引捐赠资金将遭遇捐赠人认知困难，即使民间组织从事与使命无关的营利性活动，也会受到社会捐赠者的抵制，因为“不务正业”可能导致使命范围内的公益产品或服务的业绩、质量和（或）效率下降，使民间组织获取社会捐赠资源的边际收益随着营利强度的递增而递减。

但是，在营利性行为的初始阶段，由于信息不对称原因，社会捐赠者对民间组织的营利强度无法感知，有时营利强度已超出了公众的认可度，但民间组织获取的营利收益占总收益之比仍然偏低，因而公众无法发现民间组织营利强度的大小和营利收益的多少，捐赠额因而保持不变。只有当民间组织营利收益超过营利边界时，才会引起媒体关注，并引发“羊群效应”，社会捐赠者的捐赠意愿必然随着营利强度和营利收益的上升而下降，如图 5－3 所示。

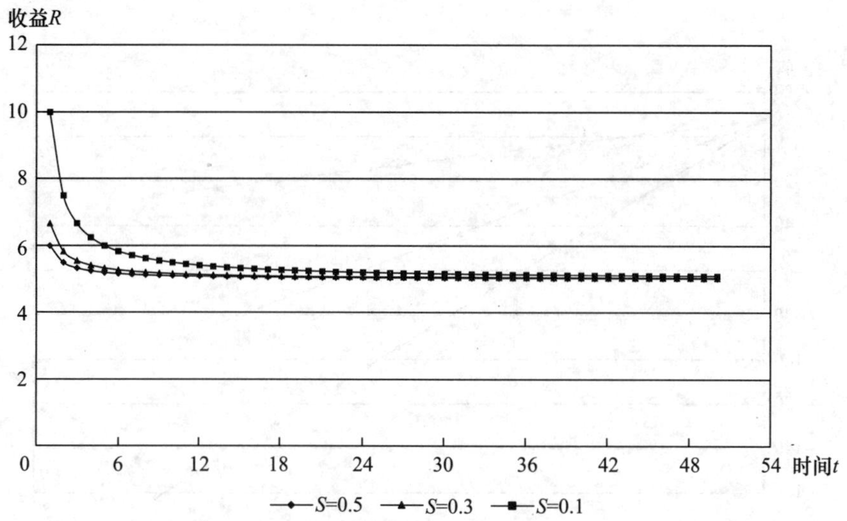

图 5－3　越过营利边界后的营利强度、营利时间与社会捐赠收益的关系

从图 5－3 可以发现，社会捐赠呈如下特征：营利强度越小，民间组织获取相同捐赠收益的时间越长，在同一时点上获取的捐赠收益就越多，也就是说，随着时间的延长获取的捐赠收益总量越大；反之，获取的捐赠收益总量越小。这是因为，营利收益越过营利边界点以后，民间组织的营利强度越高，营利组织的竞争力也就越大，社会捐赠者也就更容易发现民间组织偏离非营利宗旨的“证据”，反对也就越强烈，减少甚至停止捐赠就成为必然。

（3）政府工具制约下的民间组织营利收益演化。研究表明，两个最为常见的政府工具——拨款和购买服务合同在治理方式、管理能力、组织绩效和特有属性等方面对民间组织产生了显著影响。[①] 组织绩效当然也包括民间组织的经济收益。但当营利收益超过营利边界时，民间组织的非营利本质就会发生变化，政府必须运用行政工具加以约束，其约束力度 λ 取决于营利收益和社会责任的平衡。假定 λ 取值为 1.45。若营利边界仍为 10，则可根据不同营利强度绘制政府工具收益变动图，如图 5－4 所示。

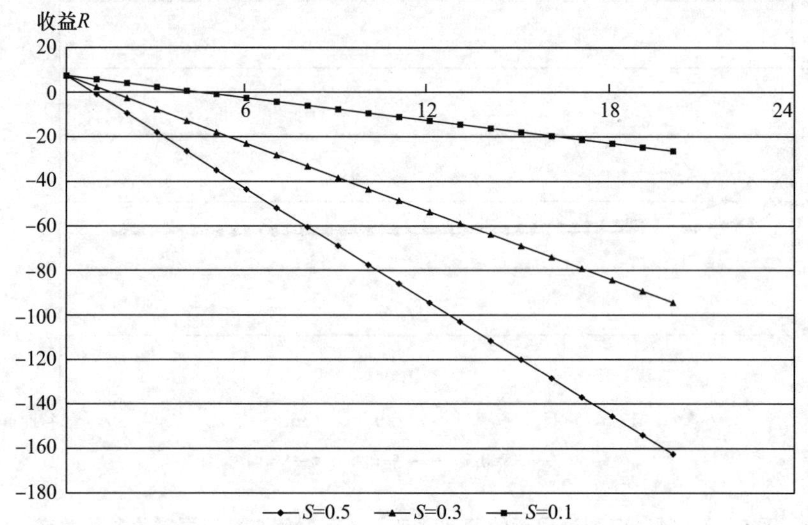

图 5－4　不同营利强度下的政府工具收益变动（M＝10）

首先，我们应当承认，对民间组织而言，越过营利边界的营利性行为并不总是“无利可图”。图 5－4 表明，在继续营利的初始阶段，营利收益与政府经济工具收益之和一般大于政府行政工具带来的损失，即政府工具收益仍为正值，只有当收益曲线下穿横轴以后，民间组织的营利收益才为负值。

其次，在相同的营利边界约束下，当 λ 取值为 1.45 时，政府工

---

① 张远凤、莱斯特·萨拉蒙、梅根·韩多克：《政府工具对美国非营利组织的影响——以 MFN、BCC 和 DCCK 为例》，《中国非营利评论》2015 年第 1 期。

具收益曲线的斜率均为负斜率，且营利强度越大，负斜率的绝对值越大，表明单位时间内政府工具收益下降幅度越大。也就是说，营利强度越大，超额收益越多，但政府行政工具处罚造成的民间组织收益损失更多，使民间组织得不偿失。

（4）营利约束机制下的民间组织总收益演化。民间组织营利收益演化以营利边界为分界点，现分析如下：

①营利收益小于或等于营利边界时的民间组织总收益演化。

从图5－5中可以看出，营利收益小于或等于M时，其营利收益最大值可达到20，且随着营利强度的加大，达到收益最大值的时间缩短。

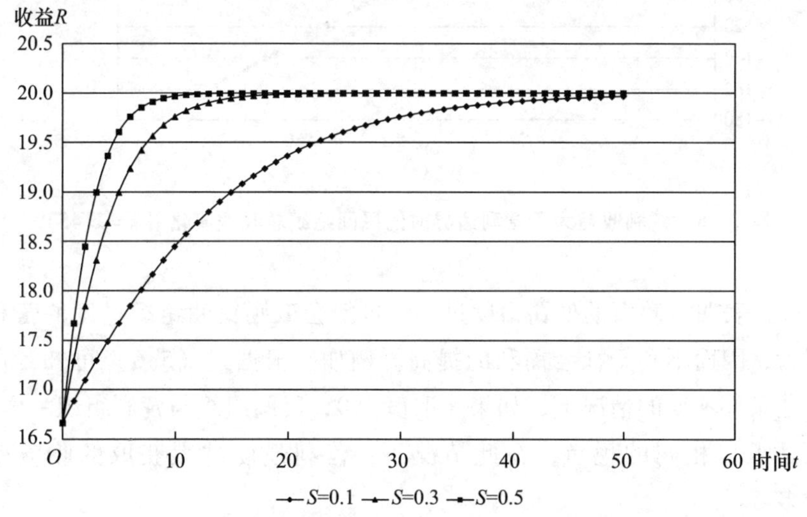

图5－5　营利收益小于等于营利边界时的民间组织总收益演化

②营利收益大于营利边界时的民间组织总收益演化（当λ＝1.45时）。

根据图5－6（a）并结合式（5.8），当营利性收益大于营利边界，即存在超额收益时，在既定的赋值条件下，民间组织总收益曲线的斜率全部为负值，而且营利强度越大，负斜率的绝对值也越大，表明单位时间内民间组织的政府工具收益下降幅度越大，民间组织总收益损失越多。但如果政府处罚力度变小，即λ值变小，民间组织总收益曲线斜率将由负变正，且营利强度越大，累积时间越长，累积的营利收益越多。例如，当λ取值为0.3时，不同营利强度的民间组织总收益演化如图5－6（b）所示。

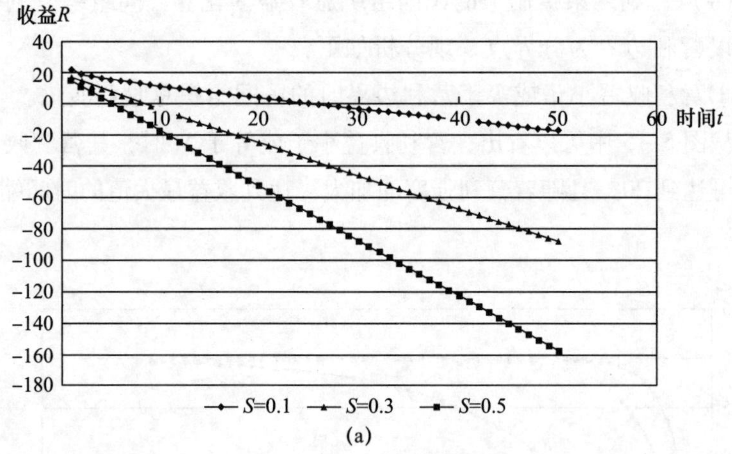

图5－6　营利收益大于营利边界时的民间组织总收益演化（λ=1.45）

这表明，政府的处罚力度过小，可能会鼓励民间组织过度的营利行为，因而不利于社会福利的提高。例如，根据式（5.6）可知，在其他条件不变的情况下，如果λ取值为0，民间组织与营利组织一样，只是承担相同的税负，在此情况下，营利强度越大获取的收益就越多。

（四）结论与建议

通过对受益人、捐赠人、民间组织和政府与民间组织之间博弈的考察，本书建立了一个四主体数理模型，以此为基础，模拟了各主体的行为和相互影响，并从营利收益演化视角，对各主体相关决策变量的作用和结果进行了研究，得出如下结论：

第一，民间组织可以有营利性行为，甚至在一定条件下必须有营利性行为。这是因为，营利性行为能够增加民间组织的公益资源，从而增加其公益支出。式（5.7）及其营利演化过程表明，当民间组织没有营利收益时，其组织收益达到最小值，为社会捐赠者捐赠与政府

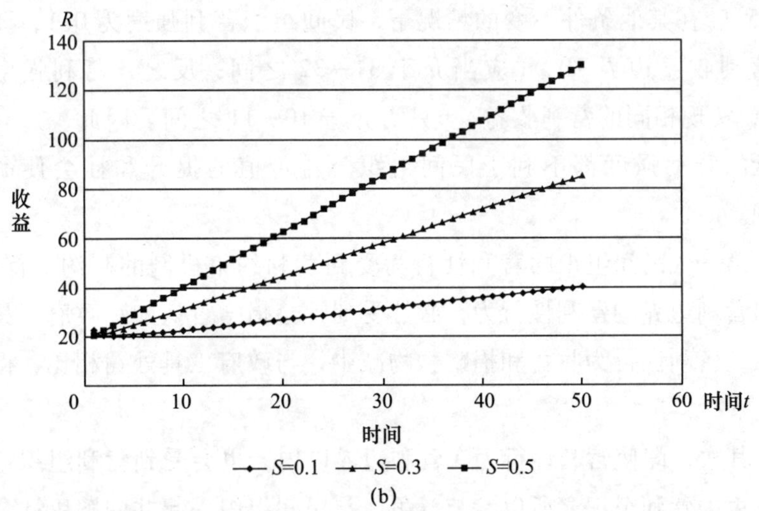

图 5－6　营利收益大于营利边界时的民间组织总收益演化（当 λ = 0.3 时）

资助之和；当民间组织存在营利性行为时，在营利边界内，组织收益随着营利强度加大、营利时间延长而增加，达到营利边界时，组织收益达到最大值；超越营利边界以后，能否增加组织收益取决于社会公众的捐赠意愿和政府对营利性行为的处罚力度。因此，那种试图将民间组织变成纯粹的非营利组织不仅是幼稚的，也不利于民间组织的发展和公益价值的提升，只有鼓励更多稳定的收入，才可以增加更大的非营利组织寿命。①

第二，营利边界内的民间组织营利强度也是有边界的。如图 5－6（b)所示，在营利性行为的初始阶段，营利强度越大，单位时间边际收益下降越快，边际收益为零的时间长度越短，若干年度营利性行为获取的总收益就越小。但营利强度偏低，又可能导致民间组织营利性行为获取的公益资源增长缓慢，难以实现公益目标。如根据式

① Deborah, A., Carroll, K., Jones Stater, "Revenue Diversification in Nonprofit Organizations: Does it Lead to Financial Stability?", *Journal of Public Administration Research and Theory*, Vol. 19, No. 4, 2009, pp. 947－966.

(5.5)，在其他条件不变的情况下，民间组织营利强度为0.1，要达到营利收益边界10，t应当介于31—32之间；反之，营利强度为0.5，实现相同的营利收益，t只需介于10—11之间。因此，过高或过低的营利强度都不利于民间组织公益价值的提升和社会使命的实现。

第三，民间组织的营利性行为受到营利约束机制的制约。首先，超出营利边界的营利性行为，必然受到社会捐赠者认知和政府工具的约束，营利性行为收益和捐赠款物减少，与政府工具处罚相比，得不偿失。

其次，即使营利性行为在营利边界以内，也会受到营利组织竞争的约束。营利组织之所以参与竞争，与民间组织一起共同解决社会问题，主要原因有两个：一是营利组织片面追求利润最大化，已引发了环境危机、资源吸附集中（强者越强，弱者越弱）等问题，影响了整个社会的可持续发展，越来越多的营利组织已主动承担社会责任；二是追求达成经济成功的新方式——共享价值。美国管理学家波特提出了“共享价值”原则，认为企业在为社会创造价值、满足社会需求的过程中，也创造出巨大的经济价值。因此，越来越多的企业家不再满足于单纯地追求利润，而是希望主动承担更多的社会责任，通过商业手段解决社会问题，并实现自身价值的提升。营利组织与民间组织在争夺公益服务市场的过程中，其行为边界正变得越来越模糊。最后，即使没有营利组织、社会捐赠者认知和政府工具监控，受益人净效用的下降也是约束非营利组织营利性行为的重要因素。

非营利组织被认为不太重视收益管理的研究[①]，本书的结论说明，这是不正确的。对此，本书对民间组织提出如下建议：

第一，尽管营利性行为能够增加民间组织的公益资源，但民间组织没有必要都去争利。营利性行为是一种手段，传统慈善也是一种手

---

① Verbruggen Sandra, Christiaens Johan, “Do Non - profit Organizations Manage Earnings toward Zero Profit and Does Governmental Financing Play a Role?”, *Canadian Journal of Administrative Sciences*, Vol. 29, No. 3, 2012, pp. 205 - 217.

段。营利性行为不应也不可能在公益领域占据主流，只能是对纯公益模式的补充，成为一部分民间组织可以借鉴的模式选择。如果民间组织公益模式运作良好，而且有稳定的资金来源，就可以维持原有的发展道路，特别是一些没有条件通过营利性行为获取收益的民间组织，如缺乏经营人才，就没有必要强迫自己利用营利性行为来增加收益。只有当民间组织提供的服务符合市场需求、有市场竞争力，还具有高效的营销策略和可持续的商业模式时，才可以尝试营利性行为的发展模式。

第二，营利性行为不能“任性”，民间组织的营利性行为同样是一把“双刃剑”。适度的营利性行为可以增加民间组织的收益，在提供服务的过程中，增加公益功能经费支出，并可降低对政府资助的依赖，逐步实现民间组织自治性特征；而过度的营利性行为不仅会降低受益人效用，而且会损害民间组织的公信力。因此，民间组织不能盲目地商业化和市场化，而是要提高自己的运作能力，提升自己的专业运作水平，这是中国公益行业最为紧迫的工作。

第六章　民间非营利组织公益绩效的本质及构成

第一节　民间非营利组织公益绩效的本质

一　民间非营利组织绩效评价的意义

民间组织的设立和业务活动的最终目标不以营利为主要目的，这是民间组织与营利组织之间本质特征的综合体现。对于营利组织来说，其设立和业务活动的财务目标就是利润最大化，努力增加出资者——股东财富。利润指标不仅成为营利组织衡量绩效的基本标准，也为企业提供量化分析的方法，使企业的两权分离成为可能，并作为评价企业决策是否科学、业务活动最终目标是否实现的尺度。然而，无论是美国财务会计准则委员会（FASB）的《财务会计准则》，还是我国财政部颁布的《民间非营利组织会计制度》，在界定民间组织时都强调，“该实体经营的目的不是获取利润”或者“该组织不以营利为目的和宗旨”。因此，民间组织通常缺少利润这一指标，管理人员经常难以就各种目标的相对重要性程度达成一致；对于一定的投入能在多大程度上帮助组织实现自己的目标也难以确定；分权管理的操作难度加大，许多决策不宜下放给中下层管理人员；不同民间组织之间也无法进行绩效的对比。当然，没有利润指标并不预示着民间组织运营没有评价标准。使命是一个非营利组织存在的理由，关注财务资源怎样把使命及其服务对象连接起来是适当的（Parker，2003；Colby *and* Rubin，2005）。[①][②] 这种"连接"的纽带就是民间组织的公益绩效。

彼得·德鲁克在《巨变时代的管理》中指出："非营利组织要向企业学习，做有绩效的经营管理；而企业也要向非营利组织学习，做有使命的管理。"德鲁克指出了缺乏绩效是抑制非营利组织发展的重要原因，非营利组织要以绩效作为经营管理的目标。因此，绩效评价对促进民间组织成为有效率、有竞争力的组织，获得可持续发展，有一定的意义。

由于我国民间组织管理法规还不够完善，慈善组织外的民间组织的指标数据的获取难度也很大。[③] 因此，要想明确地界定、评价民间组织的绩效是一件更为困难的事情。尽管存在上述问题，但对民间组织进行绩效评价仍然是不可回避的。美国慈善导航[④]是一家专门为捐赠人提供慈善组织信息的民间评估机构。该机构在 2001 年设立的美国慈善导航网是全球第一家针对慈善组织的评价网站，目前它已经成为美国国内最大的慈善评估机构。它评估的全美 5326 家慈善机构所募集的善款是全美慈善捐款的 83%。目前该组织对慈善组织评估的重点是财务状况，尚未覆盖项目执行、实践效果两大指标，这也将是慈善导航今后的发展方向。《中华人民共和国慈善法》规定，"民政部门应当建立慈善组织评估制度，鼓励和支持第三方机构对慈善组织进行评估，并向社会公布评估结果"。这就使对慈善组织的评估有了法律依据，对于推进社会组织评估工作意义十分重大。

理论和实践表明，竞争和他律分别是效率和自律的基本保证。因

---

① Verbruggen, Sandra and Christiaens, Johan, "Do Non－profit Organizations Manage Earnings toward Zero Profit and Does Governmental Financing Play a Role?", *Canadian Journal of Administrative Sciences*, Vol. 29, No. 3, Sep 2012, pp. 205－217.

② Clolery and Paul, "Nonprofit Paychecks Continue to Climb, Survey Responses from 340 Non－Profit Organizations Regarding Salary Increases for Variety of Positions (Brief Article)", *Non－profit Times*, No. 2, 2001, p. 25.

③ 根据《中华人民共和国慈善法》，民政部近期公布了《慈善组织信息公开办法（征求意见稿）》。这一办法正式实施，将极大地推进我国慈善组织的信息的公开化、透明化，但没有认定为慈善组织的民间组织信息公开程度法规要求仍然很低。

④ 黄春蕾：《我国慈善组织绩效及公共政策研究》，经济科学出版社 2011 年版，第 46—74 页。

此，为加强对民间组织参与和分担社会事务的评估，可推行绩效合同管理和绩效评估制度，在政府与民间组织之间形成法定的绩效责任关系，通过双方平等协商谈判，在绩效任务和预算等方面签订具有法律效力的绩效协议或绩效合同，各自做出公开透明的服务承诺和监管承诺。在接受政府资助的民间组织优先建立民间组织绩效评估标准体系，由独立第三方对其进行绩效评估和绩效审计，还可通过独立第三方对民间组织提供的公共产品和公共服务进行广泛的民意调查，以公众的满意程度来衡量绩效成果，发挥社会监督的作用。这将会简化复杂的管理机构和管理程序，克服权力间相互扯皮和推诿中滋生的腐败现象，同时，政府管理机构也会节省开支，减少权力享有者利用国家权力谋取私利的干扰。

二 公益绩效的本质

"公益"是"公共利益"的缩写，是五四运动后出现的词，最早用例见于鲁迅《准风月谈·外国也有》，"只有外国人说我们不问公益，只知自利，爱金钱，却还是没法辩解"。何为"公益"？应当说是一个世界性难题，至今也没有令人满意的解释和界定。我国对公益事业最早的法律诠释是1999年颁布的《中华人民共和国公益事业捐赠法》。该法第三条规定："本法所称公益事业是指非营利的下列事项：（一）救助灾害、救济贫困、扶助残疾人等困难的社会群体和个人的活动；（二）教育、科学、文化、卫生、体育事业；（三）环境保护、社会公共设施建设；（四）促进社会发展和进步的其他社会公共和福利事业。"这部法律对公益的界定是非常宽泛的，也是不容易判断的。

2016年9月1日开始实施的《中华人民共和国慈善法》将部分公益活动等同于慈善活动，该法第三条规定："本法所称慈善活动，是指自然人、法人和其他组织以捐赠财产或者提供服务等方式，自愿开展的下列公益活动：（一）扶贫、济困；（二）扶老、救孤、恤病、助残、优抚；（三）救助自然灾害、事故灾难和公共卫生事件等突发事件造成的损害；（四）促进教育、科学、文化、卫生、体育等事业的发展；（五）防治污染和其他公害，保护和改善生态环境；（六）符合本法规定的其他公益活动。"如此，慈善不仅仅是"雪中送炭"，也是"锦上添花"，不仅仅是"授人以鱼"，也是"授人以渔"。"小慈善"变成了

"大慈善"。从此,"慈善"登上了法律的圣殿,"慈善"与"公益"并行不悖。也就是说,慈善法与公益事业捐赠法在公益概念认定上基本一致,但人们日益增长的物质文化生活的需要,将会不断丰富和发展公益的内涵和外延。这两部法律为我们提供了两个判断"公益"的维度,即"公益"必须同时具备目的的非营利性和领域的公共性。"非营利性",前文已有论述;"公共性"可以理解为不具有排他性,为了不特定的多数人的福祉。

绩效(Performance)一词起源于美国20世纪70年代的管理学界。对于同一个民间组织,绩效评价就是对民间组织绩效状况的实际水平与期望水平之间进行对比而得出的一种评价和判断。不同的利益相关者采取的绩效评价指标可能不同,不同领域的民间组织由于不同的组织使命和目标,不同的资金来源渠道、组织运作特点等因素,组织绩效的评价指标也不同。

与营利组织相比,民间组织提供的大多是无形的产品或服务,传播和倡导慈善理念及公益精神,这使民间组织绩效指标(包括投入指标、产出指标、投入产出比、公平与社会慈善理念培育等效果指标)往往难以通过货币计量方式加以量化。对不同国家而言,民间组织发展所处的阶段不同,发展的特点各异,民间组织绩效评价的侧重点也不同,标准也很难统一。

绩效评价的关键首先要明确绩效的含义。目前,关于绩效的定义方法,理论界有三种观点:第一,结果绩效论,把绩效看作一种产出或结果,组织绩效就体现为财务与非财务结果。第二,行为绩效论,将绩效定义为个体控制下的与组织目标相互关联的行为,是可观察的实际行为表现。行为绩效论注意到了结果的短期性、多因性(很多因素不是个体行为所致)、不可观察性等问题;结果绩效论与行为绩效论结合将结果与行为作为绩效构成的两个组成部分,既包括组织活动的结果,也包括个体在工作中的行为,行为是工作中表现出来的,是结果的工具,但行为本身也是一种结果。第三,还有一种观点把技能、能力与价值观也作为绩效内涵的一部分,认为员工的技能、能力甚至个性特征都可以转化为量化的组织绩效。行为绩效论实际上是把过程评价与结果评价结合起来,侧重于过程评价和控制，无异于“集团军司令一直控制到班长”，容易束缚民间组织的思维和创新精神，进而导致教条主义盛行和形式主义泛滥。本书从民间组织提供公益服务、配置公益资源的角度，遵循结果绩效论，将绩效定义为一种结果，而把组织的行为，甚至员工的技能、能力与价值观等视为绩效的影响因素。

公益绩效是民间组织公益活动的成果，营利性行为必须符合公益绩效最大化目标，这就必须解决公益绩效的构成问题。

第二节 民间非营利组织公益绩效的构成

一 民间组织公益绩效的构成

2010 年 12 月 27 日，民政部正式颁布的《社会组织评估管理办法》规定，申请参加评估的社会组织应当符合下列条件之一：①取得社会团体、基金会或者民办非企业单位登记证书满两个年度，未参加过社会组织评估的；②获得的评估等级满五年有效期的。根据该办法，我国对社会组织实行分类评估。社会团体、基金会实行综合评估，评估内容包括基础条件、内部治理、工作绩效和社会评价四个方面。民办非企业单位实行规范化建设评估，评估内容包括基础条件、内部治理、业务活动、诚信建设和社会评价。社会组织评估结果分为 5 个等级，由高至低依次为 5A 级（AAAAA）、4A 级（AAAA）、3A 级（AAA）、2A 级（AA）、A 级（A）。获得 3A 以上评估等级的民间组织，可以优先接受政府职能转移，可以优先获得政府购买服务，可以优先获得政府奖励。其中，工作绩效包括社会捐赠、募集和政府购买服务、公益活动规模和效益、项目开发和运作、信息公开和宣传；社会评价包括内部评价、公众评价和管理部门评价。

《社会组织评估管理办法》评估的工作绩效和社会评价与“3E”评估理论有异曲同工之妙。“3E”评估理论是当前国际上最为流行的非营利组织评估理论，是美国会计总署 20 世纪 60 年代提出来的。3E 理论中的“3E”是指经济性（Economy）、效率性（Efficiency）和效果性（Effectiveness）。3E 总体上反映了民间组织的业绩、效率和效果。因此，“3E”成为民间组织绩效评价或计量的三个基本要素。中国的非营利医院、非营利学校、非营利慈善机构已开始重视组织的“3E”，并成为当前中国民间组织评估关注的焦点。

经济性是指组织经营活动过程中获得一定数量和质量的产品成服务及其他成果时所耗费的资源最少，这是从投入角度作出的概括，主要关心投入的合理性，包括资源投入、成本节约等。如果从产出角度来看，我们也可将经济性表述为一定资源耗费所获得的产品数量最大和质量最好，主要关心产出增加。不同部门、行业经济性的内容和标准不同，企业组织的经济性不同于民间组织。企业作为一个经济组织，经济性一般有三个目的，即长期生存、持续发展和利润最大化。而民间组织的经济性一般也有三个目的，即长期生存、可持续发展和公益业绩最大化。“业绩”是民间组织的产出（干了多少事），如基金会募集资金的数量、社会捐赠的价值量、承接政府购买服务、公益活动规模或受益对象人数以及民办非企业单位社会服务的总量等，构成了《社会组织评估管理办法》中工作绩效的主要内容。

效率性也是配置效率的一个简化表达，是指在给定投入和技术的条件下，社会能从其稀缺资源中得到最大的收益，换句话说，是指经济资源没有浪费，或对经济资源做了能带来最大可能性的满足程度的利用。就经济活动而言，最重要的事情当然就是最有效地利用其有限的资源，因为人的需求具有无限性。而相反的情况，如垄断、污染，或“没有制衡的政府干预”等，这样的经济可能产出少于“无上述问题”时该经济原本可以生产的物品或服务，甚至还会生产出许多不适销对路的产品或服务，这都是资源未能有效配置的后果。而民间组织的效率性是指最有效地使用资源实现最大最优产出，以满足受益人的愿望和需要。具体来说，是指在一定时间内单位资源（人、财、物）投入所实现的产出，即产出与投入之比，如公募资金会人均募集资金数量、民办医院单位时间诊疗人数等。《社会组织评估管理办法》虽未提及“效率”一词，但工作业绩的内容已包含效率，并提出了提升工作绩效的行为，如“项目开发和运作、信息公开和宣传”，这实际上仍受到行为绩效论的影响。

效果性是指公共服务实现目标的程度，就民间组织而言，效果性是指组织行为与民间组织宗旨、使命的吻合程度，可用社会评价指标等表示。社会评价包括内部评价、公众评价和管理部门评价，这与《社会组织评估管理办法》中社会评价包括的内部评价、公众评价和管理部门评价三项内容基本一致。

二　民间组织绩效评价指标体系

尽管“3E”评估理论与《社会组织评估管理办法》的“绩效”在用词与表述上不完全一致，但本质相同，思想上一脉相承。因此，本书遵循“3E”评估理论，结合《社会组织评估管理办法》绩效评价的内容，借鉴美国等发达国家在民间组织评估方面的实际做法和国内学者黄春蕾的研究成果①，并考虑到民间组织的公益性和经济性，将民间组织的绩效归结为业绩、效率和效果三个维度，以搭建民间组织绩效评价指标体系，如表6－1所示。

表6－1　　民间组织绩效评价指标体系

一级指标	二级指标	三级指标
业绩	公益资源	捐赠收入及其总收入占比
		总收入及其增长率
	公益产出	公益服务支出
		公益服务人数
		公益服务投资
效率	管理效率	公益支出/管理费用
	筹资效率	捐赠收入/筹资费用
	劳动效率	公益支出/员工人数
效果	目标实现程度	政府满意度
		公众满意度
		资源供给者满意度

① 黄春蕾在《我国慈善组织绩效及公共政策研究》（经济科学出版社2011年版）中运用管理理论、公共产品自愿供给理论，研究慈善组织的含义及其影响因子，阐释了慈善组织绩效的三层含义（业绩、效率、效果）。

（一）业绩指标

民间组织的业绩首先表现为产出，包括公益服务支出（对民间组织来说，公益服务支出可以用财务报表中的公益支出来衡量）、公益服务人数和公益服务投资，而公益产出离不开公益资源作为基础，公益资源包括人力资源（管理人员、志愿者）、非货币资金资源（固定资产、流动资产、无形资产和其他资产）和货币资金资源（捐赠收入、政府补助、商品销售收入、服务收入、投资收益和其他收入等），用公益资源多少作为公益业绩的评价指标并无不妥，但不能准确地反映民间组织干了多少事、干了什么事，只有采用公益产出作为民间组织的业绩指标，才能更有效地避免"某儿童大病救助基金年末还有2000万沉淀在账上"，甚至"善款发霉"等类似丑闻的出现。因此，本书认为，采用公益产出评价民间组织的业绩更加科学、合理。

（二）效率指标

"企业家把经济资源从生产率和产出较低的地方转移到较高的地方"[①]，这无疑点出了企业家最重要、最可贵的品质，即创造最大限度的效率。民间组织同样要关注投入与产出对比情况，具体可以通过公益支出、管理费用支出、筹资费用支出等占总支出的比重等指标加以衡量，也可以用单位管理人员实现的公益资源等非财务指标加以衡量。其中，管理费用包括人员工资福利支出与行政办公费用支出等。筹资费用为获得捐赠收入所花费的成本。民间组织在公益服务上拥有政府部门和市场部门无法比拟的效率——成本优势，因为它既不需要像政府部门那样考虑多方利益，也不需要像企业那样为追求市场占有率而可能牺牲利润率。在全球信息、资源与服务快速流动的今天，民间组织能充分降低管理费用和服务成本；能有效地利用其松散、扁平的组织结构，更加灵活、快速地收集信息、制定决策；能借助其广泛的民众参与系统，提供更能反映基层民众需要的社会服务。

---

① ［美］戴维·奥斯本、特德·盖布勒：《改革政府——企业精神如何改革公营部门》，上海译文出版社1996年版，第16页。

（三）效果指标

效果指标主要关注民间组织的产出是否达到了其组织目标或宗旨、项目可持续性以及通过开展公益服务而产生的社会影响力。其中，项目可持续性关注目标群体能力是否得到有效提升；社会影响力指标包括两个方面：一是民间组织的公益服务应当得到资源供给者的、政府和受益人的赞赏，因为他们是组织目标或宗旨是否实现的“首席裁判员”。二是公益活动的持续性、长期性，许多公益项目对社会福利、自然环境、社会人文环境等的广泛而深远的影响需要通过中长期才能显现出来，这也是民间组织得以取得较高社会声誉的主要原因。显然，公益活动的持续性、长期性指标在当前是难以量化的，但不是不可预知的。所以，满意度指标成为经常被使用的一种民间组织公益绩效评价的效果指标。对民间组织而言，政府、社会公众、受益人、捐赠人、组织员工、志愿者等利益相关者都可以作为主体评价民间组织公益效果，但政府（作为管理者）、捐赠者（作为资源供给者）和受益人（作为第一感知的服务对象）可能更加公平公正，主观中有客观。

业绩、效率和效果各自强调了民间组织绩效的某一侧面，业绩评价民间组织募集了多少资源和提供了多少公益产出，效率评价利用这些资源的投入产出比，效果更关注组织宗旨的实现程度及其社会影响力。业绩、效率和效果三者之间是密切相关的。业绩是效率和效果的前提，效率是对业绩质量的考察，影响组织可持续发展能力，也是效果的基础；效果是对业绩的补充和延伸。然而，业绩、效率和效果之间是一个矛盾统一体，业绩、效率和效果之间也可能产生不一致，单纯强调某一个方面都是不可取的。例如，公益资源投入越多，并不一定带来效率提高，在资源投入一定的情况下，效率越高，也并不意味着效果就越好。

第七章　营利性行为与民间非营利组织公益绩效的关系

——基于公募基金会的面板数据分析

第一节　样本来源、数据检验与模型选择

一　样本来源

中国社会组织网是民政部发布全国性基金会工作报告的网站，2006 年 8 月至 2017 年 7 月，基金会子站已发布民政部登记管理的基金会工作报告 1796 份。本书对数据做了如下删除：①2016 年全部基金会数据，主要原因是 2016 年度工作报告尚未公布结束；②2009 年及其以前年度数据，主要原因是数据公布内容和统计方法与样本数据年度存在差异，且年代距今较久远；③2011—2015 年公布工作报告中不完整的，有一个年度或一个年度以上工作报告空白或未公布的基金会；④2011—2015 年度工作报告已全部公布，但数据不完整，缺少面板数据研究所需样本数据的基金会。最终，本书所利用的样本数据是 2011—2015 年的面板数据，涉及公募基金会 69 家，即 69 个观测样本，共计获得 345 个观测数据。同时，为了消除异方差的影响，本书使用的是对数化后的数据进行实证分析。由于基金会的营利性行为的许多数据为 0，而对 0 取对数没有意义，因此，本书借鉴雅各布斯和马鲁达斯（Jacobs and Marudas）的方法，当营利性行为数据取值为 0

时，设对数值也为0。[①]

二 样本检验

考虑到一些不随时间变化的非观察因素可能与误差项相关从而导致内生性问题，本书建立面板数据模型进行回归分析。面板数据或平行数据是指包含若干个截面个体成员（各民间组织等）在一段时期内的样本数据集合，其每一个截面成员都具有很多观测值。面板数据比横截面数据或者时间序列数据具有很多优点，例如，可以扩大样本容量、控制个体的异质性、控制内生性问题、增加自由度从而提高参数估计的有效性，以及用于构造更复杂的行为模型等，并在很多方面能够丰富我们的研究分析。

（一）单位根检验

计量经济理论表明，众多经济变量，尤其是面板数据大多是非平稳变量，用非平稳变量进行回归分析得到的结果在很大程度上表现为伪回归。因此，在进行回归分析之前，首先进行单位根检验，这是避免面板数据出现伪回归的前提条件，目的是保证残差序列是平稳的。当然，由于所用面板数据的截面较多，时间跨度较短，有学者认为，可以省略单位根检验。[②] 但为了使研究更加严谨，面板数据回归分析前进行单位根检验仍不失为稳健的做法。Eviews 9.0 提供了 Summary（简易检验方法）、LLC、IPS、Breintung、ADF、PP、Hadri 等单位根检验方法。除 Summary 以外的前 3 种检验方法是相同根的检验方法，后 3 种检验是不同根的检验方法。Hadri 检验的原假设是不存在单位根，其他 6 种检验的原假设是存在单位根。Hadri 检验应服从标准正态的渐进分布，赵梦楠、周德群研究发现，对时间序列长度相对较短的面板数据，由于各横截面单元的 LM 统计量与其极限分布之间的差异，导致在此基础之上的 Hadri 检验存在检验水平畸等问题，影响其

---

① Jacobs, F. A. and N. P. Marudas, "The Combined Effect of Donation Price and Administrative Inefficiency on Donations to US Nonprofit Organizations", *Financial Accountability & Management*, Vol. 25, No. 1, 2009, pp. 33 – 53.

② Hsiao, C., *Analysis of Panel Data*, Cambridge: Cambridge University Press, 2003.

小样本性质的运用[①]，故不适合本研究应用。为了方便，本书采用相同根单位根 LLC（Levin－Lin－Chu）检验、IPS（Im，Pesaran，Shin）检验和不同根单位根 Fisher—ADF 检验，如果在 3 种检验中均拒绝存在单位根的原假设则认为此序列是平稳的；反之，则不平稳。Fisher—ADF 检验通过 3 个模型来完成，先检验含有截距项和趋势项的模型，再检验只含截距项的模型，最后检验两者都不含的模型，根据李子奈等的研究，只有 3 个模型的检验结果都不能拒绝原假设时，才认为时间序列是非平稳的，只要其中 1 个模型的检验结果拒绝了零假设，就可认定时间序列是平稳的。[②]

（二）协整性检验

非平稳面板变量在做回归之前要进行面板协整检验。协整检验是为了检验模型变量之间是否存在长期稳定关系，以避免出现伪回归现象。Eviews 9.0 提供了两类面板协整检验方法：一类是基于恩格尔—格兰杰（Engle－Granger）二步法的面板协整检验，主要有 Kao 检验和佩德罗尼（Pedroni）检验；另一类是以约翰森（Johansen）协整检验为基础建立的费希尔（Fisher）检验。由于本书所用的数据时间序列短而截面长，因此，采用 Kao 检验进行面板协整检验。通过了协整检验，说明变量之间存在长期稳定的均衡关系，其方程回归残差是平稳的。因此，可以在此基础上直接对原方程进行回归，此时的回归结果是较精确的。

三　面板数据的模型选择与回归

（一）面板数据模型形式

（1）混合估计模型。从时间上看，不同个体之间不存在显著性差异；从截面上看，不同截面之间也不存在显著性差异，那么就可以直接把面板数据混合在一起用普通最小二乘法（OLS）估计参数。

（2）固定效应模型。如果对于不同的截面或不同的时间序列，模型的截距不同，则可以采用在模型中添加虚拟变量的方法估计回归参数。

---

① 赵梦楠、周德群：《面板单位根 Hadri 检验的有偏性及其修正》，《数量经济技术经济研究》2008 年第 6 期。

② 李子奈、叶阿忠编著：《高级应用计量经济学》，清华大学出版社 2012 年版，第 77—85 页。

（3）随机效应模型。如果固定效应模型中的截距项包括截面随机误差项和时间随机误差项的平均效应，并且这两个随机误差项都服从正态分布，则固定效应模型就变成随机效应模型。

（二）面板数据模型形式的选择方法

本书按照人们的习惯做法，采用 F 检验和 LR 检验决定选用混合横截面模型还是面板数据模型，然后用豪斯曼检验确定是建立随机效应模型还是固定效应模型。回归分析时，由于本书横截面个数大于时序个数，权数可以选择按截面加权的方式，表明允许不同的截面存在异方差现象。估计方法采用面板校正标准误（Panel Corrected Standard Errors，PCSE）估计方法，可以有效地处理复杂的面板误差结构，如同步相关、异方差、序列相关等，在类似本研究的样本量不够大时尤为有用，因而 PCSE 估计方法是面板数据模型估计方法的一个创新。与大多数模型的构建方法类似，本书也采用对数回归模型，原因在于这种模型已经被证实比线性模型拟合效果要好。而且，将变量进行对数变换可以消除异常值的影响，也能衡量变量之间的相关关系。

第二节　营利性行为与民间非营利组织公益业绩的关系

从非营利特征来看，一方面强调公益性，另一方面又允许营利性行为的存在，这似乎是一对矛盾，且从逻辑上推理，背离非营利宗旨必然带来公益收入下降，进而导致公益业绩下降，但非营利组织客观存在的营利性行为对组织业绩的影响又会怎样呢？

一　理论分析与假设提出

本书主要以服务收入、投资收益、其他业务收入、净资产和员工平均薪酬 5 个自变量来探讨民间组织营利性行为与公益业绩的关系，参考雅各布斯等[①]的研究，选择组织财富（当年总收入）和组织规模（当年年末总资产）作为控制变量，并分析控制变量对公益业绩的影响。

公益业绩指标首先体现为总收入指标，包括总收入的绝对规模及其增长率等；其次公益业绩还体现为公益产出指标，主要是公益服务支出。公益服务支出规模及其增长有赖于总收入规模及其增长，但总收入规模及其增长并不表明公益服务支出规模及其增长必然呈同方向、同比例变动，这取决于民间组织非营利宗旨的遵守程度和公益使命的履行程度。收入增长并不代表业绩增长，至多是履行业绩的资源更加充实。收入增加而支出减少，净资产增加，民间组织的公益业绩反而下降，这实质上是一种“敛财”行为，当然不是利益相关者期望的终极目标。有“进”（收入）更要有“出”（支出），才符合非营利宗旨。因此，与收入相比，公益支出作为公益业绩的替代变量更能反映民间组织的业绩，即“干了什么事”“干了多少事”。

（一）公益服务收费与公益业绩

公益服务收费是指民间组织根据章程等的规定向其受益人提供服务取得的收入，主要是与宗旨相关收入，其收费行为至少受到两个方面限制。首先，收取服务对象的费用面临非营利宗旨约束，营利强度越大，其受到道德非议的声音越强。美国哥伦比亚大学教授、联合国前秘书长安南的特别顾问杰弗里·萨克斯，就强烈反对运用商业中的方法解决社会问题，特别是在国际货币基金组织和世界银行倡导的针对穷人的水质和卫生改进方面。他更反对向那些针对让穷人感到害怕的问题的产品或服务收取费用。他指出：“在有些地方，捐赠者（如US AGENCY 国际发展）支持一种折中的规则，我们称之为社会营销……例如，在避孕用具和抗疟疾床网的销售中用到社会营销，这些策略反复失效。穷人通常一无所有，而这些策略对于穷人能够支付多少而言是不切实际的。对穷人收取费用的过程就是将穷人排除在基本

① Jacobs, A., N. P. Marudas, “The Combined Effect of Donation Price and Administrative Inefficiency on Donations to U. S. Nonprofit Organizations”, *Finacial Accountability and Management*, No. 1, 2009.

服务之外的过程。”[①] 其次，营利强度越高，收取服务费用面临着经营相同业务的营利组织竞争越强。受益人尤其是较高收入的服务对象，他们选择服务机构的灵活性较大，这可能导致民间组织目标群体减少，结果使提供服务的收入可能不增反降；反之，营利强度越低，民间组织的顾客越多，提供服务的收入越高，这与营利组织薄利多销的经营效果是一致的，但如果营利强度偏低，利润率甚至为负数，就可能使组织收入下降甚至入不敷出，其直接后果就是民间组织公益支出的下降。因此，提出以下假设：

假设7－1：民间组织的服务收入与该组织的公益业绩负相关。

（二）投资收益与公益业绩

营利组织的资本市场投资是根据企业发展战略，或为了获取短期收益，或为了控制被投资企业而进行的资本输出行为，这一行为被认为是天经地义的，没有人提出异议，且投资带来的收益或向股东分配，或作为留存收益，当然，其所有权都属于股东。反之，若投资亏损则带来股东财富的减少，也就是说，企业资本市场投资是有风险的，包括系统性风险和公司特有风险。而民间组织的资本市场投资也是一种营利行为，不仅承受系统性风险，还必须承担被投资企业的公司特有风险，投资收益将会带来民间组织公益收入的增加，投资亏损则会导致民间组织公益收入的减少。尽管所获收益不分配给资金供给者，但仍然被认为是与民间组织的非营利宗旨背道而驰的，因而存在道义风险，不仅可能受到道德的指责，捐赠人还可能以此为理由减少捐赠，政府减少资助，结果使公益收入下降，公益支出减少；同时，在资金总额一定的前提下，用于投资的资金增加必然减少公益支出。据此，提出以下假设：

假设7－2：民间组织的投资收益与该组织的公益业绩负相关。

（三）其他收入与公益业绩

根据《民间非营利组织会计制度》，民间组织其他收入是指除捐赠收入、会费收入、提供服务收入、商品销售收入、政府补助收入、投资收益等主要业务活动收入以外的其他收入，如确实无法支付的应

① Jeffrey Sachs, *The End of Poverty*, London, England: Penguin Books, 2005, p. 276.

付款项、存货盘盈、固定资产盘盈、固定资产处置净收入、无形资产处置净收入等。其他收入所占比重低，且与民间组织营利性行为决策关系不大，尽管能够增加民间组织的收益，但并不是一种“有目标、有规划的”营利性行为，而是一种随机现象，但其他收入的增加必然增加组织收入，从而增加组织支出。基于以上分析，提出以下假设：

假设7－3：民间组织的其他收入与该组织的公益业绩正相关。

（四）员工薪酬与公益业绩

应当肯定，资源（包括人力资源）的提供者向民间组织投入资源并非为了取得回报，但也不能否定民间组织工作人员的薪酬要求。如何吸引人才加入非营利事业，科学的薪酬制度仍是不可或缺的，为提高工作业绩，将员工薪酬与公益业绩挂钩似乎是正常的制度选择，如公募基金会薪酬与募捐收入挂钩、社会服务机构薪酬与服务收入挂钩等，收入增加才能增加公益支出。据此，提出以下假设：

假设7－4：民间组织的员工平均薪酬与该组织的公益业绩正相关。

（五）净资产积累与公益业绩

净资产乃是民间组织可能违背代际公平原则的共营利行为，一方面为组织营利，增加组织可支配收入；另一方面也是为了员工职业发展和薪酬稳定甚至薪酬增长而预留的收益。净资产与公益业绩的关系可以从如下数学公式得到验证。

设第一年末净资产为 N_1，第一年末收入为 S_1，收入年增长率为 r，自第 2 年始各年公益事业支出占上年总收入的支出比为 T，则：

第 2 年净资产为：

$$N_2 = N_1 + S_1(1+r) - TS_1$$

第 3 年净资产为：

$$\begin{aligned} N_3 &= N_1 + S_1(1+r) - TS_1 + S_1(1+r)^2 - TS_1(1+r) \\ &= N_1 + S_1[(1+r) + (1+r)^2] - TS_1[1 + (1+r)] \end{aligned}$$

第 4 年净资产为：

$$\begin{aligned} N_4 &= N_1 + S_1[(1+r) + (1+r)^2] - TS_1[1 + (1+r)] - TS_1(1+r)^2 \\ &= N_1 + S_1[(1+r) + (1+r)^2 + (1+r)^3] - TS_1[1 + (1+r) + (1+r)^2] \end{aligned}$$

依数学归纳法：

第 n 年净资产为：

$$N_n = N_1 + S_1[(1+r)+(1+r)^2+(1+r)^3+\cdots+(1+r)^{n-1}] - TS_1[1+(1+r)+(1+r)^2+\cdots+(1+r)^{n-2}+(1+r)^{n-1}-(1+r)^{n-1}] \tag{7.1}$$

由式（7.1）可知，在其他条件不变的情况下，N_n 与 T 呈反向变动，T 增加导致 N_n 下降，即净资产下降；反之，N_n 上升也表明 T 下降。

基于上述数学分析，提出以下假设：

假设 7－5：民间组织的净资产积累与该组织的公益业绩负相关。

（六）组织规模与公益业绩

组织规模可能代表着民间组织成功实现目标和赚取收益（包括捐赠额）的能力。组织规模越大，知名度越高，越容易吸引媒体、社会公众以及监管部门的关注，并可能导致更多的监管干预。①② 因此，组织规模是民间组织履行受托责任的重要影响因素。社会关注有利于形成组织的品牌效应，从而获得资源供给者的青睐；而监督干预有利于促进民间组织增加公益支出，从而提升民间组织的公益业绩，这与雅各布斯等的研究结果相同。③ 廷克尔曼（Tinkelman）利用总资产的自然对数来衡量规模，发现组织规模与捐赠收入之间呈正相关关系。帕森斯（Parsons）、赵秋爽、刘亚莉等也印证了这一关系。而收入是捐赠支出的基础和前提，因此，民间组织的规模越大，收入越高，公益支出越多。基于上述分析，提出以下假设：

假设 7－6：民间组织的资产规模与该组织的公益业绩正相关。

（七）组织收入与公益业绩

《基金会管理条例》（国务院令第 400 号，2004 年 3 月 8 日）第

---

① Watts, J. W., Zimmerman, J. L., *Positive Accounting Theory*, Upper Saddle River, NJ: Prentice Hall, 1986, pp. 8－17.

② Luoma, P., Goodstein, J., "Stakeholders and Corporate Boards: Institutional Influences on Board Composition and Structure", *Academy of Management Journal*, No. 42, 1999, pp. 553－563.

③ Jacobs, F. A., N. P. Marudas, "The Combined Effect of Donation Price and Administrative Inefficiency on Donations to U. S. Nonprofit Organizations", *Financial Accountability and Management*, No. 1, 2009.

二十九条规定，“公募基金会每年用于从事章程规定的公益事业支出，不得低于上一年总收入的70%”，也就是说，公募基金会当年的公益支出与上年的公益支出并不存在相关性，这是因为，上年的公益支出是由前年的收入决定的，而本年的公益支出是由上年的收入决定的，但如果本年收入不敷支出时，即使有70%的比例规定，依然无法得到遵守。因此，公益支出实际上受到上年总收入和本年总收入双重影响。在我国捐赠收入占总收入比重高达85%的情况下，收入下降极有可能导致公益支出的减少；反之，会提高公益支出。因此，提出以下假设：

假设7-7：民间组织的总收入与该组织的公益业绩正相关。

二　模型选择

（一）数据检验

1. 单位根检验

表7-1显示，LLC检验、IPS检验和ADF检验对原序列的面板单位根检验表明，各序列不存在单位根，面板模型各序列变量是零阶单整的，可以直接进行协整检验。

表7-1　　面板数据的单位根检验（原序列）

检验方法	lnEXP	lnSER	lnINV	lnRES	lnSAR	lnNET	lnASS	lnINC
LLC	-45.61 (0.00)	-367.37 (0.00)	-51.18 (0.00)	-98.62 (0.00)	-69.55 (0.00)	-15.63 (0.00)	-98.62 (0.00)	-49.39 (0.00)
IPS	6.04 (0.00)	-1.3E+14 (0.00)	-1.2E+14 (0.00)	-13.82 (0.00)	6.90 (0.00)	-2.61 (0.01)	-19.7 (0.00)	-5.81 (0.00)
ADF	215.93 (0.00)	220.98 (0.00)	220.98 (0.00)	148.34 (0.00)	217.05 (0.00)	221.22 (0.00)	171.47 (0.03)	216.38 (0.00)
结论	平稳（零阶单整）	平稳（零阶单整）	平稳（零阶单整）	平稳（零阶单整）	平稳（零阶单整）	平稳（零阶单整）	平稳（零阶单整）	平稳（零阶单整）

2. 协整检验

表 7－2　　面板数据的协整检验

检验方法	lnEXP 与 lnSER	lnEXP 与 lnINV	lnEXP 与 lnRES	lnEXP 与 lnSAR	lnEXP 与 lnNET	lnEXP 与 lnASS	lnEXP 与 lnINC
Kao 检验	－14.40*** (0.00)	－1.87** (0.03)	1.96** (0.02)	－1.28* (0.10)	－16.16*** (0.00)	－16.43*** (0.00)	－1.28* (0.10)

注：*、**、*** 分别表示 10%、5% 和 1% 的显著性水平。下同。

（二）模型选择

利用 Eviews9.0 在固定效应基础上计算的 F 统计量的值为 F = 2.613986，伴随概率为 0.0000，LR = 175.018112，伴随概率为 0.0000，因此拒绝原假设，建立面板数据模型。在随机效应基础上利用 Eviews 9.0 计算豪斯曼检验结果值为 40.870510，伴随概率为 0.0000，故拒绝原假设，建立固定效应模型，即公益业绩在不同基金会之间存在显著的固有差异。

根据上述检验结果，建立个体固定效应变截距模型。

$$\ln EXP_{it} = \delta + \lambda_i + \sum_{k=2}^{k} \beta_k x_{kit} + u_{it}$$

式中，$i=1, 2, \cdots, N$，表示 N 个个体；$t = 1, 2, \cdots, T$，表示已知的 T 个时点。$\ln EXP_{it}$是被解释变量 $\ln EXP$ 个体 i 在 t 时的观测值；x_{kit}是第 k 个解释变量对于个体 i 在 t 时的观测值；β_k 是待估参数；u_{it} 是随机误差项。

（1）被解释变量 lnEXP 为民间组织的公益业绩，以民间组织工作报告的公益事业支出金额作为替代变量。

（2）解释变量包括 lnSER、lnINV、lnRES、lnNET 和 lnSAR，分别表示服务收费、资本市场投资、其他营利行为、净资产积累和薪酬市场化 5 种营利方式，分别以民间组织的服务收入、投资收益、其他收入、净资产和员工年均薪酬作为替代变量。

（3）控制变量。首先选择组织规模 lnASS 作为控制变量，同时考虑年度组织收入 lnINC 对公益业绩的影响。

（4）$\delta + \lambda_i$ 为截距项，表示个体影响；u_{it}为随机误差项，i 表示基

金会，t 表示年份。各变量名称及说明见表 7－3。

表 7－3　　　　　　　　变量名称及说明

变量名称		变量标识	变量说明	与被解释变量的相关关系假设
被解释变量	公益业绩	lnEXP	民间组织的年度公益支出	
解释变量	服务收费	lnSER	民间组织的服务收入	－
	资本市场投资	lnINV	民间组织投资收益	－
	其他营利行为	lnRES	民间组织的其他收入	＋
	薪酬市场化	lnSAR	民间组织员工年均薪酬＝组织薪酬总额/专职工作人员人数	＋
	净资产积累	lnNET	民间组织的净资产	－
控制变量	组织规模	lnASS	民间组织总资产	＋
	组织收入	lnINC	民间组织的年度总收入	＋

三　实证检验

根据模型设定，对民政部登记管理的 2011—2015 年公募基金会面板数据进行实证分析。

（一）描述性统计结果

本研究描述性统计数据采用原始数据，以反映事物的本来面貌。

表 7－4 是描述性统计结果。公益支出平均值达到 8761 万元，占当年收入均值的 85.9%，表明我国公募基金会公益支出比总体上已超过 70% 的政府规定标准。其中，中国出生缺陷干预救助基金会 2011 年度公益支出为零，主要原因是该基金会成立于 2011 年 5 月 24 日，没有上年度收入，所以，虽然当年有非限定性收入 192062.13 元，但并不违反政府规定。服务收入中位数为零，表明基金会大部分年度服务收入为零，或绝大多数公募基金会不收取服务费。投资收益中位数为零，同样表明基金会大多数年度没有投资收益或投资收益为负数（亏损）。服务收入和投资收益年度值为零，表明这两种营利方式在这些年度收益值为零，就像气温为零一样，在相关分析中仍具有现实意

义。员工平均薪酬为61679.22元，中位数为60000元，表明基金会员工平均薪酬偏低，且绝大多数员工薪酬接近平均值，但也有个别年度个别基金会员工平均薪酬超过20万元，但基本符合（财税〔2009〕123号）“不得超过上年度税务登记所在地人均工资水平两倍”的规定。个别基金会员工平均薪酬为零，并不表明员工全部不领取工资，这些员工极有可能是兼职人员，仍在原工作单位领取薪酬。解释变量各序列的标准差均较大，说明我国基金会营利强度不均衡。

表7-4　　　　公益业绩描述性统计　　　　单位：元

	公益支出	服务收入	员工平均薪酬	投资收益	其他收入	净资产	总资产	总收入
平均值	87614572	1231957.	61679.22	1853887.	1644382.	1.19E+08	1.36E+08	1.02E+08
中位数	18931493	0.000000	60000.00	0.000000	447095.4	47873362	50107266	19337528
最大值	2.65E+09	35970874	212507.6	44718424	28229083	1.06E+09	2.33E+09	3.04E+09
最小值	0.000000	0.000000	0.000000	-302935.2	0.000000	938954.0	102330.7	365846.1
标准差	2.46E+08	4323474.	36157.38	5278372.	3655128.	1.82E+08	2.67E+08	2.73E+08

（二）回归结果分析

固定效应模型回归结果如表7-5所示。调整的R^2为0.991053，F统计量的值为507.5887（0.0000），DW值为2.255671，说明回归方程设定合理，模型的拟合度较好。

表7-5　　　　固定效应模型回归结果

变量	系数	标准误	T值
C	4.191326***	1.079146	3.883929
lnSER	-0.024033***	0.002929	-8.205705
lnINV	0.014576***	0.002100	6.942341
lnRES	0.046675***	0.015216	3.067433
lnSAR	0.217868***	0.010978	19.84583
lnNET	-0.000506	0.057171	-0.008852

续表

变量	系数	标准误	T 值
lnASS	-0.067653	0.046937	-1.441359
lnINC	0.644985***	0.021726	29.68712
R^2	0.993009	F 统计量 = 507.5887	
调整的 R^2	0.991053	P（F 统计量）= 0.000000	
DW 值	2.255671		

注：*、** 和 *** 分别表示参数估计在 10%、5% 和 1% 的显著性水平下显著，下同。

依据表 7-5 所示的固定效应模型估计结果，我们发现投资收益、其他收入、员工平均薪酬、总收入的回归系数为正且影响显著，服务收入回归系数符号为负且影响显著，净资产和总资产的回归系数为负，但影响不显著。

对模型回归结果的解读，可以对前文提出的 7 个假定进行相应的分析。

（1）提供服务收入对民间组织的公益支出影响为负且在 1% 的显著性水平下显著，这使假设 7-1 得到验证，即民间组织的服务收入与该组织的公益业绩负相关。

（2）由于投资收益对公益支出的影响系数为正且显著，这一结果使假设 7-2 未能得到验证，即民间组织的投资收益与该组织的公益业绩负相关。这表明，捐赠人、政府等资源供给者对民间组织的资本市场投资的认识与本书假设的不完全一致。第一，尽管民间组织存在资本市场投资，但资源供给者并未减少对民间组织的资源供给，表明民间组织的投资强度没有超出资源供给者的认可范围。第二，民间组织的投资决策总体正确，投资收益总体上不断增长，公益支出也随之增长。至少具备上述一个条件或同时具备上述两个条件，本年度民间组织的公益支出才会与投资收益同步增长。

（3）其他业务收入对民间组织的公益支出影响系数为正，且在 1% 的显著性水平下显著，这使假设 7-3 得到验证，即民间组织的其他收入与该组织的公益业绩正相关。

（4）职工薪酬与公益支出的相关系数为正且在1%的显著性水平下显著，使假设7－4得到验证，即民间组织的员工薪酬与该组织的公益业绩正相关。

（5）净资产与公益支出呈负相关但不显著，这使假设7－5得到部分验证，即民间组织的净资产与该组织的公益业绩负相关。

（6）资产规模对公益支出的影响系数为－0.07，但呈不显著状态，表明组织规模对公益业绩的负向影响，故此未能证明假设7－6，即民间组织的规模与该组织的公益业绩正相关。这可能反映了基金会存在为组织谋取利益的现象，可能的原因是基金会并未随着本年收入增加而增加公益支出，只是被动执行“公募基金会每年用于从事章程规定的公益事业支出，不得低于上一年总收入的70%”之规定，从而使得民间组织资产扩张而公益支出相对下降，或者负债增加，但公益支出未能同步增加。样本数据表明，公募基金会2011年年末资产负债率为3.08%，2015年年末资产负债率为6%，也就是说，资产负债率增加了近一倍，2011年公益支出占资产的64.22%，2015年为64%，负债比率增长而公益支出比率基本没有变化，使资产规模与公益支出负相关。

（7）民间组织的总收入与该组织的公益支出正相关且显著，验证了假设7－7，即民间组织的总收入与该组织的公益业绩正相关。这是由于公益支出总是以总收入为基础的，当民间组织严格执行70%支出规定时，公益收入与公益支出必然正相关。

实证研究表明，民间组织的公益业绩受多种因素影响，其中，营利性行为总体上与民间组织的公益业绩呈正相关且显著，这是基于公益支出作为公益业绩替代变量得出的基本结论。政府、民间组织和社会不应当排斥甚至完全拒绝民间组织正当的营利性行为，只要有利于公益业绩的提升，都应当支持和鼓励。

第三节 营利性行为与民间非营利组织运营效率的关系

运营效率是民间组织利用可得资源实现公益目标的程度，代表了民间组织更有效地履行了对利益相关者的受托责任。如果组织能够花费最少的活动费用，获得最大化的组织收入，公益款物得以最大化地转移到受益者手中，其运营效率就高；反之，则运营效率就低。正如 Gordon 和 Khumawala 所指出的，民间组织的资源供给者并不索取剩余权益，他们希望看到的是捐赠有所作为，寻求的是捐款的社会效益最大化。[①] 因此，结合运营效率分析是研究民间组织营利性行为的一个重要方面。

探讨营利性行为与民间组织运营效率关系的意义主要在于以下两点：一是捐赠者更期望了解慈善组织是否有效率和有效果地使用了捐赠款项[②]；二是相对而言，管理层拥有更多民间组织财务状况和运营效率的信息，但管理层也可能存在追逐私利而浪费民间组织资源的行为。[③] 因此，民间组织运营效率的高低必然成为资源供给者进行资源供给的决策因素，正如陈丽红等的研究所发现的，捐赠决策与综合运营效率显著正相关。[④] 由于所提供服务的公共物品属性，公募基金会不可能将提供服务收入或销售商品收入等营利性行为作为收入的主要来源，因此，捐赠收入的获取对基金会的发展十分关键。只有吸引到

---

① Gordon, T. P., Khumawala, S. B., "The Demand for Not - for - Profit Financial Statements: A Model for Individual Giving", *Journal of Accounting Literature*, No. 18, 1999, pp. 31 - 56.

② Parsons, L. M., "Is Accounting Information from Nonprofit Organizations Useful to Donors? A Review of Charitable Giving and Value - Relevance", *Journal of Accounting Literature*, No. 22, 2003, pp. 104 - 129.

③ Krishnan, R., Yetman, M. H., Yetman, R. J., "Expense Misreporting in Nonprofit Organizations", *The Accounting Review*, Vol. 81, No. 2, 2006, pp. 399 - 420.

④ 陈丽红、张龙平、李青原、杜建军：《会计信息会影响捐赠者的决策吗？——来自中国慈善基金会的经验证据》，《会计研究》2015 年第 2 期。

捐赠者的捐赠收入，公募基金会才能持续推进各项目活动，实现组织目标。这就使营利性行为对运营效率的影响研究显得尤为重要。本节仍主要探讨服务收费、投资收益、其他收入、员工平均薪酬和净资产5个营利性行为变量与运营效率的关系，以期发现营利性行为对公益绩效的影响。

一 营利性行为与民间组织管理效率的关系

（一）理论分析与假设提出

现有文献主要将业务活动成本占总成本费用的比率作为管理效率的评价指标，而根据我国现行的会计制度，民间组织业务活动成本不等于年度公益支出，但样本数据表明两者基本相等，除个别极端值以外，业务活动成本与年度公益支出之比介于0.95—1.05之间，因此，本研究认为，可以采用年度公益支出占总成本费用的比率作为管理效率的评价指标。年度公益支出是为实现组织目标、开展项目活动发生的直接支出，是与组织使命的实现直接相关的支出。这一比率可以表示公募基金会花费的1元总成本费用有多大比例用于实现组织使命，该指标可以衡量公募基金会运营效率的高低。年度公益支出率越高，说明公募基金会花费在与组织使命相关活动上的金额越高，捐赠收入利用越充分，越能获得更多的公益资源。如韦斯布罗德、多明古斯①、廷克尔曼②和帕森斯③的研究均表明，捐赠收入与业务活动成本率之间存在显著正相关关系。

我国《民间非营利组织会计制度》将公募基金会成本费用分为业务活动成本（公益支出）、管理费用和筹资费用三类，其中，管理费

① Weisbrod, B. and N. Dominguez, "Demand for Collective Goods in Private Nonprofit Markets: Can Fund raising Expenditure Help Over Come Free - Rider Behavior?", *Journal of Public Economics*, Vol. 30, No. 1, 1986, pp. 83 - 96.

② Tinkelman, D., "Factors Affecting the Relation between Donations to Not - for - Profit Organizations and an Efficiency Ratio", *Research in Governmental and Nonprofit Accounting*, No. 10, 1999, pp. 135 - 161.

③ Parsons, L. M., "Is Accounting Information from Nonprofit Organizations Useful to Donors? A Review of Charititable Giving and Value - Relevance", *Journal of Accounting Literalure*, No. 22, 2003, pp. 104 - 129.

用是指为组织和管理其业务活动所发生的各项费用，包括人员工资福利支出与行政办公费用支出等。为民间组织提供资金的政府和个人及其利益相关者希望善款真正用到实处，起到帮助弱势群体的作用，过多的管理费用会挤占用于公益支出的费用。因此，降低管理费用比重能够提高公益支出比重。本书将管理效率比重表现为年度公益支出与管理费用之比，其倒数反映了管理费用占年度公益支出的比重。该比率代表支付1元管理费用所实现的业务活动支出，这与将业务活动成本占总成本费用的比重作为管理效率评价指标的基本思想是一脉相承的，它同样能够衡量公募基金会内部管理的效率。研究营利性行为与民间组织管理效率的关系，关键是研究如下五类变量之间的关系。

1. 自主性收入与管理效率的关系

自主性收入主要包括服务收入、投资收益和其他收入三项收入。因为管理效率等于本年公益支出/管理费用。根据现行“基金会工作人员工资福利和行政办公支出不得超过当年总支出10%”的规定，管理效率的下限为10%。但根据成本费用的特性，管理费用同样由固定性管理费用和变动性管理费用构成，其中固定性管理费用总额不随公益支出增加而增加，但单位公益支出分摊的固定性管理费用将下降；变动性管理费用总额随着公益支出增加而成正比例增加，但单位公益支出变动性管理费用不变。因此，随着自主性收入的增加，公益支出也会增加，单位公益支出分摊的管理费用将逐步降低，管理效率就会逐步提高。

因此，依据上述原理，提出以下假设：

假设7-8：民间组织的服务收入与该组织的管理效率正相关。

假设7-9：民间组织的投资收益与该组织的管理效率正相关。

假设7-10：民间组织的其他收入与该组织的管理效率正相关。

2. 员工平均薪酬与管理效率的关系

表7-5表明，员工平均薪酬与公益支出呈正相关关系且显著，也就是说，若管理费用不变，员工平均薪酬增加，公益支出也将按相同金额增加，管理效率同步提高，但是，由于员工平均薪酬是管理费用的重要组成部分，员工平均薪酬增长也将导致管理费用的增长。根

据表7－5，若员工薪酬增长1%，公益支出将增长0.22%，管理费用也增长0.22%，管理效率不变；但若管理费用增长小于0.22%，管理效率将提升；反之，管理效率将下降。随着员工平均薪酬的增加，由于固定性管理费用和固定性薪酬的存在，单位公益支出承担的管理费用将下降，管理效率将得到提升。因此，提出如下假设：

假设7－11：民间组织的员工平均薪酬与该组织的管理效率正相关。

3. 净资产与管理效率的关系

依据式（7.1），净资产与公益支出负相关，依此，提出以下假设：

假设7－12：民间组织的净资产与该组织的管理效率负相关。

4. 总资产与管理效率的关系

由于规模效应的作用，组织规模的扩大将带来管理效率的提升，这已成为管理学一般规律，据此，提出如下假设：

假设7－13：民间组织的总资产与该组织的管理效率正相关。

5. 总收入与管理效率的关系

根据业务活动成本比率与我们研究的管理费用比重的关系，我们也可以依据韦斯布罗德、多明古斯、廷克尔曼和帕森斯的研究得出捐赠收入与管理费用比重之间存在显著正相关关系。即在业务活动成本一定的情况下，民间组织管理费用越低，也就是管理效率越高，其运营管理效率越好，越有利于民间组织增加捐赠收益。刘亚莉、王新和魏倩发现，慈善组织的管理效率及组织规模是影响慈善基金会捐赠收入的重要因素。[①] 而样本数据显示，我国公募基金会的捐赠收入占总收入的比重约为77.88%，而非公募基金会这一比重可能更高。因此，提出如下假设：

假设7－14：民间组织的总收入与该组织的管理效率正相关。

（二）模型选择

1. 数据检验

（1）单位根检验。除管理效率变量外，其他与本书研究的相关变

---

① 刘亚莉、王新、魏倩：《慈善组织财务信息披露质量的影响因素与后果研究》，《会计研究》2013年第1期。

量单位根已在第二节检验并得出平稳的结论，被解释变量的平稳性检验结果如表7-6所示。

表7-6　管理效率对数平稳性检验结果

检验方法	LLC	IPS	ADF	结论
管理效率对数	-124.15 (0.00)	17.13 (0.00)	225.73 (0.00)	平稳

（2）协整检验。其检验结果如表7-7所示。

表7-7　管理效率与各解释变量协整关系检验结果

检验方法	lnADE 与 lnSER	lnADE 与 lnINV	lnADE 与 lnRES	lnADE 与 lnSAR	lnADE 与 lnNET	lnADE 与 lnASS	lnADE 与 lnINC
Kao 检验	-2.74 (0.00)	-2.62 (0.00)	-4.01 (0.00)	-2.70 (0.00)	-4.87 (0.00)	-2.81 (0.00)	-5.65 (0.00)

2. 模型设定

在固定效应基础上，利用Eviews 9计算F统计量的值为4.449467，伴随概率为0.0000；LR=259.939444，伴随概率为0.0000，因此拒绝原假设，建立面板数据模型。在随机效应基础上，利用Eviews 9计算豪斯曼检验结果值为98.832624，伴随概率为0.0000，故拒绝原假设，建立固定效应模型，并将变量进行对数变换以消除异常值的影响，衡量变量之间的相关关系。

根据上述检验结果，建立个体固定效应变截距模型。

$$\ln ADE_{it} = \delta + \lambda_i + \sum_{k=2}^{k} \beta_k x_{kit} + u_{it}$$

式中，$i=1, 2, \cdots, N$，表示N个个体；$t=1, 2, \cdots, T$，表示已知的T个时点。$\ln ADE_{it}$是被解释变量$\ln ADE$个体i在t时的观测值：x_{kit}是第k个解释变量对于个体i在t时的观测值；β_k是待估参数；u_{it}是随机误差项。

（1）被解释变量lnADE为民间组织的管理效率，以民间组织公益支出除以管理费用值表示。

（2）解释变量包括 lnSER、lnINV、lnRES、lnNET 和 lnSAR，分别表示服务收费、资本市场投资、其他营利行为、净资产积累和薪酬市场化 5 种营利方式，分别以民间组织的服务收入、投资收益、其他收入、净资产和员工年均薪酬作为替代变量。

（3）控制变量。首先选择组织规模 lnASS 作为控制变量，同时考虑年度总收入 lnINC 对管理效率的影响。

（4）$\delta+\lambda_i$ 为截距项，表示个体影响；u_{it} 为随机误差项，i 表示基金会，t 表示年份。各变量名称的说明见表 7－8。

表 7－8　　变量名称及说明

<table>
<tr><th colspan="2">变量名称</th><th>变量标识</th><th>替代变量说明</th><th>与被解释变量的假设关系</th></tr>
<tr><td>被解释变量</td><td>管理效率</td><td>lnADE</td><td>等于公益支出/管理费用</td><td>+</td></tr>
<tr><td rowspan="5">解释变量</td><td>服务收费</td><td>lnSER</td><td>民间组织的服务收入</td><td>+</td></tr>
<tr><td>资本市场投资</td><td>lnINV</td><td>民间组织的投资收益</td><td>+</td></tr>
<tr><td>其他营利行为</td><td>lnRES</td><td>民间组织的其他收入</td><td>+</td></tr>
<tr><td>净资产积累</td><td>lnNET</td><td>民间组织的净资产</td><td>−</td></tr>
<tr><td>薪酬市场化</td><td>lnSAR</td><td>民间组织员工的平均工资</td><td>+</td></tr>
<tr><td rowspan="2">控制变量</td><td>组织规模</td><td>lnASS</td><td>民间组织的总资产</td><td>+</td></tr>
<tr><td>组织收入</td><td>lnINC</td><td>民间组织的总收入</td><td>+</td></tr>
</table>

（三）实证检验

1. 描述性统计

表 7－9　　管理效率描述性统计

平均值	中位数	最大值	最小值	标准差
36.69861	18.39000	737.5100	0.000000	78.67988

描述性统计表显示，样本民间组织的管理效率平均值为

36.69861，其倒数约为2.72%，表明我国样本民间组织的管理费用占公益支出的比重较低，占总收入的比重更低；个别公募基金会少数年度管理费用为零，援助西藏发展基金会甚至从2011—2015年共5个年度工作报告书显示管理费用为零，这在民间组织中是极为罕见的；标准差较大表明各样本单位管理效率差异较大，管理效率参差不齐。

2. 实证检验

根据检验结果，本研究固定效应模型回归结果如表7-10所示。调整的R^2为0.888746，F统计量的值为37.53384（0.0000），DW值为2.268584，说明回归方程设定合理，模型的拟合度较好。。

表7-10　固定效应模型回归结果

变量	系数	标准误	T值
常数项	-1.006663	1.121630	-0.897500
lnSER	-0.008820**	0.004210	-2.095079
lnINV	-0.006965*	0.003956	-1.760474
lnRES	0.074476***	0.016530	4.505543
lnSAR	0.011539	0.020157	0.572452
lnNET	0.031898	0.086312	0.369562
lnASS	-0.030163	0.072397	-0.416633
lnINC	0.173601***	0.038008	4.567521
R^2	0.913073	F统计量=37.53384	
调整的R^2	0.888746	P（F统计量）=0.000000	
DW值	2.268584		

通过表7-10的固定效应模型回归结果，发现其他收入、总收入的回归系数为正且影响显著，服务收入、投资收益回归系数为负且影响显著，而职工平均薪酬、净资产的回归系数为正，总资产的回归系数为负，但影响均不显著。

通过对模型回归结果的解读，可以对前文提出的7个假设进行了相应的分析。

（1）提供服务收入对民间组织的管理效率影响为负且在5%的显

著性水平下显著，这使假设7－8民间组织的服务收入与该组织的管理效率正相关没有得到验证。可能的原因包括：一是公募基金会的服务收费行为可能受到资源供给者对组织宗旨的质疑，不当的服务收入增加导致捐赠收入和（或）政府资助更大幅度减少，公益支出下降，这和服务收入与公益支出负相关的结论是一致的，如表7－5所示。二是在没有或很少社会捐赠和政府资助的情况下，民间组织为了增加收入，可能存在服务收费与薪酬挂钩的奖励制度，可能导致管理费用的大幅度增加而导致管理效率下降。

（2）由于投资收益对管理效率的影响系数为负且显著，这一结果使得假设7－9未能得到验证即民间组织的投资收益与该组织的管理效率正相关。这表明，投资收益的增加并没有带来公益支出的增长，从而使管理效率费用下降。可能的原因包括两个方面：第一，片面强调薪酬等行政支出与绩效挂钩，导致管理费用超前增长；第二，投资不尽如收益人意，没有得到大幅度增长。

（3）其他收入对民间组织的管理效率影响系数为正，且在1%的显著性水平下显著，这使假设7－10得到验证即民间组织的其他收入与该组织的管理效率正相关。

（4）员工平均薪酬与管理效率的相关系数为正但不显著，使假设7－11未得到完全验证，根据表7－5，员工薪酬与民间组织的公益支出显著正相关，这表明民间组织的管理费用与公益支出没有发生同步变化。

（5）净资产与管理效率呈正相关但不显著，这使假设7－12没有得到验证即民间组织的净资产与该组织的管理效率负相关。

（6）资产规模对管理效率的影响系数为－0.03，但不显著，表明组织规模对管理效率的负向影响，故此我们未能完全证明假设7－13即民间组织的总资产与该组织的管理效率正相关。主要原因是组织规模过大，可能存在人浮于事，浪费严重，管理费用占公益支出比过大，导致管理效率下降。

（7）民间组织的总收入与该组织的管理效率正相关且显著，验证了假设7－14即民间组织的总收入与该组织的管理效率正相关。

实证研究表明，民间组织的营利性行为对管理效率的影响促进与抑制因素并存，对管理效率提升的不利因素，如服务收费、资本市场投资并不是营利性行为本身的问题，而是对这些消极影响调控政策不当。

二 营利性行为与民间组织筹资效率的关系

社会捐赠是民间组织最主要的资金来源，民间组织不应守株待兔，被动地等待捐赠资金的到来，需要大力开展公益活动来争取资金，即努力发现和争取那些有能力且愿意帮助民间组织实现其社会职能的捐赠者，增进捐赠者对基金会及其项目的理解，提高公募基金会的知名度。麦卡锡和沃尔夫森（McCarthy and Wolfson）的研究结果显示，经常在电视等公开场合露面的组织，能较好地募集资金①，但在电视露面等筹资活动中必然发生或多或少的筹资费用，这种花费是非常值得的，但关键是提高筹资效率。影响筹资效率的因素是多方面的，营利性行为是不可忽视的重要因素，其影响程度和影响方向有待进一步探讨。

（一）理论分析与假设提出

所谓筹资费用，是指为筹集业务活动所需资金而发生的费用。筹资效率衡量公募基金会如何花费最少的成本筹集到更多的资金，反映了单位筹资费用所募集的捐赠收入。筹资效率降低，就不能吸引更多的捐赠额。这是因为，公募基金会发生的筹资费用过多，就会挤占捐赠收入用于业务活动支出的比例，不利于组织目标的实现，并可能导致资源供给者的非议。而营利性行为能否提高筹资效率，增强民间组织的资源获取能力，提升民间组织公益绩效，这是一个前人没有研究过的新课题。研究营利性行为与筹资效率的关系，必须把握如下四个方面的关系。

1. 自主性收入、净资产与筹资效率的关系

筹资效率的高低主要取决于捐赠收入和筹资费用，但由于自主性收入增加和净资产积累常常被认为是以营利为目的的行为，加大了获

---

① McCarthy, John D. and Mark Wolfson, " Resource Mobilization by Local Social Movement Organizations: Agency, Strategy, and Organization in the Movement against Drinking and Driving", *American Sociological Review*, No. 61, 1986, pp. 1070 - 1088.

取捐赠的难度。另外，当自主性收入较多、净资产积累丰厚时，民间组织也可能出于增强独立性动机，对捐赠收入缺乏积极争取的热情。因此，提出如下假设：

假设7-15：民间组织的服务收费与该组织的筹资效率负相关。

假设7-16：民间组织的投资收益与该组织的筹资效率负相关。

假设7-17：民间组织的其他收入与该组织的筹资效率负相关。

假设7-18：民间组织的净资产与该组织的筹资效率负相关。

2. 员工平均薪酬与筹资效率的关系

民间组织资金募捐人和捐赠者之间虽然不存在等价交易行为，但他们都是“理性经济人”。个人捐赠者具有慈善思想，希望帮助有困境的人，并通过慈善捐赠给自己带来良好的声誉。而民间组织募捐人所追求的首先是将善款用于公益事业，但在此基础上仍应当根据筹资效率高低获得相当于付出价值的薪酬回报。我们提出如下假设：

假设7-19：民间组织的员工平均薪酬与该组织的筹资效率正相关。

3. 总资产与筹资效率的关系

总资产反映了组织的规模，代表了组织形象和资历。因此，规模较大的组织更能够获取捐赠资金，筹资效率较高。据此，提出如下假设：

假设7-20：民间组织的总资产与该组织的筹资效率正相关。

4. 评估等级与筹资效率的关系

评价等级的高低直接代表了政府对民间组织的综合评价，科学性好、权威性强，赢得包括捐赠人在内的利益相关者的广泛认可，不仅成为约束和规范民间组织行为的标杆，也反映民间组织的公益绩效。据此，提出如下假设：

假设7-21：民间组织的评估等级与该组织的筹资效率正相关。

（二）研究模型

1. 数据检验

（1）单位根检验。

lnFIE、ASSESS单位根检验结果如表7-11，其他变量检验结果同前，均不存在单位根。

表 7－11　　单位根检验结果

检验方法	lnFIE	ASSESS
LLC 检验	－41.48（0.00）	－19.05（0.00）
IPS 检验	－7.3E＋12（0.00）	－1.4E＋14（0.00）
ADF 检验（一次差分）	160.186（0.00）	127.346（0.01）
PP 检验	191.66（0.00）	118.74（0.02）
结论	平稳	平稳

（2）协整检验。表 7－12 表明，解释变量与被解释变量之间存在协整关系。

表 7－12　　协整检验结果

检验方法	lnFIE 与 lnSER	lnFIE 与 lnINV	lnFIE 与 lnRES	lnFIE 与 lnSAR	lnFIE 与 lnNET	lnFIE 与 ASSESS	lnFIE 与 lnASS
Kao 检验	－5.80（0.00）	－5.82（0.00）	－5.59（0.00）	－5.92（0.00）	－1.59（0.06）	－5.91（0.00）	－1.56（0.06）

2. 模型选择

在固定效应基础上，利用 Eviews 9 计算 F 统计量的值为 5.400466，伴随概率为 0.0000；LR ＝ 296.630312，伴随概率为 0.0000，因此拒绝原假设，建立面板数据模型。在随机效应基础上，利用 Eviews 9 计算豪斯曼检验结果值为 14.29877，伴随概率为 0.0743，故拒绝原假设，建立固定效应模型。

根据上述检验结果，建立个体固定效应变截距模型。

$$\ln FIE = \delta + \lambda_i + \sum_{k=2}^{k} \beta_k x_{kit} + u_{it}$$

式中，$i=1, 2, \cdots, N$，表示 N 个个体；$t = 1, 2, \cdots, T$，表示已知的 T 个时点。$\ln FIE_{it}$是被解释变量 $\ln FIE$ 个体 i 在 t 时的观测值：x_{kit}是第 k 个解释变量对于个体 i 在 t 时的观测值；β_k 是待估参数；u_{it}是随机误差项。

（1）被解释变量 lnFIE 为民间组织的筹资效率，以民间组织捐赠收入除以筹资费用表示。

（2）解释变量包括 lnSER、lnINV、lnRES、lnNET 和 lnSAR，分别表示服务收费、资本市场投资、其他营利行为、净资产积累和薪酬市场化 5 种营利方式，分别以民间组织的服务收入、投资收益、其他收入、净资产和员工年均薪酬作为替代变量。

（3）控制变量。首先选择组织规模 lnASS 作为控制变量，同时考虑评估等级 ASSESS 对筹资效率的影响。

（4）$\delta+\lambda_i$ 为截距项，表示个体影响；u_{it} 为随机误差项，i 表示基金会，t 表示年份。各变量名称及说明见表 7－13。

表 7－13　变量名称及说明

变量名称		变量标识	变量说明	与被解释变量的假设关系
被解释变量	筹资效率	lnFIE	等于捐赠收入/筹资费用	
解释变量	服务收费	lnSER	反映民间组织的服务收入	－
	资本市场投资	lnINV	反映民间组织的资本市场投资	－
	其他营利行为	lnRES	反映民间组织的其他收入	－
	净资产积累	lnNET	反映民间组织净资产	－
	薪酬市场化	lnSAR	民间组织职工年均薪酬	+
控制变量	组织规模	lnASS	民间组织的总资产	+
	评估等级	ASSESS	民间组织的政府评价	+

（三）实证检验

1. 描述性统计

表 7－14 表明，筹资费用因民间组织规模不同而存在差异，最大值 400 多万元，最小值只有 4 元多，平均值约 30 万元，但从筹资效率来看，每一元筹资费用实现的捐赠收入差异较大，平均值为 67656.92 元，最大值达到 308.2157 万元，最小值是个别公募基金会没有发生筹资费用。

表 7-14　　描述性统计　　单位：元

	FIE	FINAN
平均值	67656.92	292237.6
中位数	1538.955	21309.39
最大值	3082157	4005000
最小值	0.000000	4.150000

2. 实证检验

通过表 7-15 所示的固定效应模型估计结果，发现员工平均薪酬、投资收益的回归系数为正且影响显著，评估等级的回归系数为负且影响显著，而服务收入、其他收入、总资产和总收入的回归系数为正，净资产的回归系数为负，但影响均不显著。

表 7-15　　实证检验结果

变量	系数	标准误	T 值
常数项	8.499008 ***	0.118998	71.42123
lnSER	0.000607	0.000505	1.201372
lnINV	0.009638 **	0.004865	1.980871
lnRES	0.004740	0.003224	1.470306
lnSAR	0.005711 *	0.003147	1.815112
lnNET	-0.078049	0.062623	-1.246329
lnASS	0.064781	0.058329	1.110598
ASSESS	-0.003844 *	0.002144	-1.793214
R^2	0.961533	F 统计量 = 87.15750	
调整的 R^2	0.950501	P（F 统计量）= 0.000000	
DW 值	1.932941		

通过对模型回归结果的解读，可以对前文提出的 7 个假设进行相应的分析。

（1）自主性收入与筹资效率的相关系数均为正，与原假设符号相反，这使假设 H7－15、假设 H7－16、假设 H7－17 均未能得到验证即民间组织的自主性收入与该组织的筹资效率负相关。可能包括两个原因：一是自主收入低，表明民间组织积极争取收入（包括捐赠收入）款项增长的热情不高，导致筹资效率低；反之，筹资效率高。二是自主收入高，会计估计的灵活性就大，民间组织可能将更多的筹资费用与自主性收入相配比，捐赠收入分摊的筹资费用就会减少，筹资效率就高；反之，分摊给捐赠收入的筹资费用就多，筹资效率就低。除投资收益外，其他自主性收入对筹资效率的影响均不显著。

（2）净资产与筹资效率负相关，与原假设 H7－18 系数方向相符，但不显著。

（3）员工平均薪酬与筹资效率呈正相关关系且影响显著，这使假设 H7－19 得到验证即民间组织的民间组织的员工平均薪酬与该组织的筹资效率正相关。

（4）总资产与筹资效率正相关，但不显著，使假设 H7－20 得到部分验证。

（5）评估等级与筹资效率负相关，且影响显著，这使假设 7－21 未能得到验证。这表明营利强度越大，获取的营利性收入越多，政府的认可程度越低，即评估等级越低，筹资效率却越高。可能的原因：一是捐赠收入越多，筹资效率越高；二是营利性行为收入越多，分摊的筹资费用越多，与捐赠收入配比的筹资费用就越少，筹资效率就越高。

三　营利性行为与民间组织劳动效率的关系

劳动效率是社会经济部门单位劳动投入的产出水平，它反映一定量劳动投入所得的有效成果数量。物质生产领域通常使用“劳动生产率”这一术语，非物质生产领域的产出成果，可以表现为实物形态，也可以表现为价值形态。民间组织的劳动效率表现为公益支出与专职人员数量之比。劳动效率高，表明单位时间提供的公益支出多，管理科学，劳动者单位产出多，甚至也表明志愿者加入民间组织的热情高，因而有利于民间组织的可持续发展。因此，民间组织应当努力寻求提高劳动效率的促进因素，而营利性行为对劳动效率影响的研究是我们无法绕开的一个问题。

（一）理论分析与假设提出

1. 自主性收入与劳动效率的关系

当投资收益、服务收入和其他收入增加时，民间组织的公益支出也应当同时增加，而民间组织的工作人员是相对稳定的，因而其劳动效率将会得到提高，因此，提出如下假设：

假设 7－22：民间组织的服务收入与该组织的劳动效率正相关。

假设 7－23：民间组织的投资收益与该组织的劳动效率正相关。

假设 7－24：民间组织的其他收入与该组织的劳动效率正相关。

2. 员工平均薪酬与劳动效率的关系

对营利组织而言，科学的员工薪酬制度有利于激发员工的工作热情，提高员工的劳动效率，但民间组织完全套用企业组织的薪酬激励制度又是不恰当的。民间组织单个专职人员完成较大的公益支出表明劳动效率较高，这常常建立在较高薪酬的基础上，尽管公益支出的完成也包含志愿者劳动，但志愿者认可也是民间组织公益绩效得到社会认可的标志，因此，提出如下假设：

假设 7－25：民间组织的员工平均薪酬与该组织的劳动效率正相关。

3. 净资产与劳动效率的关系

如表 7－5 所示，净资产与公益支出呈不显著负相关关系，在专职工作人员一定的前提下，提出如下假设：

假设 7－26：民间组织的净资产与该项目的劳动效率负相关。

4. 总资产与劳动效率的关系

由于规模效应的作用，组织规模越大，越有利于组织采用先进的生产技术和劳动手段，吸引优秀员工的加入，员工获得培训的机会也越多，因此，提出如下假设：

假设 7－27：民间组织的总资产与该组织的劳动效率正相关。

5. 总收入与劳动效率的关系

总收入是公益支出的源泉，增加公益支出有赖于民间组织总收入的增加，因此，提出如下假设：

假设7－28：民间组织的总收入与该组织的劳动效率正相关。

（二）模型选择

1. 数据检验

（1）单位根检验。除被解释变量劳动效率外，其他解释变量已通过单位根检验并得出各序列平稳的结论，在此不再赘述。劳动效率的单位根检验结果如表7－16所示。

表7－16　　单位根检验结果

检验方法	LLC检验	IPS检验	ADF检验	结论
结果	－49.3（0.00）	－10.12（0.00）	214.30（0.00）	平稳

（2）协整检验。表7－17表明，解释变量与被解释变量之间存在协整关系。

表7－17　　协整检验结果

检验方法	lnLAE 与lnSER	lnLAE 与lnINV	lnLAE 与lnRES	lnLAE 与lnSAR	lnLAE 与lnNET	lnLAE 与ASSESS	lnLAE 与lnINC
Kao检验	－3.49（0.00）	－3.50（0.00）	－3.52（0.00）	－2.56（0.01）	－3.48（0.00）	－3.60（0.00）	－3.67（0.00）

2. 模型设定

在固定效应基础上，利用Eviews 9计算F统计量的值为7.703898，伴随概率为0.0000；LR＝372.690974，伴随概率为0.0000，因此拒绝原假设，建立面板数据模型。在随机效应基础上，利用Eviews 9计算豪斯曼检验结果值为17.220993，伴随概率为0.0160，故拒绝原假设，建立固定效应模型。

根据上述检验结果，建立个体固定效应变截距模型。

$$\ln LAE_{it} = \delta + \lambda_i + \sum_{k=2}^{k} \beta_k x_{kit} + u_{it}$$

式中，$i=1, 2, \cdots, N$，表示N个个体；$t=1, 2, \cdots, T$，表

示已知的 T 个时点。$\ln LAE_{it}$ 是被解释变量 $\ln LAE$ 个体 i 在 t 时的观测值：x_{kit} 是第 k 个解释变量对于个体 i 在 t 时的观测值；β_k 是待估参数；u_{it} 是随机误差项。

（1）被解释变量 lnLAE 为民间组织的劳动效率，以民间组织公益支出除以专职工作人员数表示。

（2）解释变量包括 lnSER、lnINV、lnRES、lnNET 和 lnSAR，分别表示服务收费、资本市场投资、其他营利行为、净资产积累和薪酬市场化 5 种营利方式，分别以民间组织的服务收入、投资收益、其他收入、净资产和员工年均薪酬作为替代变量。

（3）控制变量。首先选择组织规模 lnASS 作为控制变量，同时考虑年度总收入 lnINC 对劳动效率的影响。

（4）$\delta + \lambda_i$ 为截距项，表示个体影响；u_{it} 为随机误差项，i 表示基金会，t 表示年份。各变量名称及说明见表 7－18。

表 7－18　　　　变量名称及说明

变量名称		变量标识	替代变量说明	与被解释变量的假设关系
被解释变量	劳动效率	lnLAE	等于公益支出/专职工作人员数	
解释变量	服务收费	lnSER	民间组织的服务收入	+
	资本市场投资	lnINV	民间组织的投资收益	+
	其他营利行为	lnRES	民间组织的其他收入	+
	净资产积累	lnNET	民间组织的净资产	－
	薪酬市场化	lnSAR	民间组织专职员工的平均薪酬	+
控制变量	组织规模	lnASS	民间组织的总资产	+
	组织收入	lnINC	民间组织的年度总收入	+

（三）实证检验

1. 描述性统计

根据表 7－19，样本组织专职工作人员数最大值为 130 人，最少 1 人，平均 15.4 人，但劳动效率标准差较大，这里的原因可能包括不计入专职工作人员数的志愿者劳动等。

表 7－19　描述性统计

	LAE	STAFF
平均值	5070297	15.39881
中位数	1708098	11.00000
最大值	1.02E＋08	130.0000
最小值	13737.33	1.000000
标准差	11884070	16.14233

2. 实证检验

表 7－20 显示，员工平均薪酬、总收入的回归系数为正且影响显著，服务收入、总资产的回归系数为负且影响显著，而投资收益、其他收入和净资产的回归系数为正，但影响均不显著。

表 7－20　实证检验结果

Va 变量	系数	标准误	T 值
常数项	6.689458 ***	0.986661	6.779896
lnSER	－0.014418 ***	0.004818	－2.992755
lnINV	0.007082	0.004666	1.517772
lnRES	0.001182	0.012889	0.091709
lnSAR	0.113688 ***	0.028146	4.039163
lnNET	0.014634	0.084322	0.173553
lnASS	－0.110040 *	0.059698	－1.843269
lnINC	0.464789 ***	0.044737	10.38943
R^2	0.977746	F 统计量＝156.9959	
调整的 R^2	0.971518	P（F 统计量）＝0.000000	
DW 值	2.054267		

通过对模型回归结果的解读，可以对前文提出的 7 个假设进行相应的分析。

（1）自主性收入中除服务收入与劳动效率负相关且影响显著外，投资收益、其他收入虽然相关系数为正，但影响不显著，这使假设

H7－22、假设 H7－23、假设 H7－24 均未能得到验证即民间组织的自主性收入与该组织的劳动效率正相关。民间组织的服务收入与劳动效率负相关可能包括两个方面的原因：一是服务收入的增长，并未带来公益支出的同步增长，原因是服务收费遭到政府和社会捐赠者的“厌恶”，社会捐赠和政府资助因而下降，也有可能是民间组织为增强独立性，减少资源供给者的干预，不重视争取社会捐赠和政府资助的结果，甚至可能是总收入增长而压缩公益支出。二是管理不善，公益支出的增长率小于专职工作人员数量的增长率。这两个原因分别或共同导致劳动效率下降。

（2）员工平均薪酬与劳动效率正相关且影响显著，这使假设 H7－25 得到验证即民间组织的员工平均薪酬与该组织的劳动效率正相关。

（3）净资产与劳动效率正相关，与假设 H7－26 影响方向相反，但不显著。

（4）总资产与劳动效率负相关且在 10% 的显著性水平下显著，假设 H7－27 未能得到验证，可能的原因，一是总资产的扩张如果是由净资产的增长形成的，而净资产增长会导致公益支出减少，故劳动效率下降。二是总资产的扩张如果是由负债形成的，但负债不应当用于公益支出，故由负债引致的总资产增长，不会带来公益支出的增长，故劳动效率下降。三是规模化运营的陷阱，即管理水平没能跟上组织规模的扩张步伐，引起劳动效率下降。

（5）总收入与劳动效率正相关，并且在 1% 的显著性水平下显著，使假设 H7－28 得到验证。

第四节　营利性行为与民间非营利组织公益效果的关系

对民间组织进行绩效评价中通常会涉及业绩、效率、效果等。如前所述，业绩通常是指民间组织的投入，即投入到某项目的资源，如人力资源、物力资源和财务资源等，表现为民间组织的公益支出；效率是指项目投入与产出间的比值。那么，什么是公益效果呢？相对而言，这是最为复杂的，不同时期可能根据不同的要求会作出不同的评价标准，不同的人也可能从不同角度作出不同的答案，但有一点是共同的，好的公益效果应当得到利益相关者的肯定。民间组织的利益相关者不仅包括政府、捐赠者和受益人，还包括员工、媒体、知识生产单位等。而核心利益相关者主要是资源供给者，包括政府、捐赠者和付费受益人，他们对民间组织公益效果的评价主要用“资金投票”，对民间组织客观存在的营利性行为的态度也莫不如此。

一　民间组织营利性行为与政府评价

（一）理论分析与假设提出

政府也是民间组织的利益相关者，民间组织按政府制定的问责标准来完成受托责任，政府也按民间组织的特定目标与使命的完成情况来制定相应的拨款标准，向民间组织提供资金补贴。美国政府 1993 年颁布的 GPRA（Government Performance and Results Act）要求所有接受政府资助的组织必须设定明确的效果目标，并定期公告目标完成情况。

政府资助是指民间组织通过政府拨款或者政府机构提供的项目补助获得的收入。民间组织能够获得政府资助代表政府对其项目运作和组织声誉的支持及认可，这会产生积极的信号传递作用，对捐赠者产生正面影响，促使社会捐赠增加。因此，民间组织应当采取措施，积极谋求政府资助，但政府资助是否受到营利性行为的影响，反映了政府对民间组织营利性行为筹资方式的态度问题，赞成还是反对，抑或无所谓。因此，营利性行为是否会减少或增加政府资助乃是必须研究的课题。

1. 自主性收入与政府资助

一方面，服务收入、投资收益以及其他收入等自主性收入的增加，可能减少民间组织对政府资助的依赖，甚至有民间组织为增加独立性、减少政府作为资源供给者的过度干预，可能主动要求减少政府资助，这就是对政府资助的挤出效应。另一方面，政府在财力限制下，当民间组织自主性收入过高时，也会减少财政资助。据此，提出如下假设：

假设 7 - 29：民间组织的服务收费与该组织的政府资助负相关。

假设 7 - 30：民间组织的投资收益与该组织的政府资助负相关。

假设 7 - 31：民间组织的其他收入与该组织的政府资助负相关。

2. 员工平均薪酬与政府资助

我国民间组织的员工薪酬主要执行现行事业单位的工资制度，过高的薪酬可能引发政府对其非营利宗旨的质疑，进而减少财政资助。据此，提出如下假设：

假设 7 - 32：民间组织的员工薪酬与该组织的政府资助负相关。

3. 净资产与政府资助

净资产的多少直接代表着民间组织财力的积累，反映了民间组织利用净资产为组织和主要利益相关者——员工营利的“倾向”，违背了政府发展非营利事业的初衷，呈送政府的会计报告也给政府“不差钱”的直觉，因而可能受到政府削减财政支持的“惩罚”。据此，提出如下假设：

假设 7 - 33：民间组织的净资产与该组织的政府资助负相关。

4. 总资产与政府资助

民间组织的总资产表现为净资产和负债的总和，在净资产一定的前提下，负债越多，总资产越大。民间组织能够通过债务筹资方式筹集公益资金，第一，表明了债权人对民间组织财务稳健性的肯定；第二，反映了民间组织敢于开拓受益人“市场”，增加公益服务支出，容易得到政府的理解和支持；第三，利用“负债筹码”和公益支出的正当性，可以“倒逼”政府增加资助；第四，民间组织规模越大，与政府的联系也常常越紧密。据此，提出如下假设：

假设 7 - 34：民间组织的总资产与该组织的政府资助正相关。

5. 政府评估与政府资助

评估等级代表民间组织管理机构的评价即民政部门的评价，而资助资金的政府机构与评估机构并非同一政府机构，可能是地方政府财政部门，也可能是中央政府财政部门，但评估等级高低可能影响政府资助机构的决策行为。如我国民政部《社会组织评估管理办法》（2011 年 12 月 27 日民政部令 39 号）第二十八条规定：“获得 3A 以上评估等级的社会组织，可以优先接受政府职能转移，可以优先获得政府购买服务，可以优先获得政府奖励。”据此，提出如下假设：

假设7-35：民间组织的评估等级与该组织的政府资助正相关。

（二）模型选择

1. 数据检验

（1）单位根检验。与本研究相关的解释变量的单位根检验结果已在前文列出，均具平稳性，现将被解释变量的检验结果汇总如表7-21所示。

表7-21　单位根检验结果

检验方法	LLC检验	IPS检验	ADF检验	结论
lnGOV	-345.42 (0.00)	-112.51 (0.00)	177.42 (0.00)	平稳

（2）协整检验。表7-22表明，政府资助替代变量与各营利性行为变量之间存在协整关系。

表7-22　协整检验结果表

检验方法	lnGOV与lnSER	lnGOV与lnINV	lnGOV与lnRES	lnGOV与lnSAR	lnGOV与lnNET	lnGOV与lnASS	lnGOV与ASSESS
Kao检验	-4.75 (0.00)	-4.86 (0.00)	-2.57 (0.01)	-4.89 (0.00)	-6.30 (0.00)	-2.78 (0.00)	-4.87 (0.00)

2. 模型设定

在固定效应基础上，利用Eviews 9计算F统计量的值为5.837962，伴随概率为0.0000；LR=312.617621，伴随概率为0.0000，因此拒绝原假设，建立面板数据模型。在随机效应基础上，利用Eviews 9计算豪斯曼检验结果为4.22，伴随概率为0.7539，故接受原假设，建立随机效应模型，并将变量进行对数变换以消除异常值的影响，以衡量变量之间的相关关系。

根据上述检验结果，建立个体随机效应模型。

$$\ln GOV_{it} = \beta_1 + \sum_{k=2}^{k} \beta_k x_{kit} + u_i + w_{it}$$

式中，u_i 为个体随机误差项，属于第 i 个个体的随机干扰分量，并在整个时间范围内保持不变，β_k 为待估系数，w_{it} 表示个体时间随机误差分量。

（1）被解释变量 lnGOV 代表政府对民间组织营利性行为的评价，以政府资助额作为替代变量。

（2）解释变量包括 lnSER、lnINV、lnRES、lnNET 和 lnSAR，分别表示服务收费、资本市场投资、其他营利行为、净资产积累和薪酬市场化 5 种营利方式，分别以民间组织的服务收入、投资收益、其他收入、净资产和员工年均薪酬作为替代变量。

（3）控制变量。首先选择组织规模 lnASS 作为控制变量，同时考虑评估等级 ASSESS 对政府评价的影响。各变量称及说明见表 7－23。

表 7－23　　变量名称及说明

变量名称		变量标识	替代变量说明	与被解释变量的假设关系
被解释变量	政府评价	lnGOV	政府资助	
解释变量	服务收费	lnSER	民间组织的服务收入	－
	资本市场投资	lnINV	民间组织的投资收益	－
	其他营利行为	lnRES	民间组织的其他收入	－
	净资产积累	lnNET	民间组织的净资产积累	－
	薪酬市场化	lnSAR	民间组织员工平均薪酬	－
控制变量	组织规模	ASS	民间组织净资产	+
	评估等级	ASSESS	民间组织的评价等级	+

（三）实证检验

1. 描述性统计

从表 7－24 描述性统计中我们可以看出，样本组织资金主要来源于社会捐赠，平均值 7800 多万元；其次来自政府资助，平均值 1750 多万元，而社会服务收费平均值只有120多万元，约为社会捐赠的1.54%，政府资助的7%，而且从中位数来看，大多数样本组织没有服务收费或政府资助，这也表明政府资助“贫富差距较大”，或者说政府资助不够公平；从最小值还发现，样本组织存在服务收入或（和）政府资助或（和）社会捐赠为零的现象，表明样本组织资金来源单一化现象严重，资金集中度较高，财务脆弱性强。

表7－24　　描述性统计　　单位：元

	SER	DON	GOV
平均值	1215871	78071401	17512951
中位数	0.000000	14397235	0.000000
最大值	35970874	3.03E+09	1.27E+09
最小值	0.000000	0.000000	0.000000
标准差	4294066	2.50E+08	1.05E+08

2. 实证检验

个体随机效应模型的回归结果如表7－25所示。调整的R^2为0.996378，F统计量的值为1259.212（0.0000），DW值为1.992407，说明回归方程设定合理，模型的拟合度较好。

表7－25　　实证检验结果

变量	系数	标准误	T值
常数项	－0.051638	1.662963	－0.031052
lnSER	0.001114**	0.000553	2.013011
lnINV	0.005117**	0.002109	2.426463
lnRES	0.013415***	0.003523	3.808079
lnNET	0.247278**	0.117522	2.104107
lnSAR	0.014672	0.009699	1.512731
lnASS	0.010313	0.033805	0.305065
ASSESS	0.003112	0.003582	0.868706
R^2	0.997170	F统计量＝1259.212	
调整的R^2	0.996378	P（F统计量）＝0.000000	
DW值	1.992407		

表7-25显示，三项自主性收入、净资产与政府资助均正相关，且显著，这与负相关原假设相反，颠覆了政府反对或不支持民间组织增加自主性收入和净资产积累的"想象"，表明政府对我国民间组织的自创收入总体上不持态度，甚至鼓励民间组织采用服务收费、资本市场投资和其他收入的营利方式获取公益资源，以弥补传统收入的不足，增加公益支出。

民间组织净资产积累与政府资助显著正相关，我们还可根据式(7.1)做如下解释：

根据式（7.1），第n年净资产为：

$$N_n = N_1 + S_1[(1+r)+(1+r)^2+(1+r)^3+\cdots+(1+r)^{n-1}] - TS_1[1+(1+r)+(1+r)^2+\cdots+(1+r)^{n-2}+(1+r)^{n-1}-(1+r)^{n-1}] = N_1+[(1+r)+(1+r)^2+(1+r)^3+\cdots+(1+r)^{n-1}](S_1-T\,S_1)+TS_1[(1+r)^{n-1}-1] \tag{7.2}$$

由式（7.2）可知，若T一定且小于1，则（$S_1 - TS_1$）恒大于零；若n大于1，则［$(1+r)^{n-1}-1$］恒大于零，因此，在其他条件不变的情况下，随着n的增大或r的提高，N_n也必然加大，也就是说，n、r与N_n呈同向变动关系。由此可知，在T保持不变的情况下，若政府资助不断增长带来的民间组织总收入r逐年增长，而由上年收入决定的本年支出增长必然落后于本年收入增长，导致政府资助与民间组织净资产积累显著正相关，这表明在我国财政收入逐年增长的情况下，政府也逐步增加对民间组织的资金支持力度。

二　营利性行为与民间组织社会捐赠者评价

长期以来，学术界对民间组织捐赠收入影响因素的探析取得了一定的成果，例如，Weisbrod和Dominguez研究了筹资费用和业务活动成本率与捐赠收入之间的关系，结果发现，业务活动成本率和筹资费用与捐赠收入正相关，而根据Okten和Weisbrod的研究，基金会筹资费用率与捐赠收入显著负相关①，Weisbrod和Dominguez也发现，捐

① Okten, C. and B. A. Weisbrod, "Determinants of Donations in Private Nonprofit Markets", *Journal of Public Economics*, Vol. 75, No. 2, 2000, pp. 255-272.

赠者使用项目支出比率和筹资比例来确定哪些组织值得捐赠[①]，效率越低的组织，其公益产品的价格[②]越高，收到的捐赠额就会下降等，但是，学者从未触及营利性行为对捐赠收入或社会捐赠者决策的影响问题，这使本书研究具有一定的探索意义。

（一）理论分析与假设提出

长期以来，社会捐赠是我国非营利组织收入的主要来源[③④]，也是一种传统的、可持续的收入途径。2016 年，民政部登记管理的公募与非公募基金会合计 86.17% 的收入来源于捐赠。但随着各类民间组织数量的增加，筹资压力也在不断增加，如何吸引社会捐赠、提高公众对社会事务的参与度是公益事业和民间组织健康发展的关键。诚然，社会捐赠者的捐赠决策会受到捐赠者的公益意识、经济收入、新闻舆论（如郭美美炫富、“高薪血站”）和重大事件（如汶川地震）的影响，但在相同的外部环境下，如同为国字头的公募基金会捐赠收入差异却较大，进而带来公益支出差异也较大。影响捐赠收入差异的原因是什么，营利性行为是否在其中发挥一定的作用有待进一步探索。

1. 自主性收入与社会捐赠的关系

尽管捐赠收入不断增长，但相对于公益需求，捐赠资源依然有限，导致民间组织（尤其是使命相似的组织）间的资源竞争白热化，也使社会捐赠主体在向民间组织提供支持时变得越来越挑剔。在当前竞争日趋激烈、挑战日益增多的外部环境下，许多民间组织不仅在寻求个体或企业、基金会和政府等主体的资金支持，而且也通过一系列

---

① Weisbrod, B., Dominguez, N., “Demand for Collective Goods in Private Nonprofit Markets: Can Fundraising Expenditures Help Overcome Free - Rider Behavior?”, *Journal of Public Economics*, Vol. 30, No. 1, 1986, pp. 83 - 96.

② 慈善组织的捐赠价格 PRICE 是捐赠者为慈善受益者购置一美元产品所花费的成本。由于非营利组织对捐款的使用不仅提供公共服务，还包括其他支出如一般管理及筹资费用，因此，捐赠者对慈善机构提供 1 美元产品所捐赠的金额必须大于 1 美元。价格在一定程度上反映了慈善组织的效率（Parsons，2003）。

③ 张祖平：《中国慈善组织资金筹集问题研究》，《社团管理研究》2011 年第 1 期。

④ 侯俊东、杜兰英：《影响个人捐赠决策的感知特性及其维度结构——基于中国的实证经验》，《公共管理学报》2011 年第 2 期。

商业活动赚取公益资金，以寻求公益收入的稳定性。[①]

与本主题研究相关的成果有卡伦（Callen）[②]，卡纳、波斯内特和桑德勒（Khanna，Posnett and Sandler）[③]，波斯内特和桑德勒（Posnett and Sandler）[④]，卡纳和桑德勤（Khanna and Sandler）[⑤] 等发表的4篇文章，前两篇文章的作者分别来自加拿大和英国，分别采用普通最小二乘法和单向固定效应方法，得出自主性收入与社会捐赠不相关；而后两篇文章的作者均来自英国，且第二作者为同一人，他们得出的结论是自主性收入与社会捐赠显著相关，但方向相反。国内学者侯俊东、庄小丽的研究也表明，政府补贴与商业化（投资收益）对社会捐赠具有一定的挤出效应，而其他收入对社会捐赠收入影响不显著[⑥]，邓国胜也指出，"国内还是一谈到公益慈善就不能与商业有关联、不能有盈余等，但是，国外已经开始倡导公益组织自身的发展不能完全依赖于外界捐赠"，据此，提出如下假设：

假设7－36：民间组织的服务收费与该组织的社会捐赠负相关。

假设7－37：民间组织的投资收益与该组织的社会捐赠负相关。

假设7－38：民间组织的其他收入与该组织的社会捐赠负相关。

2. 员工平均薪酬与社会捐赠

国际非政府组织行为准则——《筹款专业委员会道德原则和标准准则》的"补偿和合同"条款规定，"成员不能接受建立在捐赠物百分比基础上的赔偿或者合同，也不能接受任何中间人的佣金或者成功

---

① Mayer, W. J. , H. C. Wang, J. F. Egginton et al. , "The Impact of Revenue Diversification on Expected Revenued Volatility for Nonprofit Organizations", *Nonprofit and Voluntary Sector Quarterly*, No. 2, 2014.

② Callen, J. L. , "Money Donations, Volunteering, and Organizational Efficiency", *The Journal of Productivity Analysis*, No. 3, 1994.

③ Khanna, J. , J. Posnett, T. Sandler, "Charity Donations in the U. K. : New Evidence Based on Panel Data", *Journal of Public Economics*, No. 2, 1995.

④ Posnett, J. , T. Sandler, "Demand for Charity Donations in Private Nonprofit Markets", *Journal of Public Economics*, No. 2, 1989.

⑤ Khanna, J. , T. Sandler, "Partners in Giving: The Crowding - in Effects of U. K. Government Grants", *European Economic Review*, No. 8, 2000.

⑥ 侯俊东、庄小丽：《捐赠者会关心非营利组织的运作效率吗？——来自中国基金会的经验证据》，《中国地质大学学报》（社会科学版）2016年第5期。

酬金。商业成员应禁止在未披露第三方给予代理人补偿的情况下接受为代理人从获得产品或者服务的第三方的补偿"；"成员可以接受以劳动为基础的补偿，如红利，只要该红利符合成员自己组织的原来实践，并且不是建立在百分比捐赠物的基础上"；"成员不能提供也不能接受为了影响产品或者服务目的的报酬或者特殊的考虑"；"成员不能支付在捐赠物基础上的中间人佣金、佣金或者百分比补偿，并且应该注意他们的组织不能获取该项报酬"。[①] 上述条款的核心是不能在"百分比基础"上获得支付补偿、劳动报酬或者合同等。我国民间组织的薪酬主要沿袭事业单位的岗位等级工资制度，但民间组织也可能将薪酬与募捐收入挂钩，如金华市慈善总会的分支机构"乐施会"每个社工可以从每笔捐款中最高提成15%作为报酬的事例曾引起极大的争议，但传统的民间组织薪酬制度肯定已不合时宜，必须进行改革，将社会捐赠与薪酬挂钩仍是一个不可或缺的制度选择。据此，提出如下假设：

假设7－39：民间组织的员工薪酬与该组织的社会捐赠正相关。

3. 净资产与社会捐赠

净资产积累是民间组织的营利性行为，且营利强度越高，净资产积累越多，其以营利为目的的嫌疑越大，社会捐赠可能越少。据此，提出如下假设：

假设7－40：民间组织的净资产与该组织的社会捐赠负相关。

4. 总资产与社会捐赠

侯俊东、庄小丽研究发现，非营利组织财富（会计术语表现为组织资产的规模和总收入）对社会捐赠收入具有显著的负向影响[②]，与

① 刘海江编译：《非政府组织行为准则译汇》，中国政法大学出版社2014年版，第203页。

② 侯俊东、庄小丽：《捐赠者会关心非营利组织的运作效率吗？——来自中国基金会的经验证据》，《中国地质大学学报》（社会科学版）2016年第5期。

马鲁达斯等[1]、拉鲁达斯等[2]的研究结果一致。因为捐赠主体选择捐赠对象时，更倾向于那些急需资源的组织，倘若一个组织的可用资产较多，其捐赠收入就会减少，进而影响公益支出的增加。在我国民间组织信息披露严重不足、透明度水平很低的情况下，组织规模成为社会公众做出捐赠选择的一个重要依据。因此，提出如下假设：

假设 7－41：民间组织的总资产与该组织的社会捐赠负相关。

5. 评估等级与社会捐赠

根据民政部颁布的《社会组织评估管理办法》，基金会实行综合评估，评估内容包括基础条件、内部治理、工作绩效和社会评价（四维评价法），评价等级的高低直接代表了政府民政部门对民间组织的综合评价，因而科学性好、权威性强，也应当赢得捐赠人的认可。据此，提出如下假设：

假设 7－42：民间组织的评估等级与该组织的社会捐赠正相关。

（二）模型选择

1. 数据检验

（1）单位根检验。除社会捐赠变量 lnDON 外，其他变量的单位根检验同前，且均不存在单位根。单位检验结果见表 7－26。

表 7－26　单位根检验结果

检验方法	LLC 检验	IPS 检验	ADF 检验	结论
lnDON	－17.17 (0.00)	－6.85 (0.00)	194.93 (0.00)	平稳

（2）协整检验。表 7－27 表明，各解释变量与被解释变量之间均存在协整关系。

① Marudas, N. P. , T. W. Hahn, F. A. Jacobs, "An Improved Model of Donations to Nonprofit Organizations", *Proceedings of ASBBS*, No. 1, 2012.

② Larudas, N. P. , F. A. Jacobs, "Effects of Nonprofit Organizational Wealth on Donations: Evidence from Recent Data on the Nonprofit Times 100", *Zeitschri Ftfur of Fentliche and Gemeinwirtscha ftliche Unternehmen*, No. 1, 2006.

表 7-27　　　　　　　　协整检验结果

检验方法	lnDON 与 lnSER	lnDON 与 lnINV	lnDON 与 lnRES	lnDON 与 lnSAR	lnDON 与 lnNET	lnDON 与 lnASS	lnDON 与 ASSESS
Kao 检验	-1.37 (0.09)	-2.42 (0.01)	1.30 (0.10)	-1.83 (0.03)	-9.95 (0.00)	-2.40 (0.01)	-1.32 (0.09)

2. 模型设定

根据面板数据的常见估计方法，在固定效应基础上，利用 Eviews 9 计算 F 统计量的值为 15.911863，伴随概率为 0.0000；LR = 553.248083，伴随概率为0.0000，因此拒绝原假设，建立面板数据模型。在随机效应基础上，利用 Eviews 9 计算豪斯曼检验结果值为 27.547403，伴随概率为 0.0000，故拒绝原假设，建立固定效应模型，并将变量进行对数变换以消除异常值的影响，以衡量变量之间的相关关系。

根据上述检验结果，建立个体固定效应变截距模型。

$$\ln DON_{it} = \delta + \lambda_i + \sum_{k=2}^{k} \beta_k x_{kit} + u_i t$$

式中，$i=1, 2, \cdots, N$，表示 N 个个体；$t = 1, 2, \cdots, T$，表示已知的 T 个时点。$\ln DON_{it}$是被解释变量 lnDON 个体 i 在 t 时的观测值：x_{kit} 是第 k 个解释变量对于个体 i 在 t 时的观测值；β_k 是待估计的参数；u_{it}是随机误差项。

(1)被解释变量 lnDON 为民间组织的社会捐赠额，表示捐赠人对民间组织营利性行为的态度。

(2)解释变量包括 lnSER、lnINV、lnRES、lnNET 和 lnSAR，分别表示服务收费、资本市场投资、其他营利行为、净资产积累和薪酬市场化 5 种营利方式，分别以民间组织的服务收入、投资收益、其他收入、净资产和员工年均薪酬作为替代变量。

(3)控制变量。首先选择组织规模 lnASS 作为控制变量，同时考虑评估等级 ASSESS 对捐赠人态度的影响。

(4)$\delta + \lambda_i$ 为截距项，表示个体影响；u_{it}为随机误差项，i 表示基金会，t 表示年份。各变量名称及说明见表 7－28。

表 7－28　　　　变量名称及说明

变量名称		变量标识	变量说明	与被解释变量的假设关系
被解释变量	社会捐赠者评价或决策	lnDON	社会捐赠收入	
解释变量	服务收费	lnSER	民间组织的服务收入	−
	资本市场投资	lnINV	民间组织的投资收益	−
	其他营利行为	lnRES	民间组织的其他收入	−
	净资产积累	lnNET	民间组织的净资产积累	−
	薪酬市场化	lnSAR	民间组织员工平均薪酬	+
控制变量	组织规模	lnASS	民间组织总资产	−
	评估等级	ASSESS	民间组织的评价等级	+

（三）实证检验结果

表 7－29 表明，与社会捐赠显著相关的变量包括资本市场投资、其他营利行为、薪酬市场化和组织规模，其中，薪酬市场与社会捐赠正相关，其他营利行为与社会捐赠负相关，这使假设 H7－38 和假设 H7－39 得到验证；而假设 7－36、假设 7－37、假设 7－40、假设 H7－41 和 H7－42 未得到验证。资本市场投资与社会捐赠正相关”表明，社会捐赠者对民间组织的商业化或盈余的认识已突破传统思维，我国民间组织的资本市场投资正得到社会捐赠者的“资金褒扬”，并未发生国内外学者所称的“负向影响”；总资产与社会捐赠呈正相关且影响显著，可能的原因是民间组织规模不仅代表着知名度和公益品牌，也反映了组织应对财务风险甚至道德风险的能力，如“郭美美炫富事件”引发中国红十字会信任危机，但并没有使中国红十字会从此走向衰落，甚至一蹶不振，正所谓“船大经得起风浪”。中国红十字会依托资源优势，多方面努力重塑人们对中国红十字会的信任。因此，组织规模越大，人们对组织的信赖程度可能越高，公益效果越好，越能够获取更多的捐赠收入。

表 7－29　　实证检验结果

变量	系数	标准误	T值
常数项	0.785634	3.323277	0.236403
lnSER	－9.75E－05	0.018462	－0.005281
lnINV	0.042203 **	0.017744	2.378406
lnRES	－0.110893 **	0.045893	－2.416360
lnSAR	0.101333 *	0.054723	1.851732
lnNET	0.347987	0.279905	1.243229
lnASS	0.538307 ***	0.198638	2.709995
ASSESS	－0.094949	0.082502	－1.150868
R^2	0.868738	F 统计量 = 23.20838	
调整的 R^2	0.831306	P(F 统计量) = 0.000000	
DW 值	2.135018		

三　营利性行为与民间组织付费受益人评价

(一) 理论分析与假设提出

1. 自主性收入与服务收费

一般情况下，民间组织资本市场投资与宗旨无关，而服务收费与宗旨相关。民间组织的投资收益增加，要么是投资收益率提高，要么是资金投资额增加，或者两者兼而有之，这也反映了民间组织的营利性行为动机比较强烈，营利强度较大。据此，我们可以推断，民间组织对与宗旨相关的服务收费必然存在一定程度的“偏好”，因为与宗旨相关的服务收费比资本市场投资获取收益的不确定性更小。据此，提出如下假设：

假设 7－43：民间组织的投资收益与该组织的服务收费负相关。

根据《民间非营利组织会计制度》，民间组织其他收入是指除捐赠收入、会费收入、提供服务收入、商品销售收入、政府补助收入、投资收益等主要业务活动收入以外的收入。其他收入越多，表明资产出租、无法支付的应付款项等越多，甚至可能是民间组织其他营利性收入的蓄水池。其他收入占比越高，营利强度越大，也反映了民间组织营利性行为获取资源的意愿越强，因而对服务收费可能越偏好。据此，提出如下假设：

假设 7－44：民间组织的其他收入与该组织的服务收费正相关。

2. 员工平均薪酬与服务收费

罗姆金和韦斯布罗德(Roomkin and Weisbord)①发现，非营利医院过多地采用绩效奖金，可能刺激经理人员和员工不断提高营利强度，如国内医院采用医生奖金与所开处方金额挂钩。据此，提出如下假设：

假设 7－45：民间组织的员工平均薪酬与该组织的服务收费正相关。

3. 净资产与服务收费

收费服务能够提高产品或服务质量的信任度，但净资产增加的动力要求提高产品或服务的价格。价格与需求的关系决定了服务价格与服务需求的关系呈负相关变动，其变动程度由需求价格弹性决定，同时，净资产积累强度加大，又可能因价格弹性对服务收费产生"负向效应"，因此，提出如下假设：

假设 7－46：民间组织的净资产与该组织的服务收费负相关。

4. 总资产与服务收费

如前所述，民间组织规模不仅代表着组织形象，也反映了组织应对各种风险的能力。组织规模越大，人们对组织的信赖程度可能越高，对其服务收费的强度和性价比质疑越小，组织越能够获取更多的服务收入。因此，提出如下假设：

假设 7－47：民间组织的总资产与该组织的服务收费正相关。

5. 评估等级与服务收费

根据民政部颁布的《社会组织评估管理办法》，评价等级的高低直接代表了政府民政部门对民间组织的综合评价，能够赢得付费受益人的认可。据此，提出如下假设：

假设 7－48：民间组织的评估等级与该组织的服务收费正相关。

---

① Gerhard Speckbacher, "The Economics of Performance Management in Nonprofit Organizations", *Nonprofit Management & Leadship*, Vol. 13, No. 3, Spring 2003, pp. 267－281.

（二）模型选择

1. 数据检验

（1）单位根检验。如前检验所示，本研究各变量均不存在单位根。

（2）协整检验。表 7－30 也表明，各解释变量与被解释变量之间存在协整关系。

表 7－30　　　　协整检验结果

检验方法	lnSER 与 lnINV	lnSER 与 lnRES	lnSER 与 lnSAR	lnSER 与 lnNET	lnSER 与 lnINC1	lnSER 与 ASSESS
Kao 检验	－5.97 （0.00）	－3.49 （0.00）	－5.95 （0.00）	－6.47 （0.00）	－6.72 （0.00）	－5.83 （0.00）

2. 模型设定

根据面板数据的常见估计方法，在固定效应基础上，利用 Eviews 9 计算 F 统计量的值为 7.394444，伴随概率为 0.0000，LR = 362.590745，伴随概率为 0.0000，因此拒绝原假设，建立面板数据模型。在随机效应基础上，利用 Eviews 9 计算豪斯曼检验结果值为 6.229978，伴随概率为 0.3979，故接受原假设，建立随机效应模型，并将变量进行对数变换以消除异常值的影响，以衡量变量之间的相关关系。

根据上述检验结果，建立个体随机效应模型。

$$\ln ser_{it} = \beta_1 + \sum_{K=2}^{K} \beta_k x_{kit} + u_i + w_{it}$$

式中，u_i 为个体随机误差项，属于第 i 个个体的随机干扰分量，并在整个时间范围内保持不变，w_{it} 表示个体时间随机误差分量。

（1）被解释变量 lnSER 代表付费受益人对民间组织营利性行为的评价，以民间组织服务收入作为替代变量。

（2）解释变量包括 lnINV、lnRES、lnNET 和 lnSAR，分别表示资本市场投资、其他营利行为、净资产积累和薪酬市场化 4 种营利方式，分别以民间组织的投资收益、其他收入、净资产和员工年均薪酬作为替代变量。

(3)控制变量。首先选择组织规模 lnASS 作为控制变量，同时考虑评估等级对付费受益人评价的影响。各变量名称及说明见表 7－31。

表 7－31 变量名称及说明

变量名称		变量标识	变量说明	与被解释变量的假设关系
被解释变量	付费受益人评价	SER	提供服务收入	
解释变量	资本市场投资	INV	民间组织的投资收益	－
	其他营利行为	RES	民间组织的其他收入	+
	净资产积累	NET	民间组织的净资产积累	－
	薪酬市场化	SAR	民间组织员工平均薪酬	+
控制变量	组织规模	ASS	民间组织总资产	+
	评估等级	ASSESS	民间组织的评价等级	+

(三)实证检验结果

随机效应模型的回归结果如表 7－32 所示。调整的 R^2 为 －0.011453，F 统计量的值为 0.352658（0.0000），DW 值为 1.609246，说明无法建立恰当的回归方程。

表 7－32 实证检验结果

变量	系数	标准误	T 值
常数项	－0.317496	8.432671	－0.037651
lnINV	－0.013418	0.045582	－0.294374
lnRES	0.107821	0.129804	0.830645
lnSAR	－0.111468	0.141554	－0.787455
lnNET	0.256380	1.052829	0.243516
lnASS	－0.087902	0.878946	－0.100008

续表

变量	系数	标准误	T值
ASSESS	0.158153	0.199547	0.792560
R^2	0.006240	F统计量=0.352658	
调整的R^2	-0.011453	P(F统计量)=0.908161	
DW值	1.609246		

表7-32表明，民间组织的营利性行为与该组织的付费受益人评价无关，也就是说，付费受益人对民间组织的营利性行为及其当前的营利强度并不关注或并不介意，没有明确赞成或反对当前状态下的民间组织营利性行为。

第五节　研究结论

综合解释变量与被解释变量的关系如表7-33所示。

表7-33　　解释变量与被解释变量关系汇总

变量	lnSER	lnINV	lnRES	lnSAR	lnNET	lnASS	lnINC	ASSESS
lnEXP	-	+	+	+	0	0	+	×
lnADE	-	-	+	0	0	0	+	×
lnFIE	0	+	0	+	0	0	×	-
lnLAE	-	0	0	+	0	-	+	×
lnGOV	+	+	+	0	+	0	×	0
lnDON	0	+	-	+	0	+	×	0
lnSER	×	0	0	0	0	0	×	0
绩效影响	3负1正2零	1负4正2零	1负3正3零	4正3零	1正6零	1负1正5零	3正4零	1负3零
调控政策	严格控制	有条件鼓励	加强审计监督	鼓励	设置上限	防范垄断	鼓励增收	减少评估次数

注：+、-、0分别表示解释变量与被解释变量显著正相关、显著负相关和不显著相关。×表示该解释变量未列入相关模型。

从表 7－33 可以得到以下启示：

(1)解释变量服务收入对绩效的影响为 3 负 1 正 2 零，除能够显著增加政府捐赠外，总体上对提升民间组织绩效是不利的，因此，民间组织的服务收费应当谨慎，在其他资源比较充足时，公益服务可以变收费为无偿或低强度收费。

(2)解释变量资本市场投资对绩效的影响为 1 负 4 正 2 零，除对管理效率负向影响外，总体上对提升民间组织绩效是有利的，因此，民间组织的资本市场投资应当得到政府和社会的支持，但必须加强资本投资的规范管理。

(3)解释变量其他营利行为对绩效的影响为 1 负 3 正 3 零，除对社会捐赠负向影响外，总体上对提升民间组织绩效是有利的，或没有显著影响，因此，民间组织的其他营利行为除应当加强审计监督，避免成为营利性收入的蓄水池外，政府不应过多干预。

(4)解释变量员工平均薪酬对绩效的影响为 4 正 3 零，总体上薪酬市场化或薪酬与绩效部分挂钩对提升民间组织绩效是有利的，或没有影响。因此，政府和民间组织应当改进薪酬管理，将组织与员工个人分开，不能用组织的非营利宗旨绑架员工个人。政府对民间组织的薪酬市场化应采取宽容的态度，而不是教条主义，墨守成规。如民政部发布的《关于加强和改进社会组织薪酬管理的指导意见》[①]就提出了“以岗位绩效为导向”的薪酬管理体系，这对激发社会组织活力、提高民间组织公益绩效有着十分重要的意义。

(5)解释变量净资产积累对绩效的影响为 1 正 6 零，净资产积累的高低总体上对民间组织绩效没有影响，一定条件下还能够增加社会捐赠的吸引力，但对净资产的过度积累仍应当谨慎，政府和民间组织应当设置上限，避免为了后代人利益而损害当代人利益的不公平积累。

(6)控制变量总资产对绩效的影响为 1 负 1 正 5 零，除对劳动效率负向影响外，总体上对民间组织绩效没有影响，一定条件下还能够

① 民发〔2016〕101 号。

增加吸引社会捐赠的品牌影响力或公信力，但应当加强政府管理，避免公益垄断现象发生。

(7)控制变量总收入对绩效的影响为3正4零，总体上对提升民间组织绩效是有利的，而且没有负向影响，因此，民间组织应当努力增加收入，促进民间组织发展。

(8)控制变量评估等级对绩效的影响为1负3零，除对筹资效率有负向影响外，总体上与本书界定的民间组织绩效无关，但仍须通过评估加强对民间组织的监督和管理。

第八章　民间非营利组织营利性行为的公共政策选择

建立法律框架是政府管理的一项重要活动，有一种观点认为，如果市场在某一重要方面(作用原理)失效，政府就应该矫正市场失灵。[①] 同样，当非营利组织出现慈善失灵时，政府同样有权力也有责任及时矫正。非营利组织的存在目的是为社会公益服务，允许民间组织存在营利性行为，是为了筹集民间组织的公益资源。但民间组织的营利性行为在目标定位方面存在模糊甚至错位的现象，一是在市场经济环境和资源短缺的双重影响下，民间组织的资源依赖主体正发生变化，公益性面临着营利组织获利性的诱惑与挑战，有些民间组织为了获得更多的资源而背离了民间组织非营利性的基本特征，在从事营利性活动过程中过度追求利润而忽视财务风险和运营风险现象。为防止人们利用民间非营利组织规避营利性活动应当承担的义务或获得不当利益，这就需要政府对民间组织的营利性行为加以限制。二是思想过于保守，存在模糊认识，强调非营利性而忘记公益事业所必需的资源，或是把它降到了次要位置，这不仅需要民间组织解放思想，更需要政府立法以正本清源，让民间组织有法可依、有法必依。

第一节　民间非营利组织的财务目标选择

营利组织财务管理目标呈多元化趋势，包括计划经济体制的产值

---

① ［美］约瑟夫·E. 斯蒂格利茨：《公共部门经济学》(上)，郭庆旺等译，中国人民大学出版社 2015 年版，第 6 页。

最大化和市场经济体制的利润最大化、股东财富最大化、企业价值最大化以及相关者利益最大化等，但利润最大化始终是基础，没有利润最大化目标的实现，其他任何目标就成为“空中楼阁”。衡量营利组织成功的标准也就是盈亏底线、投资回报率、销售收入增长率、净利润或净收益、市场份额以及其他测量的尺度。因此，营利组织财务目标清晰，财务成果的测量标准也很清晰。

而民间组织财务目标不同于营利组织。当民间组织承受公益需求扩大的压力、资金短缺以及对基本目标存在分歧时，是优先解决财务问题确保组织的生存和持续，还是在即便面临着一定的财务危机和组织风险的情况下仍然坚守组织的使命？这是民间组织必须解决的问题。既不能因为资金问题将民间组织置于不堪重负的境地，甚至停止组织忠于自己使命的运作，也不能违背非营利宗旨，将经营活动或营利作为一切工作的中心，必须平衡公益使命与营利性行为的关系，这就是民间组织的财务管理目标的确定原则。

与企业组织不同，民间组织是为了完成某一具体的社会使命而存在，而不是为了自身的生存而存在。因此，民间组织的财务管理目标可以分为以下两个层次：首先，民间组织的财务管理目标必须服从、服务于组织的公益目标。民间组织的财务管理活动是为实现组织的公益目标而采取的一种有效的手段，财务管理的首要目标是获取资金保证其公益职能得到实现。其次，民间组织的财务管理应该保证组织资金供给链的稳定与多元化，提高资金的使用效率。

许多民间组织为了在竞争中求生存，需要从事一定的营利性活动，这些民间组织资金的主要来源除传统资金来源外，营利性活动获取的盈利更为重要。组织开展营利性活动，有利于企业资金筹集和资金的运作，因此，民间组织的财务管理必须借鉴企业财务管理的理念和方法，对资金运作进行规划、运筹和控制，确保资金的有效利用，使其达到最好的使用效果。同时，既要多渠道融资，争取政府支持和企业与社会捐赠，又要保持自主性，坚持非营利的特征，从而更好地为民间组织的目标服务，这是财务管理目标建立的前提。

财务管理目标对民间组织营利性行为起着约束性作用，是民间组织营利性行为适度、有效且不偏离公益性宗旨的保证。现有文献对民间组织财务目标缺乏明确的描述，主要采用否定方式对民间组织的财务特征作了界定。如美国财务会计准则委员会在《财务会计概念公告》第四号[①]“非营利组织财务报告的目标”中，提出了非营利组织的三个特征：①大部分资财来源于资财的供应者，他们不期望收回或据以取得经济上的利益；②业务运营的目的，主要不是为了取得利润或利润等同物而提供产品或劳务；③没有明确界定的所有者权益及其出售转让或赎回，以及凭借所有权在组织清算解散时分享一定份额的剩余资财。我国财政部2004年8月制定的《民间非营利组织会计制度》[②]也作了本质上相似的界定，即民间组织应当具备以下特征：“①该组织不以营利为宗旨和目的；②资源提供者向该组织投入资源不取得经济回报；③资源提供者不享有该组织的所有权。”无论是美国财务会计准则委员会的“两不一没有”，还是中国财政部的“三不”，都采用否定方法从财务角度概括了民间组织的财务特征。这些特征告诉民间组织“不该做什么”，而没有采用肯定的方法告诉民间组织“应该做什么或应该怎么做”“财务目标是什么”？本书笔者承担的民政部项目“国外非营利组织财务管理机制研究”成果表明，“既然一个 NPO 的使命是为某一个特定群体创造和分配社会价值，则其社会价值创造的职能最为重要。一个 NPO 应该衡量它所创造的社会价值”（Ericka Costa et al.，2011）[③]，这里的社会价值正是民间组织的公益性，因此，以公益绩效最大化作为民间组织营利性行为的财务目标不仅可操作性强，而且能够发挥导向作用、约束作用、激励作用和考核作用，引领民间组织营利性行为健康地开展。

第七章探讨了营利性行为与公益绩效的关系，各变量对公益绩效

① ［美］厄尔·R. 威尔逊等：《政府与非营利组织会计》（第12版），荆新等译校，中国人民大学出版社2004年版，第2页。

② 中华人民共和国财政部：《民间非营利组织会计制度》，经济科学出版社2004年版，第3页。

③ Robert Johnston，“The Zone of Tolerance Exploring the Relationship between Service Transactions and Satisfaction with the Overall Service”，*International Journal of Service Industry Management*，Vol. 6，No. 2，1995，pp. 46 –61.

的影响要么显著正相关，要么显著负相关，也有零相关，这是营利强度在政府规制约束下形成的结果，如果没有规制约束，正、负相关抵消后，民间组织营利强度与公益绩效之间必然存在一个或多个极值点。

以社会服务机构为例(见图 8－1)。当无营利性行为时，社会服务机构的资源仅来自政府资助、社会捐赠和会费等传统收入，营利强度为0，公益业绩因无更多的资源支撑为 A，由于缺乏对员工的财政激励措施和良好的服务设施，效率为 C，其时公益效果可能处于混沌或说不清楚的状态，假设为0，纯粹无营利行为的公益绩效为 B；而随着营利强度的加大(由 O 点向 R 点移动)，公益业绩和效率因有较多的财务资源支撑而不断上升，不仅如此，适度的营利性行为还能够减轻政府财政负担，增强民间组织独立性，因而得到政府、社会捐赠者和受益人等利益相关者的认可，公益效果线 OQJ 在 OQ 段也呈上升状态，公益绩效线 BQG 在 BQ 段当然呈上升状态，当营利强度达到 R 时，业绩线 AQD、效率线 CQE 和效果线 OQJ 可能接近或相交于 Q 点；随着营利强度的进一步加大(由 R 点向 F 点移动)，其营利强度已超出政府等利益相关者的认可度，甚至已违反政府规制，受到政府惩罚，社会服务机构公益效果将受到损害，公益效果线在 QJ 段转为下降趋势，可能与横轴相交甚至低于横轴到达 J 点，形成负效果。同时，由于技术水平等因素制约，效率已无法继续提升，效率线在 QE 段呈水平状态运行，虽然业绩仍在上升，但受“边际收益递减规律”制约，边际营利强度增加带来的业绩上升已小于效果线下降的幅度，且两者差距呈扩大趋势，结果导致公益绩效线 QG 段逐步下降，甚至到横轴以下的 G 点。

也就是说，与没有营利性行为相比，社会服务机构适度的营利性行为能够使公益绩效提升到一个新高点(由图 8－1 中的 B 到 Q)，与新高点 Q 对应的是营利性行为的最佳营利强度 R，此时，公益性与营利性矛盾的协调达到最好状态，符合帕累托效率和新福利经济学的“最适度条件”，任何偏离只会使社会福利减损。

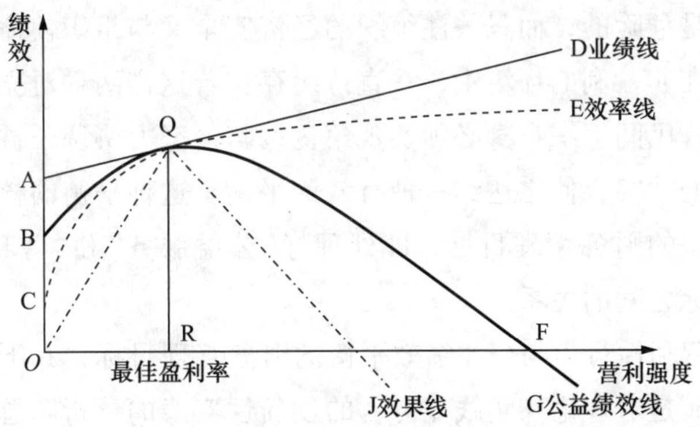

图 8－1　营利强度变动对公益绩效影响示意

因此，营利性行为能够增加组织的资源，包括财务资源和人力资源，我们所要做的是要找到公益绩效与营利强度之间的平衡点，实现营利性行为与公益绩效平衡，从而实现公益绩效最大化，这就是民间组织的财务目标。例如，当面临不断削减的政府资金时，一个提供免费的法律援助组织必须决定是否开始对顾客适度收费，以获取急需的收入。不管采取什么立场，它都将面对日益减少的服务人数，或者因为收费引起服务对象不满，或者因为经费不足而暂停运作。2010 年 3 月 7 日十一届全国人大广东团分组讨论会上，中共中央政治局常委、时任广东省委书记汪洋，省人大常委会主任欧广源等和高州市人民医院院长钟焕清展开了一场精彩的对话。讨论中，钟焕清说："高州医院是一个山区的县级医院，但是每天的病人达到 2200 多人，每年出院的病人 6 万多人，接近省级医院的水平。为什么有这么多病人到我们医院看病呢？主要是技术水平、服务水平、住院费用得到了广大群众的认可。"在这里，钟焕清实际上阐述了医院盈利水平（住院费用）与业绩（每天的病人达到 2200 多人，每年出院的病人 6 万多人）、效率（技术水平、服务水平）和公益性（群众的认可）之间的关系已达到最佳状态。

上述两个例子都代表着营利性行为与公益绩效之间的选择。各种组织的初始使命提供了一个方向，但忠实于组织初始使命而不顾资金供给可能是危险的，而只关注组织的经济安全又与组织使命或初心发生冲突。在非营利的环境中，一直持续存在着这样两种对立趋势的挣扎。因此，民间组织自身必须实现角色调整，努力协调公益精神和营利性行为的冲突，使之达到一种有效的平衡。这种平衡的核心就是重新确立组织的财务管理目标，即处理好"公益服务"和"营利性行为"这两个目标之间的关系。

提出营利性行为与公益绩效平衡的财务管理目标，并不是什么标新立异，而是对理论和实践先行者的创新性实践的分析和总结。社会创新的思想不断出现，营利性行为与公益绩效平衡实现是任何一个非营利机构都具备且会不断完善提升的元素，若能找到营利性行为与公益绩效的契合点，则能够形成相生而不是相克效应。重要的是，营利性行为与公益绩效平衡实现就像双螺旋构成一颗优质种子的DNA，能够形成模式效应，奠定民间组织可持续履行公益职责的基础。遵循公益绩效最大化目标的民间组织将不再习惯性地从一个定于一统、人人皆知且具有强大身份背景的公益工程寻找切入点，而是可以从公益目标出发，设计、创意、经营更加个性化的公益项目，通过营利性行为模式创新，不断提升社会公益的业绩、效率和效果。

第二节　民间非营利组织财务政策选择

针对民间组织的财务脆弱性，民间组织必须多元化筹资，基本政策有以下几个方面：

一　多元化筹资，降低收入集中度

格林利和特鲁塞尔(2000)[①]、特鲁塞尔和帕森斯(2008)[②]等研究发现，收入集中度是预测慈善组织复杂性和财务稳健性的一个重要指

---

① Greenlee, J. S., Trussel, J. M., "Predicting the Financial Vulnerability of Charitable Organizations", *Nonprofit Management & Leadership*, No. 11, 2000, pp. 199 - 210.

② Trussel, J. M., Parsons, L. M., "Financial Reporting Factors Affecting Donations to Charitable Organizations", *Advances in Accounting*, No. 28, 2008, pp. 263 - 285.

标。适应增强财务稳健性要求，世界各国的民间组织不断进行角色调整，重新确立组织的筹资渠道和方式，多元化筹资已成为民间组织的重要特征，但国内民间组织筹资渠道和方式依然比较单一，例如，第四章第二节有关财务脆弱性研究表明，财务非脆弱性 NPVF 组织收入集中度为 0.76，财务脆弱性 PVF 组织达到 0.81，而美国人类服务组织收入集中度仅为 0.1253①，也就是说，国内基金会收入集中度是美国同类组织的 6 倍以上。因此，筹资渠道和方式多元化，降低收入集中度应成为当前中国民间组织提高财务稳健性的重要手段。民间组织可以根据自身现状及发展实践，合理调整并优化其多元化筹资路径与战略，实现在维持收入稳定的基础上避免社会捐赠收入被挤出，以促进基业长青。多元化战略是缓解单一资金来源导致收入波动性的一种有效方法，专家学者也在大力呼吁对其进行完善。有多元化收入来源就必须进行收入组合管理。② 一个多元化的投资组合，鼓励更多稳定的收入，从而可以增加更大的非营利组织寿命。③

二　遵循配比原则，灵活确定慈善活动年度支出

《中华人民共和国慈善法》第六十条规定，“慈善组织中具有公开募捐资格的基金会开展慈善活动的年度支出，不得低于上一年总收入的百分之七十或者前三年收入平均数额的百分之七十”。其他慈善组织开展慈善活动的年度支出由国务院民政部门会同国家财政、税务等部门依照前款规定的原则制定。法规严格限制基金会的公益事业支出主要是为了保证基金会的公益性，立法宗旨应当肯定，基金会也应当严格遵守。根据这一规定，不管本年度收入如何，公益事业支出的多少是由上一年总收入或者前三年收入平均数额决定的，这样，边际收入率指标值计算的收入与支出在期间上不配比，也就是说，本年度公益事业支出在年初时就已确定，而本年度收入则是由本年度已知和未知的

① 李科、付艳梅：《非营利组织财务脆弱性实证研究——以行业基金会为例》，《中南林业科技大学学报》（社会科学版）2009 年第 5 期。

② Samuel L. Steinwurtzel, “The 20% Salary Reduction Plan on Annulties for Nonprofit Organization Employees”, *New York Certified Public Accountant*, Vol. 31, No. 9, 1986, p. 604.

③ Ibid..

外部环境和内部因素决定的，本年度收入提高，边际收入率上升，增强组织财务稳健性；本年度收入减少，边际收入率下降，甚至可能导致边际收入率为负值，必然弱化组织的财务稳健性。因此，允许基金会的公益支出与收入之比短期内（如一个年度）低于法规要求，但中期（3—5年）必须达到法规的最低要求，并在年度工作报告及时披露，接受社会公众监督，这对实现“代际公平”目标，促进基金会的财务稳健性是大有裨益的。

三　实事求是，调整慈善组织管理费用率

《中华人民共和国慈善法》第六十条规定，慈善组织中具有公开募捐资格的基金会“年度管理费用不得超过当年总支出的百分之十”，或上年收入的7%。具有公开募捐资格的基金会以外的慈善组织开展慈善活动管理费用的标准，由国家民政部门会同国家财政、税务等部门依照前款规定的原则制定。而真格基金创始人徐小平在北美生活多年，“看到电视上的募捐广告都会明确地说明：你的善款将有20%（左右）用于管理费”。[①] 管理费用率被用来衡量组织管理能力和使命完成能力，该比值越大，说明组织用于行政管理的费用相对越多，组织行政绩效越差。因而在一定范围内，基金会行政管理费用控制得越好，比例越小，就认为组织财务状况越好。而财务脆弱性模型1将管理费用率作为财务脆弱性的减项，即管理费用比率越高，财务稳健性越好，主要理由是：在宽松的组织环境中，管理费用率相对较高说明组织可机动调整的成本减项就较多，能够首先通过减少管理费用而不是减少预计提供服务的成本来进行应对，而管理费用率较低表现为组织当前的管理效率较高，能够增加公益支出，但如果遇到政府资助减少或者主要捐赠者流失等情形时再削减其管理费用，可能会影响到项目管理，进而影响到公益项目目标的实现，这种解释不是没有道理。就我国情况而言，按照现行基金会年度工作报告及其说明，管理费用包括工作人员工资福利和行政办公支出。以中国社会组织网2015年12月16日前发布、民政部登记管理的105家基金会2014年度工作报

① 徐永光：《公益向右，商业向左》，中信出版集团2017年版，第4页。

告为样本(不含空白工作报告)，剔除工作人员工资福利为零的基金会24家(工资福利为零，并不等于工作人员没有薪酬，相当多由政府或企事业单位发起成立的慈善组织，工作人员薪酬由发起单位支付，不列入基金会工资福利支出)，有效样本81家，我国基金会工作人员工资福利占样本基金会管理费用的64.57%，也就是说，基金会工作人员工资福利对管理费用的影响较大。张思强、朱学义采用排序选择模型方法，证明符合公众期望的员工平均薪金与民间组织公益绩效变动显著正相关，而过度的薪酬激励却使民间组织公益绩效下降。[①] 也就是说，在公众认可的范围内，员工薪酬越高，组织绩效越好，而组织绩效好，社会公信力就会提升，即使遇到政府资助减少或者主要捐赠者流失等情形时，不仅能够削减其管理成本，而且良好的社会公信力能够保证组织获取的公益资源不会大幅度下降，这样，对项目管理的负面影响就会降低，不会影响到公益项目目标的实现。所以，管理成本比例的高低，不适合由政府“一刀切”，如同企业一样，慈善组织自由的竞争，会给全社会一个更好的答案。《中华人民共和国慈善法》在上限规定的基础上，仍作了特殊项规定，“年度管理费用难以符合前述规定的，应当报告其登记的民政部门并向社会公开说明情况”，这有利于慈善组织根据绩效管理和财务稳健性要求，调整慈善组织的管理费用率。

第三节　民间非营利组织经营活动控制政策

经营活动是民间组织营利性行为的主要方式之一，其财务管理目标是收入大于成本，从而获取净收益，但不是利润最大化，这与营利组织财务管理目标存在显著差异。比如，民间组织提供服务收取费用属于营利性行为，但并不都是经营活动，主要是以是否赚取利润为目

① 张思强、朱学义：《薪金激励与民间非营利组织公益绩效提升：逻辑与现实》，《社会科学家》2014年第9期。

标作为区分标准的。比如，民办学校按保本点及以上价格标准向学生收取学费，该学费仅能够弥补学校开展教育活动的成本支出（包括学校教学设施的投入及教师工资等）而没有任何盈余，甚至亏损，就不能将该活动称为经营活动。只有当民间组织按保本点及以上价格标准销售产品或收取费用，而无论其财务结果如何，盈利或亏损都不能改变其经营活动的本质。民间组织是以非营利为宗旨的，经营活动可以赚取利润但必须兼顾营利性和公益性，以公益绩效最大化作为财务管理目标。

为了有针对性地控制民间组织经营活动，首先必须进行经营活动分类。

一 民间组织经营活动分类

国际上，对民间组织经营活动的分类，主要按照经营活动与组织宗旨的相关性分为相关经营活动和不相关经营活动。

（一）相关经营活动是民间组织在其宗旨或业务领域范围内提供相应的服务，并收取费用的活动

这与美国关于相关经营活动与不相关经营活动的收入来源判定法类似，但并不完全相同，本书所称的相关经营活动是指只有民间组织为了实现其宗旨而必须开展的经营活动才算相关经营活动。一个艺术馆出售印有艺术图案的贺卡和纪念品，一个大学出售教科书等活动，科研部门转让其专利得到的使用费、开展研究活动取得的收入、民间组织的志愿者开展商业活动取得的收入、出售捐赠实物取得的收入等都属于相关经营活动的收入。民间组织开展相关经营活动，在经营项目和营利强度上应当严格限定。这是因为，相对于非相关经营活动，国家对相关经营活动应该或可能给予政策上一定的优惠，比如免予商业登记、享受税收优惠等。如果相关经营项目太宽泛，营利强度过大，民间组织会利用国家的这些优惠政策进行大规模的经营活动，从而忽视非营利的宗旨。

（二）非相关经营活动是指经常从事的、与民间组织的宗旨无关的经营活动

例如，博物馆开设一家餐馆以赚取资金、学校为学生生活提供的

商业服务、房屋出租收入、银行利息收入等。之所以允许民间组织开展与其宗旨无关的业务活动，是因为该组织需要经费以获得自身的存在与发展。民间组织从事不相关的经营活动并不必然违背其宗旨，因为：一是要缴纳相关税赋，如美国《国内税收法典》第511—514条规定，除非法律另有明确规定，从事与非营利组织宗旨无关的活动而取得的收入，必须依法纳税。这就是所谓的无关宗旨商业所得税。[①] 二是在经营规模与总量上应当严格限制。主要原因是：

第一，国家为了鼓励非营利组织的发展，会给予其一些优惠政策，所以，当与营利性组织开展同样的经营活动时，民间组织所投入的成本要小于营利组织，如果不对其加以限制，就会造成不正当竞争或出现民间组织利用其地位规避法律规范的现象。

第二，在我国，现阶段并不具备普遍、自觉地从事公益活动的社会基础。对民间组织的经营活动进行控制，可以防止民间组织过分追求利润，将大部分精力投入到经营活动当中，而忽视民间组织为社会公益服务的义务。可喜的是，除法律约束外，民间组织自身也开始自觉地以履行社会使命为己任开展营利性活动，斯坦福大学的做法值得借鉴。该校《无关业务活动》条例明确规定，大学的政策是不介入无关业务活动，因为这些活动对大学会产生潜在的负面影响。只有当无关业务活动对大学确实有利时，大学才考虑从事这类活动，正式参加必须得到学校副校长的同意。[②] 这表明决策者已经注意到追求无关营利方式可能会冲淡一个非营利机构基本的慈善使命。[③]

二　民间组织经营活动的营利强度

（一）相关经营活动的营利强度

民间组织相关经营活动的营利强度，包括价格高低和资源（资金、

---

① See Betsy Buchalter Adler, *The Rules of the Road*: *A Guide to the Law of Charities in the United States*, Washington D. C. : Council on Foundations, 2007, Second edition, Chapter VII. 此外，美国有些州的法律规定，如果非营利法人从事营利行为，未将一定比例以上的所得用于该非营利法人成立的公益目的，该法人就不得享有税收优惠，以符合市场公平竞争原则。

② 阎凤桥：《非营利性大学的营利行为及约束机制》，《北京大学教育评论》2005年第2期。

③ Michelle H. Yetman, Robert J. Yetman, "Determinants of Nonprofits' Taxable Activities", *Account*, *Public Policy*, No. 28, 2009, p. 495.

人员）占用的多寡，不能完全依靠市场调节或民间组织根据自身目标"随心所欲"，要确定合理的价格和收费业务的领域，以抑制民间组织的营利强度。民间组织的定价与营利组织的定价不同。营利组织提供的商品或服务的价格，完全由市场决定，价格的高低取决于供给与需求的平衡。民间组织不以营利为目的，且存在价格垄断状态，如学校向学生出售教材，学生没有多少讨价还价的能力，按照波特的五力竞争模型，客户竞争力较弱。因此，在其向社会提供服务时定价只能略高于变动成本，固定成本部分不应当由相关经营收入承担，而应当由非相关经营收入和传统收入（捐赠收入和政府补助）补偿。但是，如果价格低于变动成本，民间组织不仅不能实现价值补偿，连变动成本也不能补偿，提供服务量越大，亏损就越多；而价格过高，受益人负担加重，也不符合民间组织的存在目的。因此，就经营活动的交易行为来讲，需要政府加以控制，根据民间组织从事相关经营活动的成本要素和行业特征规定一个适当的幅度，以体现其公益性。以非营利学校的收费标准为例，国际经验表明，发展中国家的成本回收幅度（毛利率）控制在20%之内被认为是比较合理的。也就是说，非营利学校在收回成本后，可以再收取不超过成本20%的费用，用于学校的发展。[①]

（二）非相关经营活动的营利强度

1. 民间组织非相关经营活动的领域

就其交易行为本身来讲，民间组织的非相关经营活动与营利组织的经营活动并无差别，法律对非营利组织非相关经营活动的限制主要体现在经营领域、范围、占用资金的比例上。非营利组织的业务领域在许多国家都有明确的法律规定，业务领域包括：文化与娱乐、教育与研究、环境保护、医疗、社会服务、法律援助、慈善组织、宗教、商务活动（专门商务领域协会、联盟组织）等。[②] 非营利组织的设立宗

---

① 何国祥：《加拿大非营利组织对我们的启示》，《学会》2003年第4期。

② 郭国庆：《国外非营利组织的界定与分类研究》，《市场与人口分析》1999年第11期。

旨就是在以上领域内，为社会或相关人员提供公益服务。但是，民间组织为了获得自身的发展经费，可以在哪些领域内进行经营活动，就有必要进行规范。一般来说，允许民间组织从事与其宗旨不相关的经营活动，就意味着民间组织的经营活动领域应比其为社会公众提供公益服务的领域更广泛。比如，学校是在教育领域为社会公众提供服务，但为了筹集公益经费，可以开设餐馆，并向社会大众开放。有的国家对非营利组织的经营领域进行了详细规定。例如，在日本，把非营利组织从事经营活动的范围控制在 33 种行业之内，从事这些活动要根据收入纳税，但是，非营利组织缴税的税率与营利组织进行相同活动时缴税的税率并不相同。一般来说，营利性企业经营所得的税率为 37%，而非营利组织从事经营活动取得的收入，其税率为 27%。[①] 在我国，民间组织的业务领域一般包括教育、文化、医疗、农业、林业、牧业、水利管理、城市公共事业、慈善事业等。但是，为了获取自身的发展经费，在这些领域之外的哪些领域开展经营活动，我国现行法律并没有明确规定。本书认为，只要遵守法律，民间组织的非相关经营活动都应当得到允许，且相同活动的所得税率低于营利组织，或按相同税率先征后退，主要通过非营利项目补贴方式返还征收的全部所得税。

2. 民间组织从事非相关经营活动的资源投入

民间组织从事非相关经营活动有两种方式，即自身开展经营活动和商业化投资。民间组织从事非相关经营活动的交易价格由市场调节，但必须控制非相关经营活动占用资源（资金、人员）比例，不能让民间组织的非相关经营活动“喧宾夺主”，加大非相关经营风险。

关于民间组织自身能否开展非相关经营活动，如前所述，我国现行法律总体上是持否定态度的，但是，在现实生活中，民间组织已存在自身开展经营活动的现象，而且某些部门规章也允许某些类型的民间组织自身开展经营活动。财政部、国家计委 2000 年颁发的《关于事业单位和社会团体有关收费管理问题的通知》规定，事业单位和社会

① 邵金荣：《非营利组织与免税》，社会科学文献出版社 2003 年版，第 166 页。

团体等非企业组织(不包括国家机关)按照自愿有偿原则提供信息咨询、技术咨询、技术开发、技术成果转让和技术服务、培训的收费，组织展览、展销会收取的展位费，创办刊物、出版书籍并向订购单位和个人收取的费用，开展演出活动、提供录音录像服务收取的费用，复印费、打字费、资料费、其他经营服务性的收费行为等，其收费应作为经营服务性收费由价格主管部门进行管理，收费标准除价格主管部门明确规定实行政府定价或政府指导价以外，均由有关事业单位和社会团体等非企业组织自主确定或与委托人协商确定。从这一规定来看，事业单位、社会团体所从事的以上活动其实都属于民间组织开展的可能相关，也可能不相关的经营活动。因此，民间组织开展非相关的经营活动在理论上并没有障碍，在法律规定上虽处于模棱两可状态，但仍存在从事经营活动的法律通道。本书认为，对民间组织自身开展的非相关经营活动，只要遵守“非分配约束”原则，在法律上应当允许，而与营利组织的不平等竞争，主要通过税收进行调节。

能否进行商业化投资，我国现行法律允许民间组织设立企业法人开展非相关经营活动。但在理论中，对民间组织是否具备公司发起人的资格仍存在争论。从公司法的角度来考虑，民间组织能否设立公司的问题，实际上是民间组织是否具备设立公司的权利能力问题。[①] 因此，判断民间组织能否投资设立公司，进行商业化投资，必须考察其本身的目的和范围。民间组织以实现社会公益为目的，不得以营利为目的。那么，民间组织投资设立公司这一行为似乎背离这一目的，但限制民间组织的商业化投资可能会使民间组织在扩大为公众提供服务方面受到资源限制，从而阻碍非营利组织的发展，因此，法律应允许民间组织设立经营实体，由该经营实体开展经营活动以获取利润；但不可否认，许可民间组织商业化投资，会威胁到民间组织的财产安全性，进而影响其非营利目标的实现。解决这一矛盾的基本思路是，民间组织设立有限公司的企业组织形式，以其对该实体的出资额为限承担有限责任。只要限定用于投资经营实体的资产的数额或比例，就能

---

① 参见蒋大兴《公司法的展开与评判》，法律出版社 2001 年版，第 15 页。

将民间组织设立经营实体的风险控制在一定范围之内，从而在风险与收益之间寻求一个平衡点。对此，本书提出如下建议：

首先，民间组织不应该设立非法人型经营实体。因为民间组织投资人投资于非法人型经营实体要承担无限责任。如准许民间组织投资于该类经济组织，会影响民间组织的财务安全性。

其次，允许民间组织设立企业法人从事经营活动，但应当对民间组织从事不相关经营活动的业务比例加以限制。因为民间组织的财产主要是用于为社会公益服务，而不应该本末倒置。

最后，与营利组织的经营活动一样，民间组织设立的企业法人要面对市场上不确定的风险，包括特定组织的经营风险和财务风险以及系统性风险。与营利法人相比较，非营利法人在从事经营活动中更应该尽可能避免风险。这是因为，对非营利法人而言，追逐利润并非其最终目的，无须遵循高风险、高收益的商业法则，其从事商业活动获取收益的目的还是在于更好地实现章程规定的社会公益（或者互益）目的。因此，非营利法人在进行投资时最应该关心的，是如何降低投资风险，以确保自身安全运转。例如，我国的基金会实现基金的保值增值的途径主要有投资国债、银行储蓄、投资其他有价证券、委托理财等。投资国债和银行储蓄的风险很小，其收益相对也少，委托有资格的金融机构代为理财也是一种选择，但是，投资的安全性在很大程度上依赖于该金融机构的理财水平，投资股票、公司债券等有价证券的风险比较大。风险控制的关键还体现在对于非营利法人理事的谨慎投资义务上。美国的谨慎投资人规则可资借鉴。其主要内涵在于：第一，合理注意的要求。要求受托人在作出投资决策之前，需要调查标的的安全性和可能的收益，他可以运用他人提供的资料或者听取专家意见，但是仍然需要作出自己的判断。第二，应有的技能要求。除了需要做谨慎的调查与评估之外，受托人行为还需要符合专业技能的程度。第三，小心的要求。受托人要谨慎行事，尽量避免投机性的冒险行为，降低投资风险。另外，根据谨慎投资人规则要求，受托人在考虑投资组合和风险时应该考虑众多因素。[①]

所以，无论是民间组织自身开展非相关的经营活动，还是设立实体开展经营活动，法律都应当对其业务范围或投资比例进行限制，在控制风险的前提下，努力增加民间组织收益。

第四节 民间非营利组织的财政政策选择

政府是社会资源的主要占有者，所有的人力、科技、资金、信息等资源大量掌握在政府手里。所以，人们在谈到社会救助、公共服务提供时首先想到的就是政府。我们强调营利性行为是为了增强民间组织的自治性、独立性，但并不否定资金来源上的政府倾向。政府依靠税收强制，其收入具有较高的稳定性，政府经济工具已成为各国民间组织的一个稳定而持久的收入来源，不仅能够增强非营利组织收入的稳定性，而且在总负债不变的前提下能够降低负债比例，从而提升民间组织财务稳健性。然而，政府资金不是想要就能得到的，也不是免费午餐，政府对民间组织的财政资助应进行改革。

一 改革政府资助方式

政府资金支持力度的加大并不否认民间组织的主体性。政府把原来由政府职能部门承担的公共服务交给民间组织承担，这是企业精神、可选择性引领政府治理变革及民间组织运行的重要尝试，它赋予民间组织以活力和竞争性。在这条路径中，政府改革的力度是关键。政府应该加快体制改革步伐，实行政事、政社分离，让民间组织承担更多的公共服务职责，发挥原来政府承担的公共服务职能，同时费随事转。政府提供资金支持的形式主要是签订契约、合同委托授权、政府补贴和政府购买制、竞争招标或者采取经费直接划拨的形式。尤其在民间组织初创时，由政府提供一些启动资金或经营物资、场所，并

---

① John H. Langbin and Lawrence W. Waggoner, *Uniform Trustand Estate Statutes*, 2005 - 2006 edition, Foundation Press, 2006, p. 530.

对这些资源实行零租金或低租金，实际上，也是政府扶持和培育民间组织的组成部分。西方许多国家只要经注册取得法人地位，民间组织就有资格从政府那里申请得到社会公益事业的项目资金。这似乎表明，西方民间组织获得政府资助很容易，事实并非如此。当前，我国政府采购的主体仍局限于符合条件的民间组织，这对愿意提供公益服务的其他非营利组织来说是不公平的；同时，我们还可以将符合条件的营利组织引入政府采购的竞争主体，以增强民间组织的竞争意识和危机意识，切实提高政府资金的使用效果。

二　降低政府财政补助数量

萨拉蒙曾呼吁，要使“政府成为绝大多数非营利机构收入的唯一重要来源”。[①] 但我们必须明白，过多的政府财政补助可能降低民间组织的独立性，更可能影响民间组织的自立性，容易造成民间组织对政府的依赖，形成事实上的公有事业单位，因而背离民间组织的本质，同时，政府过度补助还会增加政府财政负担。因此，降低政府财政补助数量应成为政府财政的基本趋势。民间组织个体可以通过其针对性、专业性和人性化的服务，在保证公共服务数量的同时，降低公共服务的供给成本，降低政府开支，减少政府的财政压力，同时政府相对节约的资金能够扩大资助面，进一步提高民间组织公益服务的普及性。

三　提高政府采购质量

从世界各国总体情况看，政府的支持重点是医院、各种津贴、教育以及社会服务领域中的非营利组织。其中，保健领域中的非营利组织得到的政府支持占非营利组织总资金的77%。也就是说，非营利组织得到政府财政支持的情况具有结构性的差异。这使上述有关领域中的非营利组织得到了较大的发展，而其他非营利组织则面临着较严重的财政压力。因此，针对中国国情，政府的资助方式不是简单的拨款，

---

① ［美］莱斯特·M. 萨拉蒙：《公共服务中的伙伴——现代福利国家中政府与非营利组织的关系》，田凯译，商务印书馆2008年版，第89页。

而是采取项目招标。民间组织每年要精心选择项目，作出翔实的项目报告。项目内容符合政府的意愿，方能得到批准。项目确定后，政府要与民间组织签订项目合作协议，并随时对其进行监控管理。项目结束后，民间组织要进行总结，政府验收评估。[①]因此，美国、澳大利亚更重视政府资助项目的质量。如何提高政府采购质量，除提高采购决策的科学性以外，惩治腐败也是提高政府采购质量的重要手段。

四　加强政府采购监督

就我国民间组织而言，可建立政府采购违规行为“黑名单”，相关信息纳入国家发展和改革委员会牵头建设的全国信用信息共享平台。推动跨地区、跨部门、跨行业协同监管，开展违规联合惩戒，在政府购买服务方面进行限制，进一步提高承接政府服务的民间组织的守信收益，增加失信成本，形成不愿失信、不能失信、不敢失信、自觉守信的正确导向。[②]

第五节　民间非营利组织的税收政策选择[*]

利用税收来促进和调控非营利事业，是各国通行的做法，中国也不例外。但由于营利性行为本身的复杂性，对民间组织“营利性行为”的本质，学术界的认识尚未统一，法律上没有明确界定，实践中也很难进行区分，税务征管机构或者设计较高的门槛，以抑制民间组织的营利动机，或者降低非营利性标准要求，导致税收优惠政策被滥用。因此，必须将促进民间组织遵守非营利宗旨作为税收优惠的根本目的，在此前提下，根据不同营利程度和营利方式对非营利宗旨的影响，制定

---

① 李本公主编：《国外非营利组织法规汇编》，中国社会出版社2003年版，第405页。

② 国家发展和改革委员会、民政部、财政部、国资委：《关于进一步规范行业协会商会收费管理的意见》（发改经体〔2017〕1999号），2017年11月21日。

* 本节主要内容以《营利性行为界定与完善非营利组织所得税制标准》和《营利性行为分类与民间非营利组织税收激励制度设计》为题先后发表于《税务与经济》2011年第5期、2016年第3期。

民间组织的税收优惠制度。就民间组织的营利性行为而言，采取“一刀切”的税收政策并不可取，应当对民间组织的营利性行为进行分类。

一 文献综述

经过多年的探索和实践，人们对民间组织应该享受税收优惠政策的法理基础已趋于统一，代表性理论主要有传统的补贴理论、资本结构理论、利他主义理论、税基定义理论和捐赠理论等。其中，为我国理论界接受的理论是比特克和拉德特(Bittker and Rahdet，1976)提出的税基定义理论，又称为收入定义理论。该理论认为，所得税只能针对营利行为。[①] 因为非营利组织的会费和捐赠应当视为非营利组织接受的赠予，不应该计入组织的应税收入，而民间组织支出都是用于非营利的项目活动就应该等同于营利组织对外的公益捐赠而获得税前扣除。无论是从收入还是从支出角度看，民间组织的应税所得应该为零。这一理论表明，民间组织获得减免税的法理基础是它的“非营利性”，正如国内学者张守文提出的，国家对非营利组织的免税与非营利性和公益性相关。[②]

综观国内外理论和税法规制对民间组织“非营利性”的认识，有一点是共同的，那就是遵守“非分配约束”原则，其基本内涵是：无论是否存在营利性行为，民间组织都不能向出资人分配“红利”，也不能用于员工分配或变相分配。[③] 我国《民间非营利组织会计制度》第二条规定，民间组织应当同时具备的特征之一是“资源提供者向该组织投入资源并不得以取得经济回报为目的”。这是“非营利性”的基本要求，也是民间组织营利性行为必须遵守的“底线”。世界各国均以此作为民间组织获得税收优惠的基本标准。如《中华人民共和国企业所得税法》就是依据民间组织的活动是否具有营利性作为划分所得免税和征税的标准，即使民间组织符合免税条件，其所有收入中仅有从事非营利性

---

① Boris I. Bittker and George K. Rahdet, “The Exemption of Nonprofit Organizations from the Federal Income Taxation”, *The Yale Law Journal*, Vol. 85, No. 5, 1976, p. 299.

② 张守文：《略论对第三部门的税法规制》，《法学评论》2006年第6期。

③ Henry B. Hansmann, “The Role of Nonprofit Enterprise”, *The Yale Law Journal*, Vol. 89, No. 5, Apr., 1980, p. 842.

活动取得的收入免税，而从事营利性活动取得的收入必须依法纳税。2001年，财政部、国家税务总局《关于非营利性科研机构税收政策的通知》也详细规定了非营利性科研机构享受的税收优惠政策。

在具体实践中，各国界定民间组织营利性行为税收优惠的标准主要有收入用途标准和宗旨相关标准两个方面。

收入用途标准是指非营利组织营利性行为获取的收入必须全部或主要用于非营利事业支出方可获得税收优惠，如英国乐施会（Oxfam）在发达国家销售二手服装，尽管与基本宗旨无关但仍可以免税，因为其全部利润用于慈善目的，帮助发展中国家的穷人；我国财税〔2018〕13号也规定非营利组织获取免税资格的8个重要条件之一是“取得的收入除用于与该组织有关的、合理的支出外，全部用于登记核定或者章程规定的公益性或者非营利性事业”，但对民间组织属于营利性行为取得的收入，用于与宗旨相关的活动是否减免税并未作出明确的规定。

宗旨相关标准是将民间组织的营利性行为按照与组织宗旨的相关性分为宗旨相关行为和宗旨无关行为，对于其从事与组织宗旨高度相关的营利性行为所得免税，而对于其从事的与其非营利宗旨不紧密相关甚至无关的营利性行为，则与营利组织的征税方式相同。如美国对从事与它们的非营利使命相关的业务取得的所得，包括政府拨款、社会捐赠和服务性收入（包括会员费）免交公司所得税，但其开展的与自身免税事业不相关业务的无关营利所得不能享受免税。我国民政部、国家工商行政管理总局《关于社会团体开展经营活动有关问题的通知》中指出，社会团体可以设立非法人经营机构。但允许其开展经营活动不等于免税，如我国社会团体开展经营服务性活动取得的其他收入，一律照章缴纳增值税。① 对于非营利组织从事营利活动会对营利组织产生不公平竞争的问题，则通过税收政策予以协调。例如，美国并不禁止非营利组织从事营利活动，但是，把非营利组织所从事的营利活

① 财政部、国家税务总局：《关于租入固定资产进项税额抵扣等增值税政策的通知》（财税〔2017〕90号），2107年12月25日。

动分为两类：与宗旨相关的营利活动和与宗旨无关的营利活动。依据美国《国内税收法典》第 511—514 条规定，除非法律另有明确规定，从事与非营利组织宗旨无关的活动而取得的收入，必须依法纳税。这就是所谓的无关宗旨商业所得税。①

我国财政部、国家税务总局《关于非营利性科研机构税收政策的通知》规定非营利性科研机构与宗旨相关收入才能享受税收优惠政策。新加坡甚至禁止与非营利组织目的无关的营利活动。只有当某项业务或活动与非营利组织目的相关时，才享受所得税等免税待遇。

因此，我们有必要根据不同边界标准对民间组织的营利性行为进行分类，制定更有针对性的民间组织税收优惠制度和税收征管制度，以规范民间组织的营利性行为。

二　民间组织营利性行为分类

符合收入用途标准和宗旨相关标准并不意味着民间组织自动符合税法上的非营利标准，其营利性行为还应受到特定“边界”约束，这种“约束”边界至少包括三个维度：①营利主体，谁在营利或为谁营利。②营利方式。③营利强度。一是盈利率高低，即盈利率小于还是等于甚至高于同行业营利组织平均收益率；二是营利资源投入程度，即营利性行为资源占民间组织资源的比重等。因此，我们有必要从税收角度，根据不同维度对民间组织的营利性行为进行分类，制定更有针对性的民间组织税收激励制度和税收征管制度，以规范民间组织的营利性行为。

(一) 从营利主体看，民间组织的营利性行为可分为自营利行为和共营利行为

通常人们将民间组织营利性行为等同于为组织自身增加公益资源的行为，这属于狭义的营利性行为，即自营利行为，如资本市场投

---

① See Betsy Buchalter Adler, *The Rules of the Road: A Guide to the Law of Charities in the United States*, Washington D. C.: Council on Foundations, 2007, Second edition, Chapter VII. 此外，美国有些州的法律规定，如果非营利法人从事营利行为，未将一定比例以上的所得用于该非营利法人成立的公益目的，该法人就不得享有税收优惠，以符合市场公平竞争原则。

资、商业化投资等；广义的营利性行为，还包括共营利行为，即组织外单位和个人与民间组织的共同营利行为，如民间组织与人力资本供应者的共营利行为，员工获得符合市场化规则的薪酬、民间组织获得优秀的人力资源等，但下列行为就超出了营利性行为的边界，如员工薪酬偏高甚至畸高、监事和未在基金会担任专职工作的理事从基金会获取报酬、管理费用占用结构不合理等；或为财务资源供应者营利，如支付偏高的财务资金成本；或为供应商营利，如采购物品价格偏高等。

（二）从营利方式来看，民间组织的营利性行为可分为与组织宗旨相关和无关的营利性行为

民间组织可能开展与宗旨相关，或者无关的营利性活动，前者是符合组织章程规定使命的营利性行为，如民办高校在正常教学工作以外创办各类培训班获取收益或教师在完成教学工作的前提下开展与专业相关的科研工作获取收益，不仅能够增加民办高校收益，而且能够促进教学质量的提高，这在德国被称为“理想的”利益。后者是与组织章程规定宗旨无关的营利性行为，如民办高校的房屋出租、餐饮经营等，尽管是在完成使命前提下的营利性活动，不仅能够增加社会就业，而且能够增强民间组织自身的发展能力，但与组织宗旨无关，或者说不是完成使命的充分必要条件，因而在德国称为“私利的”利益。

（三）从营利强度来看，民间组织的营利性行为可以分为三类

（1）按盈利率高低分为等于甚至高于营利行业平均收益率的营利性行为和低于营利行业平均收益率的营利性行为。低于营利组织行业平均收益率的营利性行为是指营利性行为的投资收益率或营业收益率明显低于营利组织行业平均收益率，甚至低于平均成本定价法确定的收益率；而等于甚至高于营利组织行业平均收益率的营利性行为是指民间组织各种营利性行为收益率完全按市场化规则确定。

（2）按营利性行为投入资源的比例将营利性行为分为高于政府规定投入资源的营利性行为和符合政府规定投入资源的营利性行为。

（3）按营利性行为特有风险的大小分为中低风险的营利性行为和高风险的营利性行为。营利性行为特有风险包括经营风险和财务风

险。经营风险是指战略选择、公共产品价格、营销手段等经营决策引起的未来收益不确定性，特别是营利性行为偏离组织宗旨带来的声誉风险。财务风险是指组织财务结构不合理、融资不当使民间组织可能丧失偿债能力而导致投资预期收益率下降的风险。

综上所述，我们可以将营利性行为分为A类营利性行为(以下简称A类行为)和B类营利性行为(以下简称B类行为)，具体如表8-1所示。

表8-1　民间组织营利性行为分类

A类行为	B类行为
A1：自营利行为	B1：共营利行为
A2：与组织宗旨相关的营利性行为	B2：与组织宗旨无关的营利性行为
A3：低于营利组织平均收益率的营利性行为	B3：等于甚至高于营利组织平均收益率的营利性行为
A4：符合政府规定的投入资源比例的营利性行为	B4：超过政府规定的投入资源比例的营利性行为
A5：低风险营利性行为	B5：高风险营利性行为

三　不同类别营利性行为的税收优惠与约束制度设计

民间组织的税收激励是政府对税收收入加以法定地放弃或让与行为，立足于纠正和引导民间组织的运作行为，使之朝着与非营利宗旨相一致的方向发展。税收激励主要分为两方面：一是对民间组织本身的税收激励，包括间接税式支出和直接税式支出，前者是通过加速折旧、延期纳税、税收抵免等形式进行税收激励，后者指对民间组织实施减免税、优惠税率等直接形式进行激励；二是对向民间组织捐赠的单位和个人的税收激励，即捐赠者优惠，包括单位所得税前扣除额优惠和个人所得税收入扣除额优惠，目的是通过税收减让增加社会捐赠者的积极性，从制度上肯定社会组织和个人的公益心，以及使捐赠款项流入政府和公众信赖的民间组织。间接税式支出激励对现阶段我国民间组织意义不大，因此，民间组织营利性行为的税收激励制度设计应遵循“实质重于形式”的原则，主要围绕减免税、优惠税率等直接税式支出和捐赠者税收优惠进行。

(一)重新认定营利性行为产生的民间组织所得税减免税资格条件

许多国家对公益组织的所得税，只要用于非营利宗旨的，都予以免征，这一貌似公正的做法，实际上也存在不公平之处。因为民间组织净利润可能来自非营利行为，也可能来自营利性行为，而来自营利性行为的净利润，其营利主体、与宗旨的相关性、盈利率高低以及营利性行为风险大小等都存在显著差别，同样存在量变到质变的过程。因此，就营利性行为而言，必须结合营利性行为类别等研究民间组织减免税资格条件。

其次，对于那些主要依赖商业化经营取得收入的民间组织来说，由于市场经济在本质上的不确定性，以及由于市场竞争的日趋激烈，都会使有关的民间组织面临经营失败的危险。个体捐赠的下降、政府补助的减少、经营过程中的市场风险等，使民间组织的财务稳定问题变得比较严重。因此，萨拉蒙在讨论当代非营利组织的危机趋势时，首先讨论的就是财务危机，并认为它难以克服。①

美国从20世纪80年代初期开始，那些非营利组织传统上居优势地位的领域(如收容、救济、救助、医疗、办学、文化、社会服务等)就面临着商业化的侵袭，非营利部门内部的竞争及其与营利部门之间的竞争也趋于白热化。② 商界人士并不希望非营利部门利用自己特殊的、法律赋予的有利地位，不公平地或低成本地与他们竞争。一个明显的例子，对于同样的市场和同样的产品，民间组织就能够利用自己的税收减免获得超出营利企业的价格优势，这就显得很不公平。

再次是经济危机，即民间组织不得不与企业在其传统的活动领域展开激烈的竞争，而且前景堪忧。其原因主要有以下两点：一是因为

① Salamon, L. M., “The Crisis of the Nonprofit Sector and the Challenge of Renewal”, *National Civic Review*, Vol. 85, No. 4, 1996, pp. 3 - 16.

② Kramer, Ralph M., “A Third Sector in the Third Millennium”, in Voluntas, *International Journal of Voluntary and Nonprofit Organizations*, Vol. 11, No. 3, 2000, p. 3.

企业在资金、管理、经营等方面都具有相对于民间组织的明显优势，因此，民间组织在与企业竞争时必然处于劣势；二是如果民间组织所提供的服务也像企业一样不是免费的，那么，民间组织存在和发展的合理性与正当性就会受到质疑。因此，必须重新认定民间组织营利性行为所得税减免资格条件。

（1）在满足收入用途标准的前提下，对没有A类行为和B类行为的民间组织，即同时满足财税〔2018〕13号规定的8个条件，经非营利组织申请可获得所得税免税资格；世界各国民间组织获取免税资格的标准相同也相当严格，如在英国，以慈善为唯一目的的组织才能自动取得免税资格，德国规定只有具有公益目的的社会组织才能获得免税资格。而且民间组织获得免税资格，并不是永久性的，各国税务机关一般都规定有免税资格审查制度，以判定非营利组织的活动是否符合免税资格条件。

对向具有免税资格的民间组织捐赠的款项（不含实物），在缴纳所得税时可以从捐赠者应纳税所得额中全额扣除①，但现行规定标准比较严格，如带中国字头的民间组织有2000多家，而根据财政部财税〔2013〕10号、35号文件，企业捐赠享受税收减免资格的只有157家（列举法），不到8%。这表明带中国字头的民间组织绝大多数存在或多或少的“现行制度认定的”营利性行为。这种列举法规定，不仅对不同民间组织的税收待遇存在歧视嫌疑，也不利于提高捐赠者的积极性，促进民间组织自身向“纯公益性”目标迈进。因此，现阶段应按财税〔2015〕13号规定的8个条件由税务征管机构确定具有免税资格的

① 美国国税局规定：只有将钱捐给国税局认定的非营利机构、组织、团体才能得到抵税的优惠。慈善捐款认定的好处是，防止有人用捐款为自己或亲友牟利，在这个制度下，捐款给个人的钱是不能抵税的，捐款给营利机构、组织、团体的钱同样也不能抵税。美国政府的财政收入大部分来自个税，税收优惠也是对个人捐助的鼓励。2016年9月1日，《中华人民共和国慈善法》正式实施，有“做慈善可以享税收优惠”的条款，然而，税收优惠政策并不具体。我国的税收结构以间接税为主，从金额上看，2015年个税仅占全国税收总额的6.9%，从操作上说，个税多由公司从每月工资当中代扣，对个人捐赠者而言，个税优惠政策可操作性不高，含金量较低。助人为乐并不能完全依靠道德约束，也需要有“循循善诱”的制度。

民间组织名单，更符合公平原则。

(2)在满足收入用途标准的前提下，有A类行为的民间组织可减征所得税。如《日本民法典》规定，非营利组织不能完全免缴公司所得税。日本《团体税法实施条例》规定，医疗法人按完全的所得税税率纳税，除非它们收到的医疗费由社保费支付，这种情况下属于特定医疗法人，按27%的税率纳税。因此，国内存在A类行为的民间组织可减半征收所得税(不论其符合项目多少)。对向存在A类行为的民间组织捐赠财物的一律按公益性捐赠支出处理，其中企业、个人捐赠现金可获得税收优惠，分别按《中华人民共和国企业所得税法》和《中华人民共和国个人所得税法》规定执行。中共十八届三中全会提出了"完善慈善捐助减免税制度"要求，因此，可对捐赠者应税收入作更大比例的税前扣除，对捐赠者捐赠给民间组织而产生的赠与和遗产税可参照国外做法①规定更优厚的税前扣除。

(3)不遵守收入用途标准的民间组织，无论其有无营利性行为，都应当认定该组织以营利为首要目的，不能获取减税或免税资格。

(二)严格B类行为的所得税加征制度

存在A类行为，享有减税资格并不意味着民间组织的一切活动都享有税收优惠。会费、捐赠、政府资助、被动收入如银行利息等，以及其他非营利行为所得一般都是免税的。而营利性行为所得在大多数国家主要用于组织目的而非分红也不禁止，但多数国家都借助税收制度抑制民间组织的"过度"营利行为。也就是说，民间组织的一部分营利性行为是减免税的，而另一部分可能是像其他经济实体一样依法纳税。因此，对民间组织存在B类行为的，应建立营利性行为项目所得税加征制度，既不能因为存在B类行为而完全否定非营利性，也不能允许B类行为存在而任其发展。具体原则构想如下：

(1)在满足收入用途标准的前提下，对没有A类行为，但具有B

① 如美国企业公益性捐赠扣除限额是总收入的10%，个人扣除限额为总收入的50%；澳大利亚企业公益性捐赠不封顶；新加坡个人公益性现金捐赠金额税前全部扣除。法国个人捐赠可获得的税前抵扣额度由1996年的50%上升到2003年的60%，2006年这一比例为66%。

类行为的，可针对该营利性行为项目(而不是民间组织)征收所得税，即民间组织的任何B类行为，都应当按照现行企业所得税率(25%)征收。如美国《国内税收法典》规定，对免税机构与免税目的无关的经营行为的净所得要征税，以消除与非免税营利组织的不平等竞争。德国、日本也具有类似的法律规制。[①] 这是因为，当非营利组织从事与组织使命无关的营利性活动时，公众受到的非营利组织服务无论是价格还是质量都较少受到影响，其敏感程度远不如从事与使命相关的营利性活动强烈，但组织“不务正业”可能使组织形象受损，优秀的人才从事与使命不相关的经营活动，可能使服务质量下降等，组织公益性还会受到或多或少的影响。因此，应当有条件减税，不仅要求非营利组织将税收优惠全部用于社会服务，而且要限制非营利组织的营利方式。但鉴于所获利润全部用于公益目的，可按企业现行所得税率下浮25%征收本项目所得税，如某国内民间组织存在B1、B2项营利性行为，则这两项营利性行为所得按照25%×(1-0.25)=18.75%征收所得税。

(2)在满足收入用途标准的前提下，民间组织同时存在A类行为、B类行为的，则对符合B类行为的项目在执行A类行为税制的基础上加征25%的所得税。

这种按非营利行为项目优惠所得税率的方法，不仅符合政府促进民间组织发展的目标，也符合国外非营利组织税法惯例。如日本《团体税法实施条例》对公益性团体指定了33类具体的活动，对这些活动按营业性公司税率37.5%下浮28%设定税率(27%)。

美国法律没有一概禁止非营利法人从事与宗旨无关的商事活动，而是对于与宗旨相关的商事活动和与宗旨无关的商事活动的收入采取不同的税收政策。对向存在B类行为的民间组织捐赠财物的一律不享受所得税收优惠。

---

① 上述国外营利性行为的法律规定参见金锦萍等译《外国非营利组织法(二)》，社会科学文献出版社2010年版，第113、186、207、230、256页等；褚松燕《中外非政府组织管理体制比较》，国家行政学院出版社2008年版，第122—133页。

（三）创新营利性行为所得税外税种减免和加征制度

民间组织存在营利性行为除按照上述原则减免所得税外，对其涉及的流转税及其他税负，如是否应当减免或加征，仍然应当按照收入用途标准进行决策。具体原则如下：

（1）存在共营利行为，如违反规定，基金会工作人员工资福利和行政办公支出超过当年总支出的10%时，应调整应纳税所得额并缴纳企业所得税，其中工作人员工资福利若畸高，不符合财政部、国家税务总局财税〔2018〕13号规定，工作人员平均工资薪金水平“超过税务登记所在地的地市级（含地市级）以上地区的同行业同类组织平均工资水平的两倍”的规定，即可认定有为个人营利之嫌疑，可考虑将该民间组织转为营利组织并加收惩罚性所得税，同时向社会公示，以避免社会公众被“骗捐”；如存在为组织的营利性行为，导致净资产积累过多，违背代际公平原则，可增设并征收净资产税。

（2）有与宗旨无关的营利性行为，应就这个行为本身征收与营利组织相同的流转税及其他税负等。如德国税法规定，无关商业活动，如开办俱乐部、来自慈善杂志的广告收入，超过6万马克的运动项目的入场费和来自商业赞助的收入虽然可以接受，但这些收入要缴税。我国现行税收政策规定，对民间组织与其宗旨相关或无关的营利性行为都应当征税。但由于营利性与非营利性行为区分难度大，所以税务部门对民间组织与其宗旨相关或无关的商业活动实际上一律不征税，这一状况必须改变。这是因为，宗旨是一个民间组织存在的理由，营利性行为如与组织宗旨不一致，可能导致民间组织“不务正业”，并造成与其他营利组织的不公平竞争。

（3）有等于甚至超过营利组织收益率营利性行为的，应当按照营利组织税制征收流转税等，如2014年开元投资计划筹资15亿元全部用于投资建设西安国际医学中心项目，净利润率测算高达31.54%，远远高于同行业平均水平。新三板企业——华韩整形（430335）2016年毛利率保持在57.88%的高位。据通达信统计，A股目前平均毛利率为23.57%，A股医疗保健板块的平均毛利率为46.19%，医药板块的平均毛利率为54.18%。可以说，华韩整形的毛利率，秒杀了一大半 A 股上市公司。这些项目虽然名义上称为民办医院，但显然属于以营利为目的的组织，因此应征收全部税负，即使遵守“非分配约束”原则也不能例外。而介于营利组织收益率与平均成本定价法利率之间的营利性行为，除按 A 类行为减征所得税外，应当免除该营利性行为的其他税费。这是因为，低于营利组织收益率的营利性行为能够给社会挽回更多的剩余价值无形损失，平均成本定价能够使剩余价值无形损失最小化。如图 8－2 所示，纵轴代表收益率，用收费价格表示，横轴代表组织的产品供给数量，*SMC* 为短期边际成本线，*SAC* 为平均成本线，*D* 为需求曲线，*MR* 为边际收益曲线。模型假设：在不完全竞争条件下，非营利组织与营利组织的供给条件相同，产品同质，且组织的管理效率相同。

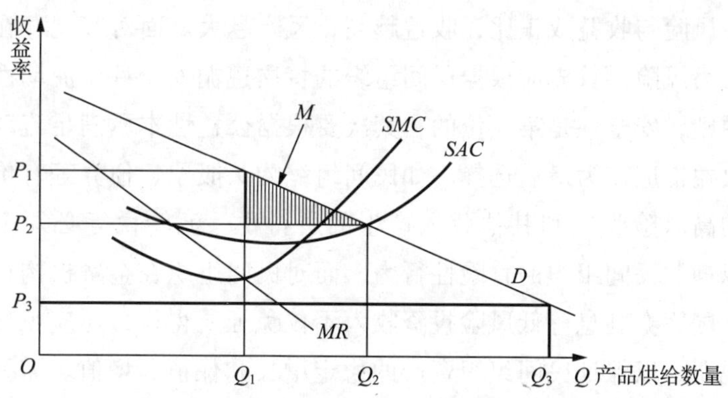

图 8－2　非营利组织供给示意

按照假设，营利组织在利润最大化目标驱使下会按照短期内 $MR = SMC$ 的利润最大化均衡条件，以 P_1 价格提供 Q_1 单位数量公益产品。而民间组织遵循“非分配约束”原则，不具有追求利润的动机和目的，在税制约束下以平均成本定价法确定供给量，即 $SAC = P_2$ 时的供给量确定价格，同时，民间组织还会受到社会捐赠和政府补助，还可能以低于 P_2 的价格 P_3 提供 Q_3 的供给量。因此，非营利组织按照低于营利组织收益率运营，并将获得的收入用于公益性事业时会产生

"双重福利效应"。一方面，可以使民间组织发挥更大公共产品供给能力，挽回营利组织生产时损失的剩余价值，产生"第一重福利效应"。另一方面，民间组织按照服务宗旨将商业化运作的收入用于公益事业，使社会福利提高，产生"第二重福利效应"。因此，政府应当以税制激励民间组织按照 P_2、P_3 价格提供公益产品，以实现公益绩效最大化。

即使法律允许的营利性行为也是如此。如《中华人民共和国民办教育促进法》原第五十一条规定，民办学校"出资人可以从办学结余中取得合理回报"。这里的"合理回报"不得高于社会资本平均利润率（符合 A 类行为），可以减税，否则应按营利组织全额征收企业所得税，并征收出资者个人收入所得税。

（4）高风险营利性行为必须按章缴纳全部税负。经济学理论告诉我们，风险与收益成正比，收益越高，风险越大。面对客观存在的营利性行为风险，首先应根据民间组织的特质遵循安全性、流动性和收益性原则，安全性是第一位的；其次要根据公益性本质满足流动性要求，收益性应作为最后选择。如民间组织购买股票、债券等有价证券取得的高风险收入和其他收入产生的所得税、流转税等必须全额缴纳，以抑制民间组织的冒险性行为，而对民间组织在金融机构存款的利息、国库券利息等低风险投资收入不仅免征所得税，还应免交其他相关税费，以保证民间组织资产的稳定增长和保值、增值。需要说明的是，购买股票、债券并不都是高风险行为，可根据不同股票的 β 系数和投资收益标准差确定营利性行为的风险，从而决定征收的税种和采用的税率。

（5）前文未提及的民间组织营利性行为可参照国外惯例，决定是否减免税。美国非营利组织的下列营利性行为可以获得税收减免：主要由志愿者从事的活动、出售捐赠物品、投资收入、不动产的租金收入、所有使用费、主要为方便本机构成员所从事的活动等。目前，中国各类民间组织的收入来源还不十分规范和均衡。基金会和社会团体对政府的依赖性较大，社会服务机构主要靠自身的经营活动获得收入。但无论社会捐赠、政府资助还是经营活动都没有成为各类民间组织的主要收入来源，多数民间组织的资金运行有一定困难。此外，我国正处于社会的全面转型时期，中国对民间组织的营利性行为还没有一致的、具有可操作性的明确规定，因此，依靠营利性活动获得经费也缺乏有力的法律保障。

英国允许慈善组织的任何用于非营利目的的商业活动都可免除所得税，其税收优惠规定详细、可操作，税收优惠幅度很大，甚至可以发行小额社会彩票。美国允许非营利组织进行商业活动，但与组织目的相关的经营收入才能免税。日本不同类型非营利组织所享受的税后优惠各不相同，公益法人、特定公益促进法人、特定非营利法人原则上非课税，仅对事业收入课税，但不同性质的组织税收优惠程度又有所不同；允许非营利组织从事营利性活动，但对不同类型的非营利组织优惠待遇不同，一般来说，体现公益性和政府性的社会组织能得到更多的优惠。而中国民间组织税收优惠的相关规定对公益性和互益性没有进行区别对待，对能否进行营利性活动存在矛盾的规定，因而也无法谈及营利性收入的税收优惠。但就长远发展来看，民间组织市场化运作获取收益是其持续存在的必然趋势。

当然，人们对单纯依靠服务费用维持运营的非营利组织的免税和其他特权也提出了质疑，豪斯曼首先指出，将这类组织与营利部门的类似组织相区分的困难。[①] 希尔(Hill)和曼西诺(Mancino)也提出了对于免税部门和应纳税部门相互融合的疑虑，列举的例子包括医院由非营利向营利状态转变，为各年龄层的人群提供教育的营利性学校数量增加，非营利部门和私人投资者的合营企业增多，以及免税机构和应纳税实体之间广泛订立各种活动的使用费协议，特别是在知识产权方面。[②] 在这个问题处于持续热议的同时，非营利部门对服务费用的依赖度却显著提升。1986 年，美国国会也加入到对这个问题的讨论中

---

① Henry Hansmann, "Economic Theories of Nonprofit Organization", in *The Nonprofit Sector: A Research Handbook*, pp. 27 – 42.

② Frances R. Hill and Douglas M. Mancino, *Taxation of Exempt Organizations*? New York: Warren, Gorham & Lamont, 2002. Frances R. Hill, "Targeting Exemption for Charitable Efficiency: Designing a Nondiversion Constraint", *Southern Methodist University Law Review*, 2003, p. 675.

来，投票表决维持了蓝十字蓝盾医保公司(Blue Cross Blue Shield)和其他提供商业类保险的组织的免税特权。

第六节　民间非营利组织的会计政策选择

一　民间组织会计制度改革的基本构想①

为规范民间组织的营利性行为，必须在会计制度上进行“顶层设计”，对经营业务的资金运动过程进行会计反映和监督，以满足政府管理、公众监督和民间组织治理对会计信息的需求。为此，本书提出如下构想，以期引起理论和实务工作者对现行会计制度变革的关注。

(一)会计目标应遵循决策有用观

决策有用观强调会计信息的相关性和有用性，会计的目标就是向信息使用者提供有利于其决策的会计信息。就民间组织而言，会计不仅应确认实际已发生的会计事项，还要确认那些尚未发生但对民间组织已有影响的经济事项；会计计量鼓励历史成本与在物价变动情况下多种计量属性并行；会计报表应尽量全面提供对决策有用的会计信息，由于会计信息使用者需求的多样性，所以，资产负债表、损益表及现金流量表应放在同等重要地位。从现行会计制度的会计假设、会计原则及计量基础等推测其会计目标是依据受托责任观确立的。

(二)会计假设应反映民间组织营利性行为的特征

现行会计制度依据一般会计理论，将民间组织的会计假设界定为会计主体、持续经营、会计分期和货币计量4个基本假设，但营利性行为具有某种时效性，可能是某个时期的某个创新项目，项目结束表明单个行为完成，如公益创投的资助方不仅有资金、智力资本注入受资助组织，还在完成受资助组织实现财政自我“造血”功能后退出。因此，仅遵循持续经营假设是不够的，还必须引入特定经营假设，这一

---

① 本节主要内容以《基于营利性行为的民间非营利组织会计制度变革》为题发表于《财务与金融》2014年第6期。

资金运动过程应根据协议期长短确定会计经营假设。同时，全国性的民间组织，在各省、市或行业设有分支机构或地区分部、地区办事处，创新行为主体可能是某一临时机构，传统的会计主体假设也需要在理论上澄清。为对政府宏观决策有用，应将带国字头的民间组织及其分支机构作为一个会计主体，并编制合并报表。

(三)会计原则应有利于民间组织可持续成长

与营利组织相比，民间组织会计核算的基本原则有其自身的特点。现行会计制度规定，民间组织采用权责发生制作为会计基础，这将使民间组织面临营利性行为发生、现金尚未收到但已产生纳税义务的情况，即使先征后退也会增加当期民间组织现金流出，这对公益性为目的民间组织是不公平的，因此，在权责发生制的基础上，应允许民间组织与纳税相关的收付业务选择执行收付实现制原则，以提高民间组织资金使用的时间价值。另外，《中华人民共和国民办教育促进法》第九条规定："民办学校的举办者可以自主选择设立非营利性或者营利性民办学校。""营利性民办学校的举办者可以取得办学收益，学校的办学结余依照公司法等有关法律、行政法规的规定处理。"这就必须在明确收入与成本核算原则的基础上，遵循配比原则，核算营利性行为的"利润"。而按现行会计制度规定，民间组织成本核算是不完全、不严格的内部核算，导致营利性行为产生的交换交易收入与交换交易支出配比同样是不完全、不严格的。因此，成本核算的原则同样应遵循谨慎性、历史成本等原则，在已有的投资收益、其他收入和其他支出等科目以外还应设立成本费用类科目，与交换交易形成的收入等相配比，以准确反映经营业务产生的利润，从而确定"合理回报"的界限。

(四)会计要素应增加"利润"要素

民间组织可以依法开展适度的营利性活动(过度的经营业务可能改变组织性质，将民间组织异化为营利组织)，但现行会计制度与法律规范、客观现实脱节，表现在会计要素上有"净资产"而没有"利润"要素。美国1985年12月发布的同时适应企业和非营利组织的第6号财务会计概念公告《财务报表的要素》将财务会计对象要素包括全面收益、收入、费用、利得和损失等10项。因此，增加“利润”要素已成为现行会计制度亟待解决的问题。同时，经营业务获取的利润也存在用途问题（必须遵守“非分配约束”原则），如交纳各类税收、用于哪些公益项目等都必须公开，这也必须增加利润分配科目。

（五）会计报告应增加利润表和利润分配表

现行制度只要求民间组织编制资产负债表、业务活动表和现金流量表及会计报表附注，没有要求民间组织编制利润表和利润分配表，以进行民间组织盈利状况的计量和报告。但如何识别民间组织的营利性与非营利性，需要编制利润表以准确反映民间组织的盈利状况，让民间组织的营利性行为暴露在马路边（直接体现于会计工作结果——会计报告）而不是隐藏在森林里（仅包含于会计核算过程——会计账户，甚至在原始凭证中）。

编制利润分配表，至少可以发现民间组织违背非营利宗旨的下列营利行为：一是为个人“营利”，如违反法规将经营业务所获盈利用于资源供给者（如财务资源供给者、人力资源供给者经理和员工等）分配或变相分配（如管理人员薪酬高于公众持有的心理标准或与工作绩效不相符、管理费用支出结构不合理等），甚至经理人挥霍公益资金维持奢侈生活。二是为组织自身“营利”，如收费价格非折扣价或者高于付全价，盈利率偏高，经营方式与组织使命无关（不务正业），净资产保留多过，违背代际公平原则。三是为其他相关组织“营利”，如不符合格雷戈里·迪斯的“社会性企业光谱”对经营业务的界定，采购商品价格高于市场价，资金供给者的“回报”不合理等。

我国财政部2004年8月颁布的《民间非营利组织会计制度》以及其他事业单位（如高等学校）会计制度之所以没有利润计量要求，也没有要求非营利组织编制利润及利润分配表，是因为存在如下理论假设：报表使用者对非营利组织的净收益不感兴趣，或认为净收益对捐赠人来说不重要，因为利润并不是非营利组织的运营目标等。但国外的具体做法却不尽统一。如澳大利亚人权委员会就设有财务损益表[①]，以计量营利性行为的财务成果。澳大利亚人权委员会的做法似乎与非营利宗旨存在矛盾，但我们结合非营利本质就会发现，非营利不等于没有利润，也不等于不编制利润表和利润分配表。本书强调对营利强度进行会计计量，并不是鼓励民间组织营利性行为的利润最大化，正如体温表不是要求人们体温最大化或最小化一样，编制利润表和利润分配表不仅反映民间组织的营利强度，帮助政府和民间组织识别并矫正民间组织过度的营利性行为，而且能够反映获取利润的去向，以评估其是否遵守"非分配约束"原则。

同时，民间组织的经营业务必须遵守"非分配约束"原则，这是衡量民间组织是否违背非营利宗旨的底线。编制反映利润去向的利润分配报表，一是有利于民间组织自身检视经营业务的合规性；二是有利于组织外会计报表使用者监督民间组织的利润使用。编制利润分配报表对加强政社分开后的民间组织内部治理、提高政府监管效率、增强民间组织营利性行为会计信息透明度都有一定的意义。

（六）会计报表附注应增加营利性行为绩效评估

现行会计制度要求会计报表附注至少应当包括10项具体内容和1个其他事项，但缺乏资源供给者关心的成本分析信息，也缺乏政府和社会公众关心的经营业务行为分析。因此，民间组织会计报告附注应当反映经营业务的现实，增加经营业务披露的内容，并提出科学、可行的披露方法，以满足社会公众对民间组织经营业务的关注要求。

同时，在会计报表附注中以公益性为导向，一是增加披露反映民间组织经营业务的内容；二是在改革J. 格雷戈里·迪斯等提出的三个类别（流动性、资本结构及获利能力）财务指标基础上，根据经营业务与民间组织公益绩效的关系，在附注中披露经营业务的绩效评价。

会计报告附注增加对经营业务的评估，能够对民间组织的经营业务发挥导向作用、约束作用、激励作用和考核作用。

---

① 廖鸿、石国亮等编著：《澳大利亚非营利组织》，中国社会出版社2011年版，第182页。

（七）收入划分为相关经营活动收入和不相关经营活动收入

在国外，非营利组织的经营活动分为两种情况，即相关经营活动和不相关经营活动。区分这两种情况的方法主要有收入来源判定法和预定目的判定法。[①]

收入来源判定法是根据经营活动与非营利组织的宗旨所存在的联系进行判断。相关经营活动是与非营利组织的宗旨紧密相连的经营活动。比如，一个艺术博物馆出售印有艺术品图案的贺卡，可以激发和增加公众对艺术的了解、兴趣和欣赏能力，这对于达到该博物馆教育公众的目的来说是重要的。同时也会鼓励更多的公众参观该博物馆，从教育项目和活动中受益，这与艺术博物馆的设立宗旨相吻合。所以，从收入来源方面看，博物馆的这种经营活动是与其本身的设立宗旨紧密相连的。美国就运用这种判断方法来区分非营利组织的相关经营活动与不相关经营活动。

预定目的判定法是根据收入的预定用途进行判断，无论非营利组织开展的经营活动与其宗旨是否紧密相关，只要通过这种经营活动获得的收入是用于非营利目的，那么这种经营活动就被看作相关的经营活动。例如，博物馆开设一家餐馆，与博物馆的设立宗旨并不紧密相关。但如果博物馆将其开餐馆获得的收入用于非营利目的，就可以认为博物馆的行为属于从事相关的经营活动。澳大利亚采用的就是这种判断方式。[②]

（八）营利收益和非营利收益分开核算

对民间组织进行营利性和非营利性分类管理，已经明确引入卫生领域。早在2000年卫生部、国家中医药管理局、财政部、国家计委联合印发的《关于城镇医疗机构分类管理的实施意见》就明确提出，“城镇个体诊所、股份制、股份合作制和中外合资医疗机构一般定为营利性医疗机构”。其中第六条规定：营利性医疗机构服务所得的收

---

① 郑国安：《国外非营利组织的经营战略及相关财务管理》，机械工业出版社2001年版，第32页。

② Michael Allison, Jude Kaye, “Strategic Planniag for Nonprofit Organizations”, *The Support Center for Nonprofit Management*, 1997, p. 93.

益，可用于投资者经济回报的医疗机构，它根据市场需求自主确定医疗服务项目并报医疗卫生行政部门批准，参照执行企业财务、会计制度和有关政策，它依法自主经营，医疗服务价格放开，实行市场调节价，根据实际服务成本和市场供求情况，自主制订价格。非营利性医疗机构是指为公共利益服务而设立和运营的医疗机构，不以营利为目的，收入用于弥补医疗服务成本，实际经营中的结余只能用于自身的发展，改善医疗条件，引进先进技术，开展新的医疗服务项目。同时，根据财政部、国家税务总局《关于医疗、卫生机构有关税收政策的通知》(财税 C2000 - 42 号)，对营利性医疗机构的有关政策是：该机构取得的收入应按规定征收各种税收。为了支持营利性医疗机构自身的发展，对营利性医疗机构取得的收入，用于改善医疗卫生条件的，可自取得执业登记之日起，三年内给予以下优惠政策：对其取得的医疗收入免征营业税；对其自用的房产土地、车船免征房产税、城镇土地使用税、车船使用税。对非营利性医疗机构的政策是：①按照国家规定取得的医疗收入免征各种税收，不按照国家规定价格取得的收入，不得享受这项政策；②从事非医疗服务取得的收入，应按照规定征收各种税收；③非营利性医疗机构将取得的医疗服务收入，直接用于改善医疗条件的部分，经税务部门批准，可抵扣其应纳税所得额，就其余额征收企业所得税；④对非营利性医疗机构自用房产、土地、车船免征房产税、城镇土地使用税、车船使用税。2012 年，卫生部为贯彻落实《国务院办公厅关于转发发改委卫生部等部门关于进一步鼓励和引导社会资本举办医疗机构意见的通知》(国办发〔2010〕)58 号)精神，促进非公立医疗机构持续健康发展，专门下发了《关于社会资本举办医疗机构经营性质的通知》(卫医政发〔2012〕26 号)，明确提出："社会资本可依照经营目的，自主申办营利性或非营利性医疗机构。"其突破 2000 年卫生部、国家中医药管理局、财政部、国家计委联合印发的《关于城镇医疗机构分类管理的实施意见》中"城镇个体诊所、股份制、股份合作制和中外合资合作医疗机构一般定为营利性医疗机构"的规定，可自主选择营利性或非营利性。

日本《特定非营利法人活动法》第 5 条规定，收益活动的账目必须与该特定非营利活动法人所从事的特定非营利活动的账目互相独立，并且作为特别账目管理。[①] 对于非营利法人从事收益活动得到的收入，通常要纳税，但是，比公司的税率要低。因此，就我国国情而言，无关宗旨的营利性行为获取的收益应当单独核算，以区别于相关宗旨的营利性行为。财税〔2018〕13 号文也规定，符合免税资格的非营利组织，“对取得的应纳税收入及其有关的成本、费用、损失应与免税收入及其有关的成本、费用、损失分别核算”。

二　严格民间组织营利性行为会计信息公开制度

任何代表捐赠者或者代理人接受资金的成员必须满足处分这些资金的法律要求，应该完全披露因该资金赚取的任何利益或者收入。[②] 年度检查是登记管理机关对民间组织实施管理的重要手段。《基金会管理条例》等三部行政法规都规定，民间组织要向登记管理机关报送经业务主管单位审查同意的工作报告，“接受年度检查”。可是，由于登记管理机关力量有限、手段不足，年检并没有完全达到预期的目的，有时还会流于形式。《中华人民共和国慈善法》规定，“慈善组织应当每年向其登记的民政部门报送年度工作报告和财务会计报告”，没有提及“接受年度检查”，同时从信息公开的角度要求“慈善组织应当每年向社会公开其年度工作报告和财务会计报告”，“信息公开应当真实、完整、及时”。年检改年报，有利于慈善组织自主意识的提升和自我管理机制的形成。

非营利领域利益指向不明晰，享有各类税收优惠或政府补贴，因此其财产需要社会更多的关注，也就需要更大的公开性和透明性，使其财务和内部运作接受更多的社会监督。在民间组织中，社会团体有会员，但会员的监督并没有营利组织中会员(股东)参与和监督的意愿那么强烈；基金会没有会员，因此缺少监督这个环节，作为组织基本运行规则的章程，其制定与修改就需要另外的程序来启动。也就是

① 李本公主编：《国外非营利组织法规汇编》，中国社会出版社 2003 年版，第 16 页。

② 刘海江编译：《非政府组织行为准则译汇》，中国政法大学出版社 2014 年版，第 203 页。

说，援用公司法等营利组织的规则不可能解决非营利组织领域中的主要问题。民法典作为基本的法律规范也不可能容纳非营利领域的所有问题，需要独立的法律解决非营利领域独立的问题。非营利组织由于其本质的公共性，因此，必须承担相应的公开责任，这是近期非营利组织研究的一个国际性的焦点问题。

20 世纪 90 年代以来，要求非营利组织提升透明度的呼声日益增加，不但发达国家加强非营利组织责任以及透明度的提升，发展中国家也意识到了致力于非营利组织透明度提升的重要性。因为在民法之下，营利领域和非营利领域是两个不同的领域。非营利领域是一项高尚的事业，应在阳光下进行。信息公开有利于广泛动员社会公众参与慈善事业，是社会监督的重要手段，是慈善组织健康发展的内在要求。《中华人民共和国慈善法》规范了政府相关部门和慈善组织两个主体信息公开的义务，要求“县级以上人民政府民政部门应当在统一的信息平台，及时向社会公开慈善信息，并免费提供慈善信息发布服务”，同时要求慈善组织和慈善信托的受托人应当在民政部门统一的信息平台上发布慈善信息，并对慈善信息的真实性负责。《中华人民共和国慈善法》详细地列出了民政部门等政府相关部门信息公开的内容、慈善组织信息公开的内容以及公开募捐情况和慈善项目实施情况的公开频次。从保护当事人隐私和秘密的原则出发，明确规定了不得公开的情形。

在工商部门登记的民间组织可以不公开财务信息，但在民政部门登记的民间组织应当公开财务报告，因为其财务报告不存在应当保守的商业秘密，如果有商业秘密就应当改为营利组织，不能让一些民间组织“挂羊头卖狗肉”，“名”为“非营利组织”，享有政府各类优惠，“利”远高于营利组织，损害民间组织声誉。不少民间组织，只享受相应的优惠政策，却不履行相应的义务。如一些民间组织以公益性为旗号，从事纯粹的营利活动；还有的以捐赠为名义，实际上是为了逃避税收；还有的民间组织内部账目不清、管理失控等。即使在美国等非政府组织很发达的国家，也发生过许多非政府组织的财务丑闻。

第七节 民间非营利组织收益分配制度选择

营利组织的资源是投资者出资形成的，其所有权归投资者所有。投资者出资的目的是将其资源投入生产经营过程后，使资本增值。同时，营利组织所有者将资产交付组织后，不但保留收回投资的权利，而且对经营利润以及解散、破产后的剩余财产也有按一定比例分享的权利。而民间组织资金提供者的出资目的并不是期望得到同等或成比例的出资回报，其基本属性是捐赠而非出资，期望组织依靠这些资源提供更多的公益服务或产品，投资者对组织形成的净资产也没有分配权。

虽然民间组织也能够采用营利组织类似的方式赚钱，但它们赚来的钱不能用于资源供给者分配，必须直接用于组织赖以成立的公共目标，用于积累、转移给其他负有公共目标的组织[①]，这就是“非分配约束”原则。这一理论也符合契约失灵理论。因为一般的契约机制无法帮助消费者监督生产者的行为，而非营利组织的不得分配盈利原则使它符合这种要求。豪斯曼理论说到底也是制度选择理论。政府在这些情况下，如果服务由营利性企业提供，那么它们很可能根据自己的目标方程，利用信息不对称关系，以次充优，以少充多，欺骗消费者，谋求利润最大化。民间组织则不同，它们受不得分配盈利的约束。既然不能分配利润，它们借信息不对称之名占受益人便宜的可能性就要小得多。从受益人角度考虑，他们当然倾向找到值得信赖的机构来提供这类服务。根据这一规则，营利性行为的出资者、管理者和员工（含志愿者）不得以任何形式分配营利性行为获取的利润，必须全部或主要用于社会公益事业和组织发展，不得用于成员（如财务资源供给者、人力资源供给者经理和员工等）分配或变相分配（如管理人员薪酬

① ［美］托马斯·沃尔夫：《管理21世纪的非营利组织》，胡春艳、董文琪译，商务印书馆2016年版，第9页。

高于公众持有的心理标准、管理费用高涨而服务性费用缩减的不合理支出结构等），任何个人都没有剩余索取权，这是维持非营利组织公信力的基石，不仅是非营利组织实现自身目的最有效率的制度安排①，也是营利性行为实现公益价值提升的制度安排。对于以捐赠为其收入来源的非营利组织，限制其管理者分配组织的利润，可以有效地抑制管理者实施损害捐赠者及捐赠财产的行为，从而使民间组织更有可能将受赠的财产用于其所允许的用途，防止管理者的机会主义行为。而对于存在营利性行为的民间组织，是以商品或者服务的收费为主要的收入来源，但是，由于"非分配约束"原则限制，出资者、管理者无法在利润分配时追求个人利益，就会在向受益人提供服务时收取相对较低的价格，管理者也会把更多的精力投入到实现民间组织的公益目标上来，从而能比营利性组织产生更多的社会公益效应。②

一　非营利组织薪酬制度选择③

如何从理论和实践的结合上重新认识民间组织薪酬制度，并针对民间组织薪酬管理的内容、模式、设计等方面面临的新问题，设计一套合理的有效的薪酬模式，就成为人们必须解决的现实问题。本部分实证研究民间组织薪金激励制度与公益绩效的关系，重新设计民间组织薪金激励体系，以期改变人们对民间组织员工的薪金认识，从而促进中国民间组织公益绩效的提升。

（一）数据来源与样本选取

本书以中国社会组织网基金会子站公布的、民政部登记管理的基金会2011年工作报告为依据，数据处理采用计量经济软件Eviews 5。为保证数据分析的科学性，本书已对民政部公布的全部145家基金会2011年工作报告的原始数据进行了处理，删除没有评估等级或没有薪金信息的不完全数据样本和处所非北京市的基金会数据，以消除缺失

① ［美］豪斯曼：《企业所有权论》，于静译，中国政法大学出版社2001年版，第70页。

② 邓国胜：《非营利组织评估》，社会科学文献出版社2001年版，第86页。

③ 本节主要内容以《薪金激励与民间非营利组织公益绩效提升：逻辑与现实》为题发表于《社会科学家》2016年第9期。

数据和分布地区经济发展水平不同的影响，保证结论的可比性，有效样本 88 家(以下简称 88 家基金会)。

(二)模型选择

本书采用的主要实证分析方法为排序选择模型方法。排序选择模型是多元选择模型的一种，它是用可观测的有序反应数据建立模型来研究不可观测的潜变量变化规律的方法。

本书以公益绩效评估等级作为因变量存在 5 种选择，属于多元选择问题常见类型之一。按照绩效评估等级由低到高排序，依次用 1、2、3、4、5 表示，采用排序选择模型进行薪金影响要素的量化分析，从而确定影响我国民间组织公益绩效的薪金因素。

引入一个潜在变量 Y_i^* 是不可观测的，Y_i 是可观测的，并设 Y_i 有 1、2、3、4、5 共 5 个取值。

$Y_i^* = X_i B + M_I^*$，$I = 1，2，3，4，5$

式中，X_i 是影响 Y_i^* 的一组解释变量，为未知系数，其中，M_I^* 是独立同分布的随机变量，Y_i 可以通过 Y_i^* 按以下规则得到：

$$Y_i \begin{cases} 1，Y_i^* \leqslant C_1 \\ 2，C_1 < Y_i^* \leqslant C_2 \\ Y_i \quad 3，C_2 < Y_i^* \leqslant C_3 \\ 4，C_3 < Y_i^* \leqslant C_4 \\ 5，C_4 < Y_i^* \end{cases}$$

式中，C_i 是临界值。当 M_I^* 的分布已知时，可以得到 Y_i 取 1，2，…，5 的概率，进而构造极大似然函数估计排序选择模型。

根据 M_I^* 的分布，可以将排序选择模型分为三种常见的类型：Probit 模型（假设 M_I^* 服从正态分布）、Logit 模型（假设 M_I^* 服从逻辑分布）和 Extreme Value 模型（假设 M_I^* 服从极值分布）。

（三）变量选取及度量

本书的实证研究选取的被解释变量和解释变量包括：

（1）可观测变量 Y_i 表示民间组织公益绩效，用 Performance 表示，以政府评估等级为公益绩效的评价依据，包括 A—5A 星级。民政部《社会组织评估管理办法》虽然没有明确评估的对象为公益绩效，但正如西安交通大学课题组“国外民间组织评估理论和实践研究”指出，“民间组织评估的对象是绩效”。因此，采用民政部组织评估的评估等级作为民间组织的公益绩效是恰当的。

（2）解释变量 X_i 表示年均薪金，用 Salary 表示，是指民间组织专职工作人员的年均薪金（以下简称年均薪金），它反映了基金会员工是否有薪酬、年均薪金高低等情况，可以分析基金会员工的专业程度和对基金会事务的参与程度。

（四）实证分析

1. 年均薪酬描述性统计

年均薪金描述性统计如表 8－2 所示。

表 8－2　　年均薪酬描述性统计

	薪酬（万元）
均值	4.819998
中位数	4.514611
最大值	12.68836
最小值	0.000000
标准误	2.797632
样本量	88

从 88 个样本观测值，我们发现，民间组织加权平均薪酬为 48199.98 元，略低于 2011 年北京市人均每年工资 56061 元，表明我国民间组织员工薪酬总体上合理，甚至偏低，但最大值为 126883.6 元，超过财政部、国家税务总局《关于民间组织免税资格认定管理有关问题的通知》（财税〔2009〕123 号）工作人员平均工资薪金水平不得超过上年度税务登记所在地人均工资水平（5.04 万元）的两倍的规定；最小值为 0 元，这并不意味着这类人员没有薪酬，而是反映他们主要为兼职人员或志愿人员，兼职人员由业务主管部门发放薪金，如高校基金会工作人员，志愿者仅可以申请交通费、餐费等补贴。

2. 实证分析

根据排序选择模型的基本原理和上述分析，待估计方程的表达式为：

$Performance_i = BSalary_i + M_I^*$，I = 1，2，3，…，$N$

式中，$Salary_i$ 是影响潜变量的解释变量，B 为待估参数，M_I^* 为残差项。该方程式有效地避免了虚拟变量陷阱（Dummy Variable Trap）。模型估计结果如表 8－3 所示。

表 8－3　　　排序选择模型估计结果

相关指标		正态分布（Probit）		逻辑分布（Logistic）		极值分布（Extreme Value）	
		系数	Z 值	系数	Z 值	系数	Z 值
Salary		0.22139	4.903734 ***	0.395815	4.822657 ***	0.178604	4.096012 ***
Limit Points	Limit_ 2:C(3)	－0.1458	－0.62556	－0.14249	－0.35082	－0.965300	－3.240020 ***
	Limit_ 3:C(4)	0.37409	1.63207 *	0.751523	1.896323 **	－0.261422	－1.053606
	Limit_ 4:C(5)	1.69827	6.19382 ***	3.008868	5.802957 ***	1.126110	4.860275 ***
	Limit_ 5:C(6)	2.84928	7.97715 ***	5.163189	7.095621 ***	2.061916	7.142375 ***
Lr 统计量（1 DF）		25.17258		26.44925		17.78291	
P（Lr 统计量）		5.24e－07		2.71e－07		2.48e－05	

注：***、** 和 * 分别表示在 1%、5% 和 10% 的显著性水平下显著。下同。

模型估计结果表明，无论我们假设 M_I^* 服从正态分布、逻辑分布还是极值分布，解释变量 Salary 参数估计值 Z 统计量都比较大且其相应的概率比较小，说明 Salary 在统计上总体上是显著的，并且符号为正，表明年均薪金对提高民间组织绩效有显著的正向影响。三种模型估计方法下 Lr 统计量较大（介于 17—26），相应概率值极小，因此，拒绝 H_0：B = 0 的原假设，表明模型整体上是显著的。另外，临界值 Limit_ 2：C（3）的系数、Z 值均为负数，表明平均薪金和为员工支付的现金越多，绩效越低，从而绩效评估等级为 2 的概率越小，这也证明了在低绩效下提高年均薪酬可能引起社会公众的不满，导致公益绩效下降。而Limit_ 3:C(4) —Limit_ 5:C(6) 参数估计值均呈递增趋势，且概率值较小，表明年均薪金对绩效影响显著，表明绩效在 3—5 级上受年均薪金影响更显著。

二　民间组织薪酬制度改革方向

第七章的实证分析表明，年均薪金与民间组织公益绩效变动正相关，从而证明民间组织应当采用薪金激励，并且应当与绩效挂钩，但受到非营利宗旨、社会价值使命和“非分配约束”原则限制，与利润最大化目标的营利组织相比，民间组织薪酬激励具有特殊性，过度的激励又可能降低民间组织绩效。因此，民间组织必须改变薪酬激励模式，自助式报酬应成为吸引人才的基本激励制度，薪金应成为专职员工的基本激励形式，投资与激励应当成为民间组织员工薪金的基本构成要素。

（一）自助式薪酬应成为民间组织吸引人才的基本激励制度

约翰·E. 特鲁普曼提出了整体薪酬包括基本工资、附加工资、间接工资、工作用品补贴、额外津贴、晋升机会、发展机会、心理收入、生活质量和私人因素10个薪酬成分。[①] 自助式薪酬就是员工根据整体薪酬的构成，根据自己的需求、兴趣、爱好及家庭情况选择其中一个或多个薪酬成分形成薪酬“套餐”。与单纯的薪金激励相比，民间组织采用自助式薪酬有三个明显的优势：

1. 强调价值体系和使命感的激励作用

薪金虽然很重要，但不应成为吸引人们为民间组织工作的唯一激励因素，因为民间组织的原动力来源于它的价值体系和使命感作用。赫茨伯格认为，非营利组织中除报酬之外最重要的五个激励因素是：①成就感；②成就得到肯定；③工作本身；④责任感；⑤个人成长和进步的机会。因此，民间组织应当重视人才的个人发展，通过构建好的组织文化，增强组织的凝聚力，吸引和留下优秀人才。[②] 马斯洛需求层次理论也告诉我们，高层次需求比低层次需求具有更大的价值，而民间组织的价值体系和使命感较好地满足人的高层次需要，能以有效和完整的方式表现员工的潜力，使人得到高峰体验。自助式薪酬虽然也将薪金激励作为民间组织整体薪酬的重要组成部分，但并未忽视价值体系和使命感的

---

① 约翰·E. 特鲁普曼：《薪酬方案：如何制定员工激励机制》，胡零、刘智勇译，上海交通大学出版社2002年版，第28页。

② 同上。

激励作用。调查显示，国内87.68%的从业人员选择公益行业的原因是个人理想和兴趣，这反映了公益组织的工作带给员工的巨大内部回报，满足了人的精神需求。①

2. 考虑员工需求的多样化和个性化需求

民间组织的员工由专职人员、兼职人员和志愿者三方面构成，应当根据每类员工的具体需求设置薪酬模式。除薪金激励外，无论是营利组织还是民间组织的员工对薪酬的多样性和可选择性的呼声越来越高，有的员工甚至愿意拿一部分基本工资换取另外一些他们想得到的东西，比如精神上的安慰与满足。而单纯的薪金激励只是假定工作是谋生的手段，雇主用金钱换取员工的努力工作。如果民间组织也遵循这一假定，就会破坏组织文化。自助式薪酬能够整合组织所拥有的各种激励资源，在民间组织薪金水平不具有竞争力的情况下也能吸引优秀的人才，从而提升民间组织公益绩效。

3. 降低民间组织运营的会计成本

民间组织属于劳动密集型服务组织，工资是其主要开销。作为服务性的单位，这些机构靠提高生产能力来抵消工资增长的机会非常有限，无论采取什么样的严格措施来控制成本，成本都会不断提高，而且依靠提高生产能力来抵消工资上涨的机会又非常有限。这一特性使非营利组织开支增长的速度往往高于收入的增长速度。因此，非营利组织总是必然面临由此而来的经济问题。这就要求管理者高度关注组织的财务状况并设法实现财政平衡，而这也意味着需要加强组织的内部管理，并且在开展行动时较多地考虑成本—效益问题。

民间组织的发展壮大离不开员工的辛勤付出，为留住和吸引优秀的人才，民间组织和那些以营利为目的机构一样，专职员工必须支付薪金，甚至必须支付高额薪金，才能留住有技能的专职员工在这里勤奋工作。如治疗精神病患者或瘾君子的民间组织，就很有必要给专业人才支

---

① 张雪弢：《专家解读：工资低，怎么办?》，《公益时报》2013年9月17日。

付薪金甚至高薪。[①] 不可否认，高额薪金必然增加民间组织的会计成本，而低薪或无薪虽然会降低民间组织的会计成本，但它会提高民间组织的机会成本，如缺乏富有经验的管理者导致运营效率低下、频繁招聘志愿者付出金钱和时间成本、部分岗位缺乏高水平专业技术人员无法履行公益使命等。而采用自助式薪酬能够让员工根据个体的经济状况、时间安排、社会地位和个人兴趣等，选择多样化和个性化薪酬组合，薪金只是薪酬组合的一部分，这样，就能在不降低民间组织公益绩效的前提下降低民间组织的会计成本，从而赢得捐赠者、受益人和其他社会公众等利益相关者的理解和支持。

（二）薪金应成为专职员工的基本激励形式

破除对于民间组织的理想化的期待（如公民社会、民主化、多元化等），而代之以理性化的态度，需要对民间组织及其工作人员的自利性倾向有足够清醒的认识。民间组织员工应当有爱心和社会使命感，但我们不能将非营利的组织宗旨强加于民间组织员工，必须将民间组织与民间组织员工区别开来，这是两个不同的法律主体。民间组织本身就是矛盾的体现，正如沃尔德马·尼尔森（Waldmar A. Nielsen）所说，它是“靠平等社会给予的特权而存在的贵族机构，是违反经济人本能而用于公益目的的高度集中的私有财产”。[②] 当他或她为非营利事业作出贡献时，作为组织应当给予物质奖励，不能强迫民间组织员工放弃私人利益。这一做法的出发点是在民间组织遵循非营利宗旨的前提下，关心员工的切身利益，不断提高民间组织的公益绩效，与民间组织的非营利性宗旨并不矛盾。

在萨拉蒙看来，慈善的业余性也是志愿失灵的重要情形。非营利组织长期依赖未受过正式专业训练的志愿者来从事服务，且对职工无法提供具有竞争力的薪资，难以吸引专业人员的参与，因而影响组织运作的成效。萨拉蒙的这种观点得到了许多人的响应。里贾纳·E．赫兹琳杰

---

① 程芬：《非营利组织有“利”可图？美专业人才薪金高到不可思议》，《公益时报》2005年10月19日。

② Waldmar A. Nielsen, *The Big Foundations*, Columbia University Press, 1972, p. 3.

提供了“一个令人难以容忍的实例：帝国蓝盾和蓝十字协会是一个为数百万人提供健康保险的大型组织，它投入1700万美元作为启动资金，以开发一套急需的信息系统，而款项负责人却是该会一名出身于牙医的理事，对此项业务一窍不通”。[①] 这种依赖未受过正式专业训练的志愿者来从事服务，且对职工无法提供具有竞争力的工资，难以吸引专业人员，因而影响组织运作的成效。

政府委托民间组织提供福利服务，其本意在于购买不易在政府体制内发展出来的专业服务，但是，民间组织所具有的志愿性、业余性等传统特征将使它所接受的服务质量缺乏保证。因此，政府大多会在合同中规定，受委托者必须雇用一定比例的专业人员，借以达到某种程度的专业化以确保服务的质量。这就要求民间组织增加领取薪水的专业工作人员，减少志愿者的比例，这是否意味着改变民间组织的独特身份，产生了正面的还是负面的效应，等等，都存在着较大的争议。贝佛里奇爵士在他有关志愿服务的著名报告中就认为，专业人员的参与可以提高机构的服务质量，无损于机构的志愿性。另外一些研究者则从组织生命周期的角度，说明“专业化”是组织在“发展”与“成熟”阶段所必然经历的阶段。也就是说，即便民间组织未参与合同竞争，在角色分化与功能专门化的潮流之下，组织也将不可避免地走向专业化。

（三）薪金激励应有明确的数量边界

尽管薪金应成为专职员工的基本激励形式，但绝不意味着薪金激励在整体报酬中没有边界。只有薪金与报酬形成合理的比例，才能带来“1+1>2”的理想激励效果。

图8－3反映了88家基金会2011年员工年均薪金与民间组织公益绩效的相关性趋势（各等级年均薪金采用截尾平均数，以消除极端值影响）。趋势图表明，员工年均薪金在一定范围内（评估绩效在A—3A级）与民间组织绩效呈正相关，当员工年均薪金达到6.09万元时（略高于同年度北京市年均工资5.6万元），评估绩效达到最高等级5A级，

---

① ［美］里贾纳·E. 赫兹琳杰：《非营利组织管理》，中国人民大学出版社2002年版，第5页。

而随着年均薪金进一步上升达到7.48万元时，公益绩效等级由5A级下降到4A级。这表明民间组织年均薪金略高于当地在职人员平均薪酬时，公益绩效等级最大，而过高的年均薪金会降低民间组织公益绩效。因此，民间组织的薪金激励是有边界的，越过边界的年均薪金会降低民间组织绩效。

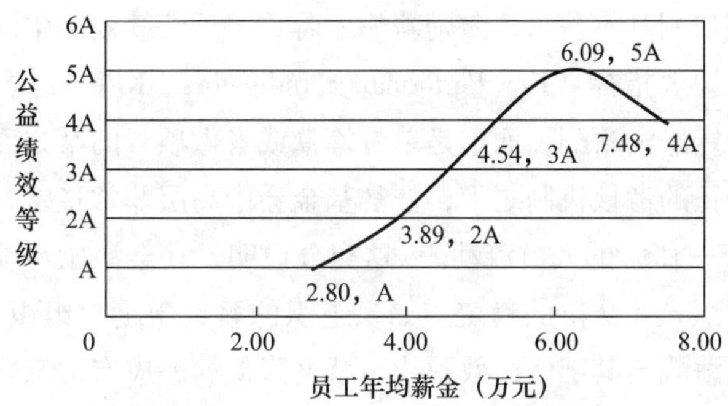

图8-3　员工年均薪金与民间组织公益绩效的相关性趋势

（四）投资与激励应当成为民间组织员工薪金的基本构成要素

民间组织的薪酬制度设计，应当以不违背民间组织的使命为基础，借助有共识基础的薪酬制度设计加以解决。[①] 薪金的基本构成要素包括投资和激励两部分，缺一不可。

1. 投资：承认人力资本价值

民间组织作为"市场失灵"和"政府失灵"的必要且强有力的补充，需要专门的知识从事市场、政府和企业"不愿做、做不好或不常做"的事情，其从业人员也是一种专业人才，需要高价值的人力资本投资，这种投资就是岗位或职级工资。

2. 激励：薪金与组织绩效挂钩

民间组织的人力资本如何才能实现其价值呢？这就需要激励。我国政府"基金会工作人员工资福利和行政办公支出不得超过当年总支出的

---

① Bloomington, Anderson A., *Ethics for Fundraisers*, Indiana University Press, 1996, p. 66.

10%”的规定是一种与绩效挂钩的组织整体薪金激励制度，而“不得超过上年度税务登记所在地人均工资水平两倍”的限制又是符合当前人们认识和中国国情的“薪酬上限”选择。但从长远来看，无论是民间组织的整体薪金还是员工的个人薪金都应当与组织绩效和个人工作绩效挂钩。国外许多非营利组织早已放弃岗位工资，认为“以工作分析为基础确定的岗位薪酬，缺乏弹性，并不适合现代化的创新性组织”[①]，因为岗位薪酬强调基本薪水，激励薪酬才着重于运营绩效。中国扶贫基金会运用关键绩效指标（Key Performance Indicators，KPI）综合考评员工的工作来制定工资薪酬，而不是单看筹款或者做项目的某方面能力。在相对公平公正的考核机制之下，扶贫基金会中高层非常稳定，基层员工每年有10%—15%的人员流动。[②] 这充分说明，薪金激励与绩效挂钩有利于民间组织人才队伍的稳定。如果组织的薪金激励与组织绩效脱钩、员工的个人薪酬与其工作绩效脱钩，就会降低薪酬应有的激励作用，客观上会阻碍民间组织的进一步发展。

三　民间组织出资者红利分配制度选择

“非分配约束”原则是由亨利·B. 豪斯曼（1980）[③] 提出的，得到世界各国和国际组织的广泛认可。如《亚美尼亚共和国慈善法》第12条规定，“不应该接受任何以捐赠者获取利益为条件而捐赠的财产”；《保加利亚非营利法人法》第三条规定：“非营利法人不能分配利润。”美国财务会计准则委员会（The Financial Accounting Standards Board，FASB）在其1980年12月发布的《财务会计概念公告》第四辑《非营利组织编制财务报告的目的》指出，识别非营利组织的主要特征有：政府与非营利组织主要从资源提供者处获取相当数量的资源，而这些资源

---

① Gupta，N. and Jenkins，G. D. Jr.，“Practical Problems in Using Job Evaluation Systems to Determine Compensation”，*Human Resource Management Review*，Vol. 1，No. 2，1991，pp. 133 - 144.

② 闫冰：《公募基金会：薪资“双重”制约，靠什么留人?》，《公益时报》2013年9月17日。

③ Henry B. Hausmann，“The Role of Nonprofit Enterprise”，*Yale Law Journal*，No. 89，1980，pp. 835 - 901.

提供者并不期望对其所提供的资源索取偿付或经济利益。[①] 我国财政部颁布的《民间非营利组织会计制度》也作了同样的规定，“资源提供者向该组织投入资源并不得以取得经济回报为目的”。[②] 为促进非营利组织遵守“非分配约束”原则，各国政府主要通过税法的收入用途标准来规范和约束，只要所得收益或利润用于民间组织实现公益宗旨，民间组织的经济活动收入都应当减税或免税。如民间组织开展公益性活动之外从事某些与组织使命无关的资金营运活动，如对外投资、出租固定资产、有偿转让固定资产和无形资产，以及按照市场运作方式销售部分商品和劳务等，所获得的收益主要用于公益事业，可采取免税或减税政策。遵守“非分配约束”原则，是否意味着民间组织的管理者就应该像传说中的“千古奇丐”武训那样，用乞讨所得来办学或从事公益事业呢？或者民间组织所有出资人都不应该从民间组织获取任何收益呢？本书认为，民间组织必须遵守“非分配约束”原则，但切忌将这一原则教条化，按主观上的“想当然”办事，这不仅违背马克思主义的精髓——实事求是，对非营利事业也是十分不利的。在争夺人力资源的竞争中，民间组织无法与企业和政府抗衡。

四　民间组织净资产保留制度选择

按照现行规定，民间组织的净资产随着时间的增长可能会不断增长。如《中华人民共和国慈善法》第六十条规定，“慈善组织中具有公开募捐资格的基金会开展慈善活动的年度支出，不得低于上一年总收入的百分之七十或者前三年收入平均数额的百分之七十”。《基金会管理条例》第二十九条规定，“公募基金会每年用于从事章程规定的公益事业支出，不得低于上一年总收入的70%；非公募基金会每年用于从事章程规定的公益事业支出，不得低于上一年基金余额的8%”。依此规定，假定本年度收入与上年度收入相等，不考虑其他支出，每年可新增相当于收入的30%净资产，如果本年度收入大于上年度收入，新增净

---

① 财务会计准则委员会：《财务会计概念公告》第4号“非商业组织财务会计报告的目标”（Norwalk，CT，1980），第3页。也有用“非盈利”作为非营利的同义词。

② 财政部：《民间非营利组织会计制度》，经济科学出版社2004年版，第3页。

资产更多，除非本年收入低于上年度收入的70%，本年净资产才会下降。为减少民间组织为组织谋利的行为，应当建立净资产封顶制度，以避免民间组织净资产膨胀，损害当代人利益，从而以另一种方式违背代际公平原则。

第八节　民间非营利组织内部治理结构选择

非营利组织在所有权、控制权和受益权分离条件下存在着委托—代理关系，缔约各方的目标不可能自动统一（马迎贤，2006）①，钱颜文、姚芳和孙林岩（2006）也指出，与营利组织不一致的剩余索取权和剩余控制权以及多监督主体是导致非营利组织治理效率相对低下的根本原因。② 正因为如此，李建国副委员长在十二届全国人大四次会议上作《中华人民共和国慈善法》草案审议说明时讲到，慈善领域出现了一些新情况、新问题，其中，包括慈善组织内部治理尚不健全、运作不尽规范，行业自律机制尚未形成等。具体表现在大部分民间组织存在盲目设置、机构简单、不重视制度及程序、缺乏策略规划的能力、董事会虚置或难以建立、董事职责不清、人治色彩浓厚、决策不民主等问题。解决这些问题的关键是建立一个规范高效的民间组织治理结构，没有科学规范的治理结构，民间组织的营利性行为极有可能演化成以营利为目的的行为。

与营利组织不同，民间组织的资源提供者不享有组织资产的所有权，剩余索取权则属于受益人，因而在参与组织治理上缺乏明确的法理依据。美国财务会计准则委员会（FASB）从财务角度对民间组织的主要定义之一为“该实体不存在营利组织中的所有者权益问题”，我国财政部颁布的《民间非营利组织会计制度》规定之一是“资源

---

① 马迎贤：《从代理理论的角度谈非营利组织治理》，《财会月刊》2006 年第 4 期。

② 钱颜文、姚芳、孙林岩：《非营利组织治理及其治理结构研究：一个对比的视角》，《科研管理》2006 年第 3 期。

提供者不享有该组织的所有权”，也就是说，民间组织的净资产既不属于组织所有，也不属于出资者（如捐赠人、会员等），属于公益产权，这一概括总结出非营利组织产权结构的特殊性。王名教授早在2002年就将非营利组织的资产界定为“公益或互益资产”，属于社会。[①] 任何单位或个人不因出资而拥有民间组织的所有权，该组织一旦清算解散，剩余财产只能交给政府或其他非营利组织，继续服务社会的公益事业。产权的公益性直接导致民间组织治理主体或监督主体出现空白，而且“非分配约束”原则也给民间组织治理带来了问题。

无论是企业组织还是民间组织或者政府机构，治理结构的核心都是以权力制约权力。民间组织的治理结构是内部治理主体因分工而造成的相互之间的牵制和制约。这一类监督是权力监督模式中最具有原生意义的一种，这一监督模式所要建立的是管理者对被管理者的监督，是一种体现民主性质与公民的民主地位相称的监督与制约模式。之所以目前被广泛重视和运用，最重要的一个原因就在于这一类监督所依靠的是各治理主体拥有的权力，且最大的特点是侧重于事前防范和事后惩罚。而公益产权的特殊性，使民间组织治理出现两个主要问题：一是民间组织所有者缺位。公益产权性质使发起人和捐赠者都没有剩余索取权，经营管理权掌握在理事会手中，同时由于所有者缺位，民间组织中与现金相关的委托—代理问题比营利组织更严重。二是对管理层可实施的激励措施和约束机制有限。民间组织缺乏营利公司中期权、股票等激励措施和恶意收购、代理权、独立董事制度等约束机制，使管理者为了实现个人利益最大化，可能不讲绩效，采取不利于实现公益绩效最大化的行动。因此，建立民间组织治理结构的关键是从制度上明确民间组织的治理主体。

民间组织的利益相关者包括政府、资源供给者、管理者、志愿者和受益人等。但志愿者和受益人无法成为治理主体。主要原因是：理论上说，民间组织的活动要靠志愿人员支持，但实际上那些掌握民间组织资源的管理者对如何使用资源有决定性发言权——董事会制定政

---

① 王名编著：《非营利组织管理概论》，中国人民大学出版社2002年版，第3页。

策，决定项目优先次序，拨付执行资金，监督运营。志愿者实际上是一个“临时工”，他们对民间组织“治理方式”不满的主要对策是“用脚投票”。民间组织的受益人属于弱势群体，他们获取、处理信息的能力和利益表达能力明显比较低，纯粹受益者的地位使他们难以理直气壮地争取权益，在民间组织的决策过程中难以发挥监督作用；资源供给者不能也不应当参与民间组织治理，这是因为，不同资源供给者有自己的目标函数，为达成各自的资源供给目标，可能以减少甚至停止资源供给来要挟民间组织或逼迫民间组织就范，也就是说，资源供给者的治理可能不够客观、公正，会影响民间组织的独立性。

民间组织治理需要平衡契约执行与治理成本的关系，但以合理成本制定和执行所有契约是不可能的，这会导致无论采用何种所有权结构，包括民间组织在内的大部分组织都存在委托—代理难题。本书认为，建立政府、专家和经营者构成的三边治理模式是较为恰当的选择。

政府作为社会管理者，其监督的权威是不言而喻的。但针对民间组织客观存在的营利性行为，让税务部门代表政府参与治理乃是最好的选择。这是因为，税务部门不是政府资助的实际执行者，税务部门只能以税法作为准绳，对民间组织的营利性行为进行指导和纠正，促进非营利目标的实现。

专家作为民间组织研究者，主要依靠其学术判断，以类似上市公司独立董事角色参与民间组织治理，尤其是对民间组织的营利方式和营利边界的认知有更大的发言权。

民间组织的经营者作为内部人对组织信息的认识有更多优势，也是决策的实际执行者，因而参与决策的理由没有争议。

第九节　民间非营利组织营利性行为的道德规范

道德是一种社会意识形态，是一种社会主流价值观下的非强制性约束法则。顺理则为善，违理则为恶，以善恶为判断标准。通过学习和教育的方法，培养民间组织管理者的良好品德，古已有之。柏拉图在阐述理想国家的基本原理时指出，国家的善是由三种基本的美德构成的，即生产者的节制、护卫者的勇敢和统治者的智慧，而只有当三者和谐有序的时候，才构成城邦的德性——正义。亚里士多德也认为，城邦的统治者必须具备至善的品德。他说："在主奴关系的统治之外，另有一类自由人对自由人之间的统治在中国古代以道德制约权力的思想最为儒家人物所倡导。"儒家的"德治"思想包含以道德约束统治者的要求，而以道德制约权力的鼻祖当属儒家的创始人——孔子。孔子认为："为政以德，譬若星辰居其所，而众星拱之。"[①] 意思是说，以德政来治国，就好像北极星高居其位，众星辰都拱卫着它。孔子还说："道之以政，齐之以刑，民免而无耻，道之以德，齐之以礼，有耻且格。"[②] 意思是说，用政令来领导人民，用刑法来管束人民，他们会避免刑法，但是不会有羞耻之心。

对于民间组织而言，以道德绑架资源供给者不索取任何回报显然是不恰当的。资源供给者的回馈是全方位的，主要包括：一是纯粹公益，也就是让自己的同情心、爱心得到表达，不带任何功利目的，如乐善好施却不留名。二是实现心理平衡。很多富豪发迹的过程有"原罪"因素，或钻了政府制度的漏洞，一夜暴富，或经营企业破坏生态，或不讲社会责任等，这些公益行为很大程度上都是为了实现心理平衡；三是获得心理的快乐、愉悦。正如印度古谚所说："赠人玫瑰之手，经久犹有余香。"四是新一代的年轻人投入公益往往容易受个人兴趣爱好的驱动，不少网络公益活动充分考虑到了这一点，常常会将参与环节设计得比较有趣。"免费的大米"就很典型，以在线游戏的方式激发用户的参与感。这将是未来公益一个很重要的因素，有助于强化可持续性与影响的广泛性。资源供给者的上述回馈方式，实际上是受道德驱使或激励的，因为道德是以善恶为标准，通过社会舆论、内心信念和传统习惯来评价人的行为的。

以道德制约营利性行为，是指民间组织的管理人员通过学习和教

---

① 孔子：《论语·为政》，杨伯峻、杨逢斌注释，岳麓书社2000年版，第8页。

② 同上。

育的途径把委托人的要求内化为他们的内心的道德信念，帮助他们树立“正确”的营利观，培养他们为公益服务的意识和品质，从而使他们能够自觉地以内心的道德力量抵制各种营利诱惑，严格要求自己，掌握好营利方式和营利强度。以道德制约营利性行为与以制度制约营利性行为比较，最大的特点在于侧重事前的预防，而且其制约的范围非常广泛，期望将问题解决在可能出现之前。

参考文献

[1] Aldrick, Pfeffer, "Environments of Organizations", *Annual Review of Sociology*, Vol. 2, 1976, pp. 79 – 105.

[2] Barney, J., "Firm Resources and Sustained Competitive Advantage", *Journal of Management*, Vol. 17, No. 1, 1991, pp. 99 – 120.

[3] Bloomington, Anderson A., *Ethics for Fundraisers*, Indiana University Press, 1996, p. 66.

[4] Boris I. Bittker and George K. Rahdet, "The Exemption of Nonprofit Organizations from the Federal Income Taxation", *The Yale Law Journal*, Vol. 85, No. 5, 1976, p. 299.

[5] Brenda Gainer, Paulette Padanyi, "The Relationship between Market – Oriented Activities and Market – Oriented Culture: Implications for the Development of Market Orientation in Non – Profit Service Organizations", *Journal of Business Research*, Vol. 58, No. 6, 2005, pp. 854 – 862.

[6] Burton A. Weisbrod, "The Voluntary Nonprofit Sector: An Economic Analysis", *Journal of Economic Literature*, Vol. 18, No. 1, 1980, pp. 159 – 160.

[7] Burton A. Weisbrod, *To Profit or Not to Profit: The Commercial Transformation of the Nonprofit Sector*, Cambridge: Cambridge University Press, 1998, pp. 287 – 305.

[8] Callen, J. L., "Money Donations, Volunteering, and Organizational Efficiency", *The Journal of Productivity Analysis*, Vol. 5, No. 3, 1994, pp. 215 – 228.

[9] Chang, Cyril F., Tuchman, Howard P., "Financial Vulnerability and Attrition as Measures of Nonprofit Performance", *Annals of Public & Cooperative Economics*, Vol. 62, No. 4, 1991, pp. 655 - 671.

[10] Charles Weinberg, "Marketing Mix Decision Rules for Nonprofit Organizations", in Jagdish Sheth (ed.), *Research in Marketing*, Vol. 3, Greenwich, CT: JAI Press, 1980, pp. 191 - 234.

[11] Clolery and Paul, "Nonprofit Paychecks Continue To Climb Survey Responses from 340 Non - Profit Organizations Regarding Salary Increases for Variety of Positions) (Brief Article)", *Non - Profit Times*, No. 2, 2001, p. 25.

[12] Cyril F. Chang, Howard P. Tuchman, "Financial Vulnerability and Attrition as Measures of Nonprofit Performance", *Annals of Public & Cooperative Economics*, Vol. 62, No. 4, 1991, pp. 655 - 671.

[13] Dastk, Teng B. S., "A Resource - Based Theory of Strategic Alliances", *Journal of Management*, Vol. 26, No. 1, 2000, pp. 31 - 61.

[14] Davis, G. F., Cobb, J. A., "Resource Dependence Theory: Past and Future", *Research in the Sociology of Organizations*, Vol. 28, No. 1, 2010, pp. 21 - 42.

[15] Deborah, A., Carroll, K., Jones Stater, "Revenue Diversification in Nonprofit Organizations: Does it Lead to Financial Stability?", *Journal of Public Administration Research and Theory*, Vol. 19, No. 4, 2009, pp. 947 - 966.

[16] Dennis R. Young and Lester M. Salamon, "Commercialization, Social Ventures, and For - Profit Competition", The State of Nonprofit America, No. 1, 2012, pp. 521 - 548.

[17] Elizabeth K. Keating, Mary Fischer, Teresa P. Gordon, Janet Greenlee, "Assessing Financial Vulnerability in the Nonprofit Sector", Faculty Research Working Papers Series, RWP05 - 00, The Hauser Center for Nonprofit Organizations, Paper No. 27, John F. Kennedy School of Government, Harvard University, Jan. 2005.

[18] Ettie Tevel, Hagai Katz , David M. Brock, "Nonprofit Financial Vulnerability: Testing Competing Models, Recommended Improvements, and Implications", *International Society for Third - Sector Rcsearch*, published on line, 2014 - 10 - 15.

[19] Fitzgerald, L. , R. Johnston, S. Brignall, R. Silvestro and C. Voss, "Performance Measurement in Service Business", *Management Accounting*, Nov. 1991; 69, 10; ProQuest p. 34.

[20] Frances R. Hill and Douglas M. Mancino, *Taxation of Exempt Organizations*? New York: Warren, Gorham & Lamont, 2002.

[21] Frances R. Hill, "Targeting Exemption for Charitable Efficiency: Designing a Nondiversion Constraint", *Southern Methodist University Law Review*, 2003, p. 675.

[22] Frederick S. Weaver and Serena A. Weaver, "For Public Libraries the Poor Pay More", *Library Journal*, February 1, 1979, pp. 325 - 355.

[23] Froelich, K. A. , "Diversification of Revenue Strategies: Evolving Resource Dependence in Nonprofit Organizations", *Nonprofit and Volunfary Sector Quarterly*, Vol. 28, No. 3, 1999, pp. 246 - 268.

[24] Gerhard Speckbacher, "The Economics of Performance Management in Nonprofit Organizations", Nonprofit Management & Leadship, Vol. 13, No. 3, Spring 2003, pp. 267 - 281.

[25] Parsons, Linda M. , "Is Accounting Information from Nonprofit Organizations Useful to Donors? A Review of Charitable Giving and Value - Relevance", *Journal of Accounting Literature*, No. 22, 2003, pp. 104 - 129.

[26] Gordon, T. P. , Khumawala, S. B. , "The Demand for Not - for - Profit Financial Statements: A Model for Individual Giving", *Journal of Accounting Literature*, No. 18, 1999, pp. 31 - 56.

[27] Greenlee, J. S. , Trussel, J. M. , "Predicting the Financial Vulnerability of Charitable Organizations", *Nonprofit Management & Leadership*, Vol. 11, No. 2, 2003, pp. 199 - 210.

[28] Gupta, N. and Jcnkins, G. D. Jr. , "Practical Problems in Using

Job E – Valuation Systems to Determine Compensation", *Human Resource Management Review*, Vol. 1, No. 2, 1991, pp. 133 – 144.

[29] Hammack, D., Young, D., *Nonprofit Organizations in a Market Economy*, Jossey – Bass: San Francisco, California, 1993, p. 399.

[30] Henry B. Hansmann, "The Role of Nonprofit Enterprise", *The Yale Law Journal*, Vol. 89, No. 5, Apr., 1980, p. 842.

[31] Hillman, A. J., Withers. M. C., Collins, B. J., "Resource Dependence Theory: A Review", *Journal of Management*, Vol. 35, No. 6, 2009, pp. 1404 – 1427.

[32] Holmess, Smart P., "Exploring Open Innovation Practice in Firm – Nonprofit Engagements: A Corporate Social Responsibility Perspective", *R&D Management*, Vol. 39, No. 4, 2009, pp. 394 – 409.

[33] Hsiao, C., *Analysis of Panel Data*, Cambridge: Cambridge University Press, 2003.

[34] Jacobs, A., N. P. Marudas, "The Combined Effect of Donation Price and Administrative Inefficiency on Donations to U. S. Nonprofit Organizations", *Finacial Accountability and Management*, Vol. 25, No. 1, 2009.

[35] Janet S. Greenlee, John M. Trussel, "Predicting the Financial Vulnerability of Charitable Organizations", *Nonprofit Management and Leadership*, Vol. 11, No. 2, 2000, pp. 199 – 210.

[36] Jeffrey Sachs, *The End of Poverty*, London, England: Penguin Books, 2005, p. 276.

[37] John H. Langbin and Lawrence W. Waggoner, *Uniform Trust and Estate Statutes*, 2005 – 2006 edition, Foundation Press, 2006, p. 530.

[38] Jonathan G. S. Koppell, "Pathologies of Accountability: ICANN and the Challenge of Multiple Accountabilities Disorder", *Public Administration Review*, Vol. 65, No. 1, 2005, p. 95.

[39] Khanna, J., J. Posnett, T. Sandler, "Charity Donations in the U. K.: New Evidence Based on Panel Data", *Journal of Public E-*

conomics, Vol. 56, No. 2, 1995, pp. 257 – 272.

[40] Khanna, J., T. Sandler, "Partners in Giving: The Crowding – in Effects of U. K. Government Grants", *European Economic Review*, Vol. 44, No. 8, 2000, pp. 1543 – 1556.

[41] Knapp, M., Robertson, Thomason C., "Public Money, Voluntary Action: Whose Welfare?" In Helmut K. Anheier, Wolfgang Seibel, The Third Sector: Comparative Studies of Nonprofit Organizations, Berlin: Berlin de Gruyter, 1990, pp. 183 – 218.

[42] Kramer, Ralph M., "Third Sector in the Third Millennium?", in Voluntas, *International Journal of Voluntary and Nonprofit Organizations*, Vol. 11, No. 1, 2000, pp. 1 – 23.

[43] Larudas, N. P., F. A. Jacobs, "Effects of Nonprofit Organizational Wealth on Donations: Evidence from Recent Data on the Nonprofit Times 100", *Zeitschri Ftfur of Fentliche and Gemeinwirtscha Ftliche Unternehmen*, No. 1, 2006.

[44] Lester M. Salamon and Helmut K. Anheier eds., *Defining the Nonprofit Sector: A Cross – National Analysis*, Manchester: Mancheeter University Press, 1997, pp. 332 – 335.

[45] Luoma, P., Goodstein, J., "Stakeholders and Corporate Boards: Institutional Influences on Board Composition and Structure", *Academy of Management Journal*, Vol. 42, No. 5, 1999, pp. 553 – 563.

[46] Maleka Femida Cassim, "The Contours of Profit – Making Activities of Non – Profit Companies: An Analysis of the New South African Companies Act", *Journal of African Law*, Vol. 56, No. 2, 2012, pp. 243 – 267.

[47] Marudas, N. P., T. W. Hahn, F. A. Jacobs, "An improved Model of Donations to Nonprofit Organizations", *Proceedings of ASBBS*, Vol. 19, No. 1, 2012.

[48] Mayer, W. J., H. C. Wang, J. F. Egginton et al., "The Impact of Revenue Diversification on Expected Revenue and Volatility for Nonpro-

fit Organizations", *Nonprofit and Voluntary Sector Quarterly*, Vol. 43, No. 2, 2014, pp. 374 – 392.

[49] McCarthy, John D. and Mark Wolfson, " Resource Mobilization by Local Social Movement Organizations: Agency, Strategy, and Organization in the Movement against Drinking and Driving", *American Sociological Review*, Vol. 61, No. 6, 1996, pp. 1070 – 1088.

[50] Michael O'Neill, "Developmental Contexts of Nonprofit Management Education", *Nonprofit Management and Leadership*, Vol. 16, No. 1, Fall 2005, pp. 5 – 17.

[51] Michael, H., Grano, F., *Government and Not – for – Profit Accounting – Concepts and Practices*, Austin: John Wiley & Sons, Inc., 2001.

[52] Michelle H. Yetman, Robert J. Yetman, "Determinants of Nonprofits' Taxable Activities", *Journal of Account and Public Policy*, Vol. 28, No. 6, 2009, pp. 495 – 509.

[53] Miehael Allison, Jude Kaye, "Strategic Planniag for Nonprofit Organizations", *The Support Center for Nonprofit Management*, 1997, p. 93.

[54] OECD, *Voluntary Aid for Development: The Role of Non – Governmental Organizations*, OECD Washington D. C., 1988.

[55] Okten, C. and B. A. Weisbrod, "Determinants of Donations in Private Nonprofit Markets", *Journal of Public Economics*, Vol. 75, No. 2, 2000, pp. 255 – 272.

[56] Pamela Wicker, Christoph Breuer, Ben Hennigs, "Disappearing Act: An Analysis of the Boundaries between the Nonprofit & For – Profit Sectors", *Sport Management Review*, Vol. 15, No. 3, 2012, pp. 318 – 329.

[57] Peter R. Drucker, "Managing the Nonprofit Organization: Principles and Practices", Oxford: Butter Worth – Heinernann Ltd., 1990, pp. ix – x.

[58] Pfeffer, J., Salancik, G., *The External Control of Organizations: A Resource Dependence Perspective*, New York: Harper and Row, 1978.

[59] Posnett, J., Sandler, T., "Demand for Charity Donations in Private Non – Profit Markes", *Journal of Public Economics*, No. 2, 1989, pp. 187 – 200.

[60] Primoff Walter, "Fiduciary Financial Management in Nonprofit Organizations", *CPA Journal*, Vol. 82, No. 11, January 2012, pp. 48 – 57.

[61] Rob Thomas, Richard Trafford, "Were UK Culture, Sport and Recreation Charities Prepared for the 2008 Economic Downturn? An Application of Tuchman and Chang's Measures of Financial Vulnerability", *International Society for Third – Sector Research*, Vol. 24, No. 3, 2013, pp. 630 – 649.

[62] Robert Johnston, "The Zone of Tolerance Exploring the Relationship between Service Transactions and Satisfaction with the Overall Service", *International Journal of Service Industry Management*, Vol. 6, No. 2, 1995, pp. 46 – 61.

[63] Rocque, A., "Pay Raises at New York Charities Beat Inflation", *The Chronicle of Philanthropy*, No. 7, 1995, p. 35.

[64] Salamon, L. M., "The Crisis of the Nonprofit Sector and the Challenge of Renewal", *National Civic Review*, Vol. 85, No. 4, 1996, pp. 3 – 16.

[65] Salamon, L. M., Anheier, H. K., *The Emerging Nonprofit Sector: An Overview*, Manchester: Manchester University Press, 1995, p. 1210.

[66] Samuel L. Steinwurtzel, "The 20% Salary Reduction Plan on Annulties for Non – Profit Organization Employees", *New York Certified Public Accountant*, Vol. 31. No. 9, 1986, p. 604.

[67] Seitanidi, M. M., Crane, A., "Implementing CSR through Part-

nerships: Understanding the Selection, Design and Institutionalisation of Nonprofit – Business Partnerships", *Journal of Business Ethics*, Vol. 85, No. 2, 2009, pp. 413 – 429.

[68] Thompson, J. D., *Organizations in Action Social Science Bases of Administration*, New York: McGraw Hill, 1967.

[69] Tinkelman, D., "Factors Affecting the Relation between Donations to Non – for – Profit Organizations and an Efficiency Ratio", *Research in Governmental and Nonprofit Accounting*, No. 10, 1999, pp. 135 – 161.

[70] Trussel, J. M., Parsons, L. M., "Financial Reporting Factors Affecting Donations to Charitable Organizations", *Advances in Accounting*, Vol. 23, 2007, pp. 263 – 285.

[71] T. Levitt, *The Third Sector: New Tactics for a Responsive Society*, New York: AMACON, 1973.

[72] Verbruggen Sandra, Christiaens Johan, "Do Non – Profit Organizations Manage Earnings toward Zero Profit and Does Governmental Financing Play a Role?", *Canadian Journal of Administrative Sciences*, Vol. 29, No. 3, 2012, pp. 205 – 217.

[73] Viravaidya, M., Hayssen, J., *Strategies to Strengthen NGO Capacity in Resource Mobilization through Business Activities*, Geneva: Unaids, 2001.

[74] Waldmar A. Nielsen, *The Big Foundations*, Columbia University Press, 1972, p. 3.

[75] Watts, J. W., Zimmerman, J. L., *Positive Accounting Theory*, Upper Saddle River, NJ: Prentice Hall, 1986, pp. 8 – 17.

[76] Weisbrod, Burton, *Toward a Theory of the Voluntary Nonprofit Sector in Three – Sector Economy*, in E. Phelps eds, *Altruism Morality and Economic Theory*, New York: Russel Sage, 1974.

[77] Weisbrod, B. A., *To Profit or not to Profit*, Cambridge University Press, 1998.

[78] Weisbrod, B., Dominguez, N., "Demand for Collective Goods in Private Nonprofit Markets: Can Fundraising Expenditures Help Overcome Free - Rider Behavior?", *Journal of Public Economics*, Vol. 30, No. 1, 1986, pp. 83 - 96.

[79] Weisbrod, B., N. Dominguez, "Demand for Collective Goods in Private Nonprofit Markets: Can Fund Raising Expenditure Help OverCome Free - Rider Behavior?", *Journal of Public Economics*, Vol. 30, No. 1, 1986, pp. 83 - 96.

[80] [美] J. 格雷戈里·迪斯等:《企业型非营利组织》，北京大学出版社2008年版。

[81] [美] 安德里亚森、科特勒:《战略营销：非营利组织的视角》，王方华、周洁如译，机械工业出版社2010年版。

[82] [美] 戴维·奥斯本、特德·盖布勒:《改革政府——企业精神如何改革公营部门》，上海译文出版社1996年版。

[83] [美] 厄尔·R. 威尔逊等:《政府与非营利组织会计》，荆新等译校，中国人民大学出版社2004年版。

[84] [美] 弗斯顿伯格:《非营利机构的生财之道》，科学出版社1991年版。

[85] [美] 豪斯曼:《企业所有权论》，于静译，中国政法大学出版社2001年版。

[86] [美] 莱斯特·M. 萨拉蒙:《公共服务中的伙伴——现代福利国家中政府与非营利组织的关系》，田凯译，商务印书馆2008年版。

[87] [美] 莱斯特·萨拉蒙:《全球公民社会——非营利部门视角》，贾西津等译，社会科学文献出版社2002年版。

[88] [美] 里贾纳·E. 赫兹琳杰:《非营利组织管理》，中国人民大学出版社2002年版。

[89] [美] 托马斯·沃尔夫:《管理21世纪的非营利组织》，胡春艳、董文琪译，商务印书馆2016年版。

[90] [美] 西奥多·H. 波伊斯特:《公共与非营利组织绩效考评》，

肖鸣政等译，中国人民大学出版社 2005 年版。

[91] [美] 珍妮·贝尔、简·正冈、史蒂夫·齐默尔曼：《非营利组织可持续发展：基于矩阵模型的财务战略决策》，刘红波、张文曦译，华南理工大学出版社 2016 年版。

[92] J. 格雷戈里·迪斯：《非营利组织的商业化经营》，载北京新华信商业风险管理有限责任公司译校《非营利组织管理》，中国人民大学出版社 2004 年版。

[93] 包颖：《从中华医学会 8.2 亿赞助费看社会组织市场化运作》，《中国社会组织》2014 年第 17 期。

[94] 财政部：《民间非营利组织会计制度》，经济科学出版社 2004 年版。

[95] 陈昌柏：《非营利机构管理》，团结出版社 2000 年版。

[96] 陈风、张万洪：《非营利组织税法规制论纲——观念更新与制度设计》，《武汉大学学报》（哲学社会科学版）2009 年第 5 期。

[97] 陈丽红、张龙平、李青原、杜建军：《会计信息会影响捐赠者的决策吗？——来自中国慈善基金会的经验证据》，《会计研究》2015 年第 2 期。

[98] 陈晓春、廖进中：《非营利组织是实现经济文化一体化的平台》，《湖南大学学报》2001 年第 4 期。

[99] 陈晓春、张士建：《非营利组织准公共产品定价刍议》，《湖南工业职业技术学院学报》2003 年第 4 期。

[100] 陈英耀、唐智柳等：《美国非营利性医院转换对我国医院性质转换的启示》，《中国医院管理》2002 年第 1 期。

[101] 成志刚、周批改：《非营利组织管理研究》，湖南人民出版社 2005 年版。

[102] 程昔武：《非营利组织治理机制研究》，中国人民大学出版社 2008 年版。

[103] 褚松燕：《中外非政府组织管理体制比较》，国家行政学院出版社 2007 年版。

[104] 邓国胜：《非营利组织“APC”评估理论》，《中国行政管理》

2004 年第 10 期。
[105] 邓国胜:《非营利组织评估》, 社会科学文献出版社 2001 年版。
[106] 邓丽明、胡杨成:《应用因子分析法构建非营利组织绩效评价体系》,《统计与决策》2009 年第 15 期。
[107] 丁芸:《非营利组织的税法认定及其所得课税》,《税务研究》2011 年第 5 期。
[108] 干胜道、李霞:《非营利组织财务脆弱性研究——以我国基金会为例》,《湖南社会科学》2015 年第 7 期。
[109] 葛卫华:《我国非营利组织定价机制研究》, 上海交通大学出版社 2011 年版。
[110] 顾建键、马立、[加] 布鲁斯·哈迪等:《非政府组织的发展与管理——中国和加拿大比较研究》, 上海交通大学出版社 2009 年版。
[111] 郭道久:《第三部门公共服务供给的"二重性"及发展方向》,《中国人民大学学报》2009 年第 2 期。
[112] 郭剑平:《非政府组织参与社会救助的理论与实证分析》, 山东人民出版社 2013 年版。
[113] 韩晶:《非营利组织的"营利"趋势与税收规制》,《黑河学刊》2004 年第 1 期。
[114] 韩新宝、李哲:《比较视野下的我国非营利组织筹资问题探究》,《学会》2010 年第 4 期。
[115] 韩振燕:《非营利组织营销价值探析》,《合肥工业大学学报》(社会科学版) 2017 年第 3 期。
[116] 侯俊东、杜兰英:《影响个人捐赠决策的感知特性及其维度结构——基于中国的实证经验》,《公共管理学报》2011 年第 2 期。
[117] 侯俊东、庄小丽:《捐赠者会关心非营利组织的运作效率吗?——来自中国基金会的经验证据》,《中国地质大学学报》(社会科学版) 2016 年第 5 期。

[118] 黄春蕾：《我国慈善组织绩效及公共政策研究》，经济科学出版社 2011 年版。
[119] 黄新茂等：《开发民间教育投资潜力的新探索——椒江“教育股份制”研究报告》，《教育研究》1999 年第 3 期。
[120] 蒋大兴：《公司法的展开与评判》，法律出版社 2001 年版。
[121] 金锦萍：《论非营利法人从事商事活动的现实及其特殊规则》，《法律科学》（西北政法学院学报）2007 年第 5 期。
[122] 金锦萍：《寻求特权还是平等：非营利组织财产权利的法律保障》，《中国非营利评论》2008 年第 2 期。
[123] 荆新、曹平璘：《“非营利组织”不是“非盈利组织”》，《财务与会计》2000 年第 3 期。
[124] 康晓光：《NGO 扶贫行为研究》，中国经济出版社 2001 年版。
[125] 孔子：《论语 · 为政》，杨伯峻、杨逢斌注释，岳麓书社 2000 年版。
[126] 李本公主编：《国外非营利组织法规汇编》，中国社会出版社 2003 年版。
[127] 李军：《非营利组织公共问责的现实考察——基于资源依赖的视角》，《学会》2010 年第 6 期。
[128] 李科、付艳梅：《非营利组织财务脆弱性实证研究——以行业基金会为例》，《中南林业科技大学学报》（社会科学版）2009 年第 5 期。
[129] 李子奈、叶阿忠编著：《高级应用计量经济学》，清华大学出版社 2012 年版。
[130] 里贾纳 · E. 赫兹琳杰：《公众对非营利组织和政府的信任可以恢复吗》，载北京新华信商业风险管理有限责任公司译校《非营利组织管理》，中国人民大学出版社 2004 年版。
[131] 厉以宁：《为何我们需要慈善富豪家》，《国际先驱导报》2004 年第 3 期。
[132] 廖鸿、石国亮等编著：《澳大利亚非营利组织》，中国社会出版社 2011 年版。

[133] 刘承平:《数学建模方法》，高等教育出版社 2002 年版。

[134] 刘春湘：《社会组织运营与管理》，经济管理出版社 2016 年版。

[135] 刘国翰:《非营利部门的界定》，《南京社会科学》2001 年第 5 期。

[136] 刘海江编译:《非政府组织行为准则译汇》，中国政法大学出版社 2014 年版。

[137] 刘建银、陈翁翔：《非营利组织营利活动及其收入的税法规制——制度比较分析的视角》，《中国行政管理》2011 年第 1 期。

[138] 刘莉莉：《我国非营利组织（NPO）市场化运行模式研究》，硕士学位论文，中国海洋大学，2010 年。

[139] 刘亚莉、王新、魏倩:《慈善组织财务信息披露质量的影响因素与后果研究》,《会计研究》2013 年第 1 期。

[140] 马迎贤：《从代理理论的角度谈非营利组织治理》，《财会月刊》2006 年第 4 期。

[141] 苗莉:《社会企业：非营利组织发展的新模式》，《光明日报》2013 年 3 月 1 日第 11 版。

[142] 彭未名等:《新公共管理》，华南理工大学出版社 2007 年版。

[143] 齐红：《单位体制下的民办非营利法人——兼谈我国法人分类》，博士学位论文，中国政法大学，2003 年。

[144] 钱颜文、姚芳、孙林岩：《非营利组织治理及其治理结构研究：一个对比的视角》,《科研管理》2006 年第 3 期。

[145] 阮宗泽:《第三条道路与新英国》，东方出版社 2001 年版。

[146] 邵金荣：《非营利组织与免税》，社会科学文献出版社 2003 年版。

[147] 汪锦军:《浙江政府与民间组织的互动机制：资源依赖理论的分析》,《浙江社会科学》2008 年第 9 期。

[148] 王名、金锦萍等:《社会组织三大条例如何修改》,《中国非营利评论》2013 年第 2 期。

[149] 王名、李勇、黄浩明：《英国非营利组织》，社会科学文献出版社 2009 年版。

[150] 王名、刘国翰、何建宇：《中国社团改革：从政府选择到社会选择》，社会科学文献出版社 2001 年版。

[151] 王名编著：《非营利组织管理概论》，中国人民大学出版社 2002 年版。

[152] 王浦劬、[美] 莱斯特·M. 萨拉蒙等：《政府向社会组织购买公共服务研究——中国与全球经验分析》，北京大学出版社 2010 年版。

[153] 王锐：《我国非营利组织绩效评价研究》，博士学位论文，南京航空航天大学，2005 年。

[154] 王锐兰、谭振亚、刘思峰：《我国非营利组织的政治绩效初探》，《江苏社会科学》2006 年第 1 期。

[155] 王绍光：《多元与统一——第三部门国际比较研究》，浙江人民出版社 1999 年版。

[156] 王绍光：《金钱与自主：市民社会面临的两难境地》，《开放时代》2002 年第 3 期。

[157] 王振耀：《民间慈善有了很大转型》，《瞭望东方周刊》2011 年第 32 期。

[158] 温艳萍：《民间非营利组织的社会与经济效应研究》，上海人民出版社 2008 年版。

[159] 萧今：《非营利组织的管治与管理》，载康晓光、冯利《2013 中国第三部门观察报告》，社会科学文献出版社 2013 年版。

[160] 谢蕾：《西方非营利组织理论研究的新进展》，《国家行政学院学报》2002 年第 1 期。

[161] 徐旭川：《非营利组织营利行为的成因与规范》，《现代财经》2006 年第 3 期。

[162] 徐旭川：《非营利组织营利行为及其税收政策定位》，《中央财经大学学报》2005 年第 10 期。

[163] 徐雪梅：《非营利组织管理——组织视角的探讨》，博士学位

论文，东北财经大学，2005 年。

[164] 徐永光：《公益向右，商业向左》，中信出版集团 2017 年版。

[165] 徐宇珊：《非对称性依赖：中国基金会与政府关系研究》，《公共管理学报》2008 年第 1 期。

[166] 阎凤桥：《非营利性大学的营利行为及约束机制》，《北京大学教育评论》2005 年第 2 期。

[167] 杨伟娜：《中美非营利组织营利行为比较》，《中国内部审计》2005 年第 8 期。

[168] 叶常林、许克祥、虞维华等：《非政府组织前沿问题研究》，中国科学技术大学出版社 2009 年版。

[169] 尹田：《民事主体理论与立法研究》，法律出版社 2003 年版。

[170] 约翰·E. 特鲁普曼：《薪酬方案：如何制定员工激励机制》，胡零、刘智勇译，上海交通大学出版社 2002 年版。

[171] 约瑟夫·E. 斯蒂格利茨：《公共部门经济学》，郭庆旺等译，中国人民大学出版社 2015 年版。

[172] 曾军、梁琴：《非营利性组织的营利行为有效性判断》，《西南政法大学学报》2009 年第 6 期。

[173] 张彪：《非营利组织发展面临的财务困境及其对策》，《湖湘论坛》2002 年第 6 期。

[174] 张兵武：《公益之痒：商业社会中如何做公益》，北京大学出版社 2011 年版。

[175] 张士建、张彪：《非营利组织可持续发展的财务约束及其消除》，《财经理论与实践》2005 年第 5 期。

[176] 张守文：《略论对第三部门的税法规制》，《法学评论》2006 年第 6 期。

[177] 张思强：《营利性行为与非营利组织财务规制研究》，《财务与金融》2010 年第 6 期。

[178] 张思强、朱学义：《薪金激励与民间非营利组织公益绩效提升：逻辑与现实》，《社会科学家》2014 年第 9 期。

[179] 张思强等：《营利性行为分类与民间非营利组织税收激励制度

设计》，《税务与经济》2016 年第 3 期。

[180] 张思强等：《营利约束机制下的民间非营利组织收益演化》，《财经问题研究》2016 年第 4 期。

[181] 张远凤、莱斯特·萨拉蒙、梅根·韩多克：《政府工具对美国非营利组织的影响——以 MFN、BCC 和 DCCK 为例》，《中国非营利评论》2015 年第 1 期。

[182] 张祖平：《中国慈善组织资金筹集问题研究》，《社团管理研究》2011 年第 1 期。

[183] 赵梦楠、周德群：《面板单位根 Hadri 检验的有偏性及其修正》，《数量经济技术经济研究》2008 年第 6 期。

[184] 郑国安：《国外非营利组织的经营战略及相关财务管理》，机械工业出版社 2001 年版。

[185] 郑国安、赵路、吴波尔、李新男主编：《国外非营利组织法律法规概要》，机械工业出版社 2000 年版。

后　记

2008 年，我申报的课题“社会组织财务制度研究”（2008 MZACR001－026）获批国家民间组织管理局社会组织理论研究立项项目，偶然让我进入了非营利管理的研究领域。随着广泛地学习和深入地研究，我对非营利研究领域产生了越来越浓厚的兴趣。2012 年获得民政部中国社会组织建设与管理理论研究优秀成果二等奖，不仅激发了我以非营利组织管理作为对象进行深入探讨的信心，更让我发现了非营利领域的探索价值。时至今日，我对这一领域研究已是情有独钟。近十年来，围绕非营利领域研究以第一作者发表学术论文 7 篇，其中，CSSCI 来源期刊发表 3 篇，扩展版发表 2 篇，并获得教育部人文社会科学规划基金、江苏省社会科学基金和江苏高校哲学社会科学基金的支持。

让我深感惭愧的是，虽然经过多年的探索和积累，但始终未能完成有关民间非营利组织管理研究的专著。《营利性行为与民间非营利组织公益绩效研究：逻辑与现实》这本书实现了我出版第一本专著的愿望。虽然有关民间非营利组织研究的文献不断出现，但与营利性行为相关的文献，如民间非营利组织经营活动的研究还比较少，据我所知，全面系统地对民间非营利组织营利性行为与公益绩效的关系进行研究的著作还没有。

对本书涉及的主题进行探索是一个大胆的、具有挑战性的尝试，尤其在我国民办非企业单位和社会团体工作报告还没有主动公开法律义务的情况下，要全面收集民间非营利组织工作报告及相关数据是非常困难的。因此，本书只能以基金会数据作为样本对民间非营利组织的营利性行为和公益绩效的关系作了初步探索，并提出了规范民间非营利组织营利性行为的政策建议，这至多给学术界的全面研究提供了一个新视角和新框架，也许对完善政府管理制度、促进非营利组织的健康发展有一定意义。

本书得到教育部人文社科规划基金的支持，在写作中参阅了大量的学术文献和政府规制文献，盐城工学院马云波副教授为收集、整理这些文献付出了辛勤的劳动，对这些文献的作者和马云波副教授所做的工作表示衷心感谢。虽然本书尝试提出了一个全新的问题，但是，限于个人水平和能力，在具体研究上还可能有进一步拓展的空间。对年近花甲的我而言，人生的路已不再漫漫，但我将沿着非营利研究道路继续求索，恳请读者不吝赐教，让我的研究取得更丰硕的成果。

本书的出版还得到了中国社会科学出版社的大力支持，卢小生主任为此付出了极大的工作热情和专业智慧。在此一并表示衷心感谢！

张思强

2018 年 3 月

于盐城工学院仁和楼